KB038812

27가지
질문으로 풀어 보는

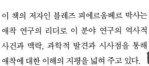

애착

Blaise Pierrehumbert 저 | 김향은 · 이양호 공역

이 책의 저자인 블레즈 피에르옴베르 박사는
애착 연구의 리더로 이 분야 연구의 역사적
사건과 맥락, 과학적 발견과 시사점을 통해
애착에 대한 이해의 지평을 넓혀 주고 있다.

L'Attachement
en questions

학지사

L'Attachement en questions

by Blaise Pierrehumbert

ⓒ ODILE JACOB, 2020

Korean Translation ⓒ 2024 by Hakjisa Publisher, Inc.
This Translation published by arrangement with EDITIONS ODILE JACOB S.A.S.

All Rights Reserved.

본 저작물의 한국어판 저작권은
EDITIONS ODILE JACOB S.A.S.와의 독점계약으로 (주)학지사가 소유합니다.
저작권법에 의해 한국 내에서 보호를 받는 저작물이므로
무단 전재와 무단 복제를 금합니다.

　역자는 대학에서 사회복지학 전공 필수교과인 '인간행동과 사회환경'을 가르치고 있다. 평생에 걸친 인간의 성장 과정을 소개하는 동안 발달의 다양한 영역을 다루게 되는데, 학생들로부터 늘 큰 호응을 얻는 주제가 바로 애착이다. 생각해 보면 역자 역시 대학 시절에 발달심리학과 관련된 수업을 들었을 때 매우 흥미진진하게 들었던 주제가 다름 아닌 애착이었다.

　애착은 관계 속에서 발생하는 긴밀한 정서적 유대를 말하며, 인간의 성장과 발달에 영향을 미치는 주된 심리사회적 요인으로 간주된다. 영유아 발달에 대한 과학적 탐구와 적용에 대해 시도가 활발해지면서 초기 발달의 중요성과 결정적 시기에 대한 이해와 더불어 세상과 대상에 대한 기본 구도를 형성하는 애착의 중요성에 대한 인식과 관심도 크게 증대되고 있다.

　이 분야의 세계적인 권위자 가운데 한 사람이 이 책을 집필한 블레즈 피에르움베르Blaise Pierrehumbert 박사다. 역자는 저자가 스위스 로잔대학교 아동·청소년 정신건강의학연구소의 소장으로 재직하고 있던 2012년에 주최한 애착 워크숍에 참석한 바 있다. 애착 연구의 대가인 메리 에인스워스_{Mary Ainsworth}의 계보를 이은 주디스 솔로몬 Judith Solomon이 진행한 전문가 연수과정이었는데, 애착 이론과 실제의 기초와 첨단을 두루 접할 수 있는 유익한 시간이었다.

　이 연수를 계기로 역자는 저자와 교류를 이어 왔다. 스위스, 프랑스, 스페인, 독일, 한국에서 있었던 국제학회와 연구모임에서 만나 애착을 비롯해 서로의 학문적 관심사를 심도 있게 나누어 왔다. 저자가 한국을 방문했을 때는 역자의 수업에 참석해 학생들이 즉석에서 던진 애착에 관한 질문에 답하는 시간을 갖기도 했는데, 아직까지도 많은 학생이 저자를 통해 애착의 세계를 경험한 것을 인상적인 기억으로 회고하고 있다.

　저자가 역자와 역자의 제자들에게 애착의 세계를 친절히 안내한 징검다리가 되어 준 것처럼 이 책을 읽는 독자들에게도 같은 경험을 하게 해 줄 것으로 기대한다. 즉, 저자를 통해 애착에 대한 이해의 지평이 넓고 깊게 확장될 수 있을 것으로 확신한다. 애착과 관련된 흥미로운 화두를 던지고 그 답을 찾아가는 과정을 통해 해당 주제별로 누구나 생각해 볼 만한 물음이 이끄는 탐구의 세계를 경험해 볼 수 있을 것이다.

　저자는 이 책에서 다섯 가지 영역에 걸쳐 모두 스물일곱 가지의 애착과 관련된 질문을 제시하고 있다. 즉, 감정 욕구로서의 애착, 가족 안팎에서의 애착, 평생에 걸쳐 발달하는 애착, 오늘날의 생생한 이론으로서의 애착, 결론적으로 말할 수 있는 애착이라는 다섯 가지 범주별로 질문을 세분화하고, 각 질문에 대한 답변을 이어 가고 있다.

평생에 걸친 애착 연구를 집대성한 블레즈 피에르움베르 박사의 역작이 애착에 관한 생산적인 논의와 소통에 의미 있는 통로가 되길 바라며, 이 책의 출판을 가능하게 해 주신 분들께 감사를 표한다. 우선 이 책의 한국어판 발행을 흔쾌히 승낙해 준 저자와 오랜 시간 동안 번역과 출판을 위해 공조·협력해 온 최고의 동역자, 전 고려대학교 이양호 교수님과 학지사 관계자 여러분께 감사의 인사를 전한다. 이 책이 한국어로 소개된 기쁨을 우리말을 통해 애착을 깊이 있게 만나게 될 독자들과 나누고 싶다.

2024년 1월

역자 대표 김향은

추천의 글

사랑과 애착

보리스 시뤼르니크_{Boris Cyrulnik}

1960년대 우리의 시대적 선택은 아주 단순했다. 분자학 찬양론자들은 '생물학이 모든 정신현상을 설명한다.'고 주장했다. 이러한 주장에 반대해 언어 찬양론자들은 '언어 없는 정신생활은 없다. 아이가 말하지 않는 한 아무 것도 이해할 수 없다.'고 주장했다.

군이 책을 읽지 않아도, 전문적인 경험이 없어도, 이와 같은 선택은 적절해 보이지 않았다. 나는 어렴풋하게나마 보다 통합적인 다른 방법에 대한 생각 내지 희망을 가졌다. 생물학이나 문화를 배제하지 않는 통합적인 다른 사고 방식을 제안하고자 했다.

이 무렵 다니엘 위드로셔_{Daniel Widlöcher}로부터 살페트리에르병원에서 동물행동학 강의를 부탁받았다. 정신분석학의 대가인 세르즈 르보비치_{Serge Lebovici}가 보비니에서 개최한 세미나에도 초대받았다. 당시에 대학출판부 이사회에 참여해 오던 정신분석가들은 애착 이론의 창시자이자 영국 정신분석협회 회장이었던 존 볼비_{John Bowlby}의 책을 번역하는 데 반대했다. 그들은 볼비가 우스꽝스러운 동물행동학, 생물학 그리고 트랜스문화 비교를 도입해 정신분석학을 배반했다고 생각했다. 그렇지만 앙리 왈롱Henri Wallon의 계보를 이은 마르크시스트 심리학자인 르네 자조René Zazzo는 이런 상황에서 애착에 대한 놀라울 만한 심포지엄을 개최할 생각을 했고 동물학자, 신경학자, 심리학자들이 볼비의 사상에 대해 반발하도록 자극했다. 문제를 인식한 르보비치는 자신의 세미나에서 나와 위베르 몽타네르Hubert Montagner에게 심포지엄에서 나온 책[1]에 대한 논평을 부탁했다. 이때 블레즈 피에르움베르Blaise Pierrehumbert 박사의 이름을 처음 듣게 되었다. 그는 스위스 로잔에서 르보비치의 첫 비디오 녹화를 분석한 사람이었다.

이렇게 해서 새로운 이론들이 탄생했다. 연구자들과 의료인들이 함께 모여 문화적 맥락에서 뜻밖의 이론들을 평가하고 자신이 경험한 사실에 부합하는지를 판정하게 된 것이다. 과학적 이론은 맥락을 떠나 탄생하지 않으며 비록 객관성을 목표로 하고 있는 경우라 하더라도 언제나 말하는 이는 바로 연구자다. 이러한 이유로 피에르움베르 박사는 다른 사람들의 업적을 서술하고 자신의 사고방식을 이야기하기 위해 일인칭 화법을 사용하면서 저자와의 만남이라는 매력을 엄격한 방법으로 접목시켰다.

'애착'은 어떻게 감정이 살아 있는 두 존재를 연결시키는지를 묘사하는 일상적인 단어다. 여기서 진보생물학자와 실험심리학자의 추진력에 의해 경미하고 감상적일 뿐인 단어가 과학적인 것이 된다. 적응의 관점에서 이와 같은 연계가 유발하는 이점은 무엇인가? 이러한 현상이 나타나는 것을 어떻게 탐지하고 검사해 평가할 수 있는가? 인류학자들은 신이나 사물, 대지에 대해서도 애착을 맺을 수 있는지를 생각해 보기 위해 이 작업을 떠맡는다. 한편, 과학적 개념 덕분에 임상의들은 제2차 세계대전 이래 거론해 온 발달 장애에 대해 설명은 할 수 없어도 이해는 할 수 있게 되었다. 장애의 발생을 이해함으로써 교육적 · 심리적 · 문화적 방법을 통해 예방하고 치료할 수 있게 되었다. 세계보건기구가 제시한 '생의 첫 1,000일Les 1,000 Premiers Jours de la vie'이라는 은유적 표현의 매력적인 제목은 현재 많은 국가에서 정책 개혁의 원천이 되어 어린아이들의 조화로운 발달을 순조롭게 하도록 하는 것을 목표로 하고 있다. 한편 볼비가 바라던 바와 같이, 그리고 피에르옴베르 박사가 연구한 바와 같이 오늘날 젊은 정신분석가들은 생물학자, 분자학자, 동물학자, 동물모델학자, 심리학자, 각종 검사학자, 신경학자나 놀랄 만한 테크놀로지를 만날 뿐만 아니라 예술가, 음악가, 화가, 배우도 만난다.

　모든 것을 다 알 수는 없다는 말과 같이 더 이상 혼자서는 일할 수 없다. 연구도 일련의 팀을 구성해서 해야 한다. 피에르옴베르 박사는 여러 연구팀에 활력을 불어넣었고 그가 배출한 많은 제자는 탁월한 대학 교수가 되었다. 이들과의 교류는 내게 기쁨이다.

　캐나다 퀘벡 사람들은 이러한 새로운 인식론을 '지식 채집'이라고 부르는데, 이는 예기치 않은 문제들을 야기하기도 한다. 조류와 포유류 새끼들은 어미의 몸을 따라다니는 반응을 통해서만 생존할 수 있다. 이 생존법은 생물 연대기적으로 결정되는 민감한 시기에만 활성화될 수 있다. '정서적 접착제'로 애착하지 않는 동물은 살아 남을 수 없을 것이다. 자연 환경에서 살아가는 동물이나 실험실에서 조종되는 동물에게 걸맞은 듯한 이러한 지적이 인간의 아이들에게도 적용되는가? 우리 아이들은 그와 같은 안전 기지base de sécurité가 없을 때에도 생존하고 발달할 수 있는가? 수많은 생물학적·행동학적·기호학적 출판물이 이 출발 기지의 결정적인 중요성을 보여 주고 있다. 이 기지가 없는 아기는 제대로 출발하지 못하고 생존하지 못하게 된다는 것을 수천 건의 관찰 실험이 증명하고 있다. 피에르움베르 박사는 이러한 발견을 이야기하고 관련된 경험을 설명하면서 인생에서처럼 때로는 우정을, 때로는 불화나 갈등 관계를 이뤘던 저자들을 소개하고 있다.

모방은 어떻게 사회화를 가능하게 하는가? 놀이 친구는 안전 기지의 역할을 할 수 있는가? 부모는 아이의 발달에서 어떤 지위를 갖는가? 사랑과 애착은 동일한 감정인가? 우리의 스승인 볼비는 애착은 요람에서 무덤까지 형성된다고 했다. 오늘날 이 연계의 형성은 임신 이전 시기로부터 준비되는 것으로 알려지고 있다. 아직 부모가 되기 전으로 거슬러 올라가 부부의 만남이 이후 아이의 감각적 둥지의 발달을 구조화시킨다는 것도 밝혀지고 있다. 환언하면 부모의 트라우마가 이와 같은 둥지를 만들고 아기는 정서적 압박을 받게 된다. 세상에 나올 때 아이는 이미 부모의 불행 주머니를 가지고 나오는 것이다. 오늘날 생물학의 문화적 주역이라고 할 수 있는 후성설은 부모의 내력이 어떻게 DNA의 '표현'을 수정하는지를 보여 준다. DNA의 변화는 아니다. 이 말은 지식을 통제하기 위해 지식을 파편화시키던 시대에는 생각할 수 없었다. 그러나 지금은 '부모의 내력이 자녀의 생물학을 수정한다!'라고 말할 수 있게 되었다. 이처럼 유령과도 같은 영향이 세대를 가로질러 나타난다. 예를 들어, 자녀가 학대받은 적이 없다 하더라도 부모가 학대받은 적이 있으면 부모가 말하지 않더라도 자녀도 고통받을 수 있다는 것이다.

다행히도 모든 불행이 치료가 불가능한 것은 아니다. 매우 이른 시기에 취득된 애착 유형은 주위를 수정함으로써 연계의 형성을 수정할 수 있을 만큼 유연하다. 실험적 관찰 연구는 애착의 재균형을 이루기 위해 체계의 어떤 지점에서 어떻게 행동해야 하는지를 말해 주고 있다. 결국 우리는 선택의 자유를 갖게 되며, 우리가 아무것도 하지 않으면 우리에게 책임이 따르게 된다. 이 책에서는 개입의 방법도 제시하고 있다.

1970년대부터 애착의 역사를 알고 있는 피에르움베르 박사는 이 분야 연구의 리더이자 촉진자로 우리에게 해당 분야에 크게 영향을 미친 과학적 발견과 사건에 대해 들려주고 있다. 그는 우리가 부모, 배우자, 자녀는 물론이고 반려동물 등과도 애착 관계를 맺는다는 새로운 시각을 갖도록 초대한다. 아울러 이 책은 과학적인 접근을 시도하면서 학계와 일상을 차지하고 있는 이론을 거론하는 희열도 안겨 주고 있다. 얼마나 기쁜 일인가!

 주

1. Zazzo, R. (dir.). (1974). *L'Attachement*. Delachaux et Niestlé.

감사의 글

먼저, 추천의 글을 써 준 시뤼르니크에게 감사드리고, 르보비치에게도 감사드린다. 저자로 하여금 애착 연구를 계속하도록 한 첫 번째 인물이다. 저자에게 전문직 개발의 방법을 알려 주면서 저자를 신뢰하고 저자의 여정을 지켜봐 준 여러 '멘토들'에게도 감사드린다. 먼저, 앙드레 빌링게르André Bullinger는 저자를 실험실의 학생 조교로 받아 준 데 이어 박사 조교로도 받아 주었다. 그는 피아제Piaget와 왈롱, 러시아의 심리학자 갈페린느Galpérine와 레온티에프Léontiev의 계보를 이어 아이가 세상의 물리적 자원뿐만 아니라 자신의 신체적 자원을 어떻게 획득하는지를 연구하고 그 방법을 이론화했다. 한편, 월터 베트샤트Walter Bettschart는 저자를 로잔대학교 아동·청소년 정신건강의학SUPEA/CHUV 서비스에 참여시키고 연구팀을 이끌 수 있도록 위임하고 지원했다. 올리비에 할폰Olivier Halfon과 프랑수아 앙세르메François Ansermet는 '추억 없는 기억'이라고 명명한 트라우마 흔적에 대한 연구 주제를 발전시키는 데 기여했다. 마지막으로, 시뤼르니크는 자신이 이끈 창조성 연구팀에 저자를 받아 주었고 그 덕분에 저자는 오늘날 학문적으로 더 풍부해질 수 있었다. 여기에 저자의 계보와 지적 유산이 있다. 계보는 여기서 끝나지 않았다. 저자가 함께 일하게 돼 기뻤던 젊은 연구자들, 즉 프랑스 프라카로로 France Frascarolo, 라파엘레 밀리코비치Raphaële Miljkovitch, 아얄라 보르기니 Ayala Borghini 그리고 라파엘라 토리시Raffaella Torrisi에게 이어졌다. 로잔대학교를 비롯해 저자가 강의하고 협력한 세계의 여러 대학에서 교류해 온 많은 동료, 학생, 인턴, 박사, 연구자, 임상의와 같이 활력적인 주변인들이 없었다면 저자의 사고와 연구를 잘 이끌어 갈 수 없었을 것이라고 말하고 싶다. 하나하나 그 이름을 다 거론할 수 없을 정도로 수많은 동료에게 고마움을 느낀다. 이들 중 많은 이는 가까운 친구가 되었다.

아울러 애착에 대한 첫 번째 책[1]에 이어 이 책을 출판할 수 있도록 해 준 베르트랑 크라메르Bertrand Cramer에게도 감사의 마음을 전한다.

 주

1. Pierrehumbert, B. (2003). *Le Premier Lien*. Odile Jacob.

차례

제3장 평생에 걸쳐 발달하는 애착 · 151

서론

왜 이 책인가

'애착 이론'에 대한 불어판 전문서로 니콜 게드니_{Nicole Guedeney}와 앙토안느 게드니_{Antoine Guedeney}[1]의 개론서와 같은 우수한 저서들이 있다. 이 책의 목적은 다르다. 즉, 이 책에서는 일련의 질문을 제기하고 그 답을 찾아 보고자 한다. 그동안 저자가 강의나 학회에서 받았던 질문이나 저자가 개인적으로 성찰해 온 문제들을 다룰 것이다. 사실 이 질문들은 때로는 이론의 주변에 머물러 있다. 이론은 이런 질문에 대해 침묵하고 있지만 내게는 중요해 보이는 질문이다. 예를 들어, '애착의 형성은 남아와 여아가 똑같은가?' '아이가 어린이집 교사에게 집착하는 것은 괜찮은가?' 하는 것과 같은 질문이다. 사실 이 책의 제목을 『당신이 감히 물어보지 못한 애착에 대한 모든 질문』으로 했었을 수도 있었다.

이 책에서 제시한 답변들은 순전히 저자가 생각한 것이다. 이 책은 저자가 은퇴 시점에, 즉 학교 업무나 행정 업무로부터 한가로워졌을 때에 이런저런 이해관계에 얽히지 않고 그동안 종사해 온 애착 영역의 연구와 학문을 보다 넓은 안목으로 바라볼 수 있을 때 쓴 책이다. 독자가 길을 잃지 않도록, 필요한 지점에서는 이론의 내용을 요약해 제시하고자 한다. 어쩌면 독자들이 이미 알고 있는 것일 수 있도 있는데, 그렇다면 반복되는 부연 설명에 대한 양해를 바란다.

여정

우선 저자의 개인적 이력에 대해 몇 마디 하고 싶다. 그렇게 함으로써 독자들은 이 책의 근간을 이루는 몇몇 장의 타당성, 특히 애착 이론이 사회적으로 던져 주는 의미에 대해 보다 잘 이해할 수 있을 것이다.

1968년, 저자가 열정적으로 심리학 공부를 시작했던 시절에 이 유명한 '애착 이론'에 대해 여성 동료학자가 말하는 것을 딱 한 번 들었던 것으로 기억한다. 그때 바로 다음과 같이 말했었다.

"이 '반동적인' 미국 이론은 여자는 어린애들과 같이 집에 있어야 한다는 거야!"

문제가 결국 해결될 수 있었다. 동정을 받거나 도리어 의심을 받은 유일한 이론은 저자가 공부한 제네바대학교에서 강의를 하고 있던 장 피아제Jean Piaget의 이론이었다. 우리는 피아제 교수도 모르게 이 이론이 마르크스류의 이론이라고 말하려고 논쟁을 벌였다. 한 학생이 우리가 집착하고 있던 것에 대해 언급했을 때 장 피아제가 보였던 여유 있는 반응을 기억한다.

"마르크스 선생이 나와 같은 생각을 했다면 나야 행복하지!"

이때로부터 15년이 지난 후에 나는 다시 애착 이론을 마주하게 되었다. 미국의 저명한 미국건강연구소NIH의 초빙연구원으로 2년 간 워싱턴에 체류할 때였다. 당시 5세 유아에 대한 연구에 참여하도록 제의를 받았다. 저자가 맡은 연구는 아이들의 인지를 평가하는 것이었다. 한 살 난 아이들이 그 유명한 '낯선 상황'에 적응하는지를 관찰했다. 나중에 언급하겠지만 이 관찰법은 아이가 엄마에게 애착하는 정도를 평가하도록 되어 있다. 흥미롭게도 이 관찰이 시행된 1978년은 메리 에인스워스Mary Ainsworth가 애착 평가에 대한 저서를 발간한 해였다.[2]

피아제 이론으로 무장돼 있던 저자는 '사회인지적 탈중심성'의 문제에 대해 연구하기로 했다('정신 이론'의 시대에는 아무도 이야기하지 않던 것이었다). 내가 생각했던 실험 장면을 기억한다. 아이를 얼굴 사진 앞에 서게 했다(사진 속 인물은 촬영 시에 렌즈에 고정시키고 있어서 관찰자가 어디에 있든지 관찰자를 주시하고 있다는 인상을 주게 된다). 실험자는 책상 위에 사진을 놓고 아이에게 얼굴이 자신을 바라보는지를 묻는다. 그러고 나서 옆으로 몇 걸음 옮기도록 하고 묻는다.

"얼굴이 너를 바라보니? 얼굴이 너를 따라왔니? 얼굴이 나를 바라보니?"

4~5세가 될 때까지 아이는 자기 인식에 집중해 이런 대답을 한다.

"얼굴이 나만 바라보지만 당신도 나를 향해 있으면 얼굴이 당신도 바라본다."

이러한 유형의 대답은 아이가 현상의 외형에 의존하고 있고 아직 다른 사람의 관점을 고려하지 않는다는 것을 보여 준다. 그러나 어떤 아이들은 이런 질문을 받으면 벌써 인상이 문제라는 것을 이해하고 주관적인 어떤 것이 거기에 연루돼 있다는 것을 이해하게 된다. 한 살 나이에 자신의 엄마에게 '불안전' 애착(이 개념은 뒤에서 정의할 것이다)을 맺은 아이들은 이러한 상황에서 자기중심적인 관점을 벗어나기 쉽지 않다.

저자는 미국인처럼 실용적인 입장을 취했다. '반동적'이란 수식어를 무시하고 애착의 초기 주창자인 볼비John Bowlby[3]의 책을 읽기 시작했다. 그로부터 약 15년이 흘렀고 그동안 이 이론은 이론의 주창자가 아닌 그의 제자들에 의해 장족의 발전을 했다고 할만하다. 그리고 더 이상은 반페미니스트적antiféministe인 흔적을 찾아보기 어렵다.

독자들도 이해할 수 있듯, 저자와 이 이론과의 만남은 단순하지 않았다. 우연하게 이 이론을 마주하게 된 후 편견을 극복해야 했다. 그 결과는 부정적이지 않았고 어떤 면에서는 이 책의 기원을 이루었다. 사실 이후로 이 이론에 몰두해 이론의 풍요성과 창조성을 발견하는 기쁨도 맛보았지만 저자의 뇌리 한 편에는 비판적인 질문이 간직돼 있었다. 그런 연유로 이 책이 만들어지게 된 것이다. 이 이론과 관련해 논쟁의 여지가 없는 공헌을 소개하는 동시에 이론의 한계나 의문점, 명료하지 못하거나 숨겨진 부분, 잘못 탐구되었거나 무시되어 온 면을 보여 주기 위한 것이다. 예를 들면, 페미니즘, 문화, 현대 생활과의 관계를 설명하는 것이다.

저자가 대서양을 넘어 미국에 체류하는 동안 미국 동료들과 두 편의 (피아제 계보의) 논문[4]을 썼다. 애착과 관련해 '인지적' 영역과 사회정서적 영역으로 분류되는 심리학의 두 영역을 연결하려고 시도한 논문이다. 스위스 로잔대학교에서 아동·청소년 정신건강의

학 서비스에 참여하게 된 신참 연구자로서 이와 같은 측면들을 연
결 지을 수 있어서 행복했지만 이 방향으로 계속해야 할까 하는 의
문은 여전히 남아 있었다. 그때 나중에 저자의 경력에 결정적인 일
이 된 에피소드가 있었다. 저자의 두 논문이 당시 프랑스 아동심리
학의 권위자였던 르보비치Serge Lebovici의 관심을 끈 것이다. 애착 이
론은 그것이 만들어지던 1940년과 1950년 사이에 안나 프로이트
Anna Freud나 도널드 위니컷Donald Winnicott과 같은 볼비의 정신분석 동료
들로부터 빈정거림을 받는 대상이었다. 프랑스의 경우 이 이론에
대한 정신분석가들의 불신은 훨씬 더 컸다. 르보비치는 보비니에
있는 자기 사무실로 저자를 불렀고 1980년대 중반에 정신분석가와
아주 놀라운 대화를 나누게 되었다.

"당신의 연구는 흥미로워요. 애착에 대한 연구를 계속하세요. 이
이론은 우리에게 많은 것을 알게 해 줄 겁니다."

이 격려를 받고 나는 계속 연구했다.

로잔대학교 병원에서 근무한 지난 몇 년 동안 아동 관찰, 성인 또
는 부모와의 대화나 설문조사에 기초한 연구를 발전시켜 올 수 있
었다. 구체적으로는 애착의 세대 전수, 심리적 활성 의존, 입양, 유
년기 트라우마, 출산 전후와 조숙, 주의력 결핍 여부에 따른 과잉
행동장애 등과 같은 다양한 주제에 관한 연구였다. 이들 연구 주제
는 항상 애착과 관계가 있었다. 이때 수행했던 연구 가운데 일부를
이 책에서 언급할 것이다.

애착 이론은 매력적이고 다양한 영역의 상이한 연구 학파, 예컨
대 심리학, 동물행동학, 뇌과학, 체계적 · 심리역동적 가족치료나

인지행동적 접근에 토대를 두고 있는 클리닉을 서로 결합시키는 능력을 보여 주었다. 이 이론이 성공했다는 것을 부정할 수 없을 정도로 엄청나게 많은 책과 논문이 이 분야에 헌정되었지만 여전히 해결되지 않은 의문도 많이 남아 있다. 이 책에서 저자는 그것을 구조적인 관점에서 설명해 보고자 한다.

시작하기 전에 한마디 덧붙이자면, 이 책의 가독성을 고려해 성에 관한 전통적 문법을 사용할 것이라는 것이다. 독자들이 기분 나빠하지 않기를 바란다. 남아를 이야기하면서 남자아이뿐만 아니라 여자아이도 지칭할 수 있다. 아동문제 전문가에 대해 이야기할 때도 남성 전문가뿐만 아니라 여성 전문가에 대해서도 이야기할 수 있다. 단지 균형을 잡기 위해 여교사에 대해 이야기를 하게 될 경우에 남교사가 상대적으로 매우 드물기 때문이라는 것을 의미한다.

미주

1. Guedeney, N. & Guedeney, A. (dir.). (2010). *L'Attachement*: approche théorique. *Du bébé à la personne âgée*. Masson; Guedeney, N., Guedeney, A. (dir.). (2016). *L'Attachement: approche clinique et thérapeutique*. Masson.

2. Ainsworth, M. D., Blehar, M., Waters, E. & Wall, S. (1978). *Patterns of Attachment: A Psychological Study of the Strange Situation*. Lawrence Erlbaum.

3. Bowlby, J. (1969, trad. 1978). *Attachement et perte*, t. I: *L'Attachement*, t. II: *Séparation, angoisse et colère*, t. III: *La Perte. Tristesse et séparation*, PUF.

4. Pierrehumbert, B., Iannotti, R. J. & Cummings, M. E. (1985). Motherinfant attachment, development of social competencies and beliefs of self responsibility, *Archives de psychologie, 53*, pp. 365-374. Pierrehumbert, B., Iannotti, R. J., Cummings, M. E., Zahn-Waxler, C. (1986). Attachement maternel et dépendance, quelques apports de la psychologie expérimentale, *Neuropsychiatrie de l'enfance, 34*, pp. 409-420.

감정 욕구로서의 애착

LOVE

제1장

질문 1. 아이들은 감정적 욕구를 가지고 있는가

　오늘날 애착에 대한 관심은 시대와 무관한 것이 아닌 듯하다. 제2차 세계대전의 비극적 참상, 이별, 고아가 연달아 발생하면서 비롯됐다. 또한 애착 과정에 관심을 갖게 된 것은 곧 분리 효과에 관한 염려 때문이었다. 특별히 일찍이 가족과 떨어지게 된 아이들의 발달은 위험할 수 있다는 것이었다. 볼비John Bowlby가 주창한 애착 이론에서는 아이에게 중요한 인물이 주위에 있음으로써 충족되기를 바라는 근본적인 욕구가 있다고 한다. 안전의 욕구besoin de sécurité와 탐험의 욕구besoin d'exploration가 그것이다. 이 두 욕구의 만족 추구는 애착 과정으로 이어진다. 나중에 살펴보겠지만 이 두 욕구는 유년기뿐만 아니라 평생에 걸쳐 우리를 따라다니는 욕구다.

안전의 욕구

　어린아이를 보호하는 것은 생존을 위한 필요에 대응하는 것임을 쉽게 이해할 수 있다. 자연에서뿐만 아니라 현대 생활에서도 그렇다. 인류와 같이 성숙이 아주 느리게 진행되는 종에서는 더더욱 그렇다. 인간 아기는 다른 사람의 관심을 끌게 하는 신호체계를 가지고 태어난다. 예컨대, 눈물과 같은 고통 신호가 그것이다. 그런데 다른 사람의 관심을 끌기 위해 신호를 선택하는 것은 대상, 상황, 아이의 나이나 능력에 따라 다를 수 있다. 고통은 친숙하지 않은 존재, 즉 잠재적 포식자가 접근하는 것과 같은 두려움뿐만 아니라 배고픔, 추위, 통증이나 우리 어른들도 늘 해소할 수만은 없는 극심한 불안 때문일 수 있다.

아기는 처음의 관계적 경험 과정에서 일종의 '각본$_{script}$'을 배운다. '나는 무섭다. 나는 신호를 보내서 위안을 받는다.'라는 식으로 구성되는 각본이다. 이 각본은 깊숙이 새겨져 있어서 평생 동안 일종의 모델을 형성할 것이다. 아기가 생리적 각성 상태에서 공포, 고통을 경험할 때, 놀라거나 슬플 때 주위에서 이 신호에 대해 보낸 반응이 결정적으로 작용한다. 즉, 이 반응은 초기 각본을 확인하고 약화하며 완화시킨다. 개인의 본질적 욕구는 사실 '내적 상태', 심장 박동, 호흡, 호르몬 분비, 감정에 영향을 받은 내적 상태를 규제할 수 있는 것이다. 어린아이는 타인과의 교류 과정에서 공포, 고통, 슬픔을 완화하기 위해 어떻게 해야 할지 일종의 정서 통제 모델을 배우게 될 것이다.

모든 것이 잘 풀리면 부모는 볼비의 표현대로 '안전한 피난처$_{safe\ haven}$'가 된다. 완화 경험이 반복되면 사실상 어린아이에게 안전감을 심어 준다. 아이의 욕구에 부응하는 친근한 인물이 있음으로써 새로운 상황이나 경고의 상황에서 경험할 수 있는 긴장을 덜어 줄

수 있게 된다. 아기는 이렇게 다른 이들이 자신의 불안을 진정시켜
줄 준비가 되어 있다는 사실을 통합할 수 있다. 예를 들어, '무서워
서 울면 누군가가 나를 잡아 주고 그러면 나는 기분이 좋아진다.'
아기는 이렇게 자신이 상대에게서 기대할 수 있는 것이 무엇인지
를 생각하게 된다. 다른 사람들에게서 무엇을 기대할지에 대한 패
턴은 곧이어 새로운 상대에게 적용될 것이다. 일례로 아이가 어린
이집에 갔을 때를 생각해 볼 수 있다. 아이는 자신의 사회관계 전체
에 이 각본을 일반화시킬 것으로 추론할 수 있다. 이렇게 해서 첫
경험이 차후의 관계 그리고 더 나아가 개인의 미래에 각인되는 것
이다.

탐험의 욕구

잘 알다시피 안전한 대피처인 대피항은 항해사들의 후방 기지
다. 단단한 뿌리가 곧 족쇄가 되는 것이 아니고, 반대로 관광객에
게 귀환을 보장하는 것이 될 수 있다. 또한 탐험은 먹을 것이 근처
에 없거나 손에 닿지 않는 환경에서는 생존을 위해 필수적인 욕구
다. 토끼의 대피항이 땅이라면 인간의 대피항 또는 샹송 가사에 등
장하는 '애착의 심장'은 자신의 동족이다.

예를 들어, 아기가 어린이집과 같은 새로운 환경에 놓일 때, 친숙
하지 않은 사람과 같이 있게 될 때, 일종의 경고가 울릴 것이다. 적
응의 관점에서 보면 이 경고가 중요한데, 설사 안전한 환경에서 경
고가 더 이상 필요 없다 하더라도 '위험'을 의미할 수도 있다. 모든

것이 순조로울 때는 친숙한 이들이 어린아이가 충분히 평온을 찾
도록 해 줄 것이다. 낯선 사람에 대한 자연적인 두려움은 친근한 사
람에게서 안전을 되찾을 수 있다는 확신으로 통제될 수 있다. 이처
럼 유아기에 형성된 부모와의 질적인 애착 관계를 통해 개방과 발
견, 이어 자율을 향한 도약이 가능하게 된다. 이것이 볼비가 묘사한
애착의 보조 기능인 '안전 기지secure base'다. 이렇듯 애착은 혹자가
이해하고 싶어 하는 바와 같이, 종속적 의존이 아닌 자율과 동의어
라 할 수 있다.

애착은 탐험과 개방을 돕게 된다. 애착은 어미 곰을 쫓는 새끼 곰
의 형상처럼 다른 이에 대한 종속적 의존이 아니고 다른 사람을 떠
나 도약하기 위한 성숙이 될 것이다. 자율과 독립을 구분해야 한
다. 독립은 자기충족의 의미를 함축하고 있는 것으로 자율과 다르
다. 수사적 표현이긴 하지만 우주비행사를 생각해 보자. 닐 암스트
롱Neil Armstrong이 달의 흙을 밟았을 때나 지금이나 그는 '가장 멀리까
지 갔던' 대단한 탐험가다. 그러나 그는 기지와의 접촉 없이는 귀환
할 수 없었다. 아폴로 13호의 우주비행사, 잭 스위거트Jack Swigert에게
헌정된 표현은 '휴스턴, 문제가 생겼다.'였다. 라디오 접촉이 중요
하다. 자율은 연결 속에서의 자율이고 연결을 배제하지 않는 자율
이다.

안전 기지는 평생에 걸쳐 부모에게서 다른 대상으로 자리를 옮
기면서 계속해서 기능하게 된다. 이와 관련해 애착이라는 특별한
관계가 형성되기까지 거치게 되는 단계는 무엇일까?라는 질문에
이르게 된다.

애착의 단계

볼비는 유아기에 애착이 형성되는 단계를 다음과 같이 기술했다.

1. 생후 2개월 이전의 아기는 개인에 따라 차이가 나지 않는 방식으로 행동 신호를 보낸다. '애착 이전préattachement' 단계다.
2. 생후 2개월에서 7개월까지는 '스스로 행동하는' 애착 단계다. 이때는 목적과 방법이 분리되기 시작한다. 아이는 부모에게 신체적으로 다가가기 위해 다양한 행동을 할 수 있다. 다른 사람을 구분하긴 하지만 친숙하지 않은 인물을 수용할 수 있다는 점에서 애착이 확고하진 않다. 아직까지는 배타적인 '애착 인물'이 없다.
3. 생후 7개월부터는 선별적이고 배타적이며 '분명한 애착 관계'가 형성되는 과정이다. 이때부터는 사람들을 대체하는 것이 더 이상 가능하지 않다. 이 시기에 접어들었다는 신호 가운데 하나는 분리될 때 고통을 표현하는 것이다. 동일한 목적을 위해 확장된 행동의 레퍼토리를 자신의 발달 수준에 맞게 사용한다. 예를 들면, 애착 인물과 접촉을 유지하는 것이다. '주요 애착 인물'(엄마)과 부차적 인물(아빠) 사이에 위계적 서열이 있는지 없는지는 한참 뒤에서 논할 것이다. 지금은 쟁점이 되는 주제만을 다룰 것이다.
4. 3, 4세부터는 '맞춤형 파트너십' 단계다. 아이는 이후로 다른 사람의 관점을 어느 정도 이해할 수 있는 능력을 갖게 돼[1] 관계적 차원에서 타인의 관심이나 보살핌과 같은 확실한 이점을 얻기 위해 영향력을 미치고자 할 것이다.

발달심리학의 근간을 이루는 대 이론가들은, 몇 명을 예로 들자면, 프로이트Freud에서 피아제Piaget를 거쳐 볼비에 이르기까지 대체로 발달단계 개념을 참조하고 있다. 이 단계론이 지닌 문제는 단계가 항상 잘 이해되는 것은 아니라는 것이다. 발달의 일반 이론, 일종의 발달 모델이 문제다. 그러나 한번 인기를 얻게 되면 순식간에 그 모델이 하나의 규범이 된다. 연구자들이 연표에 대략 작성하는 발달의 핵심적 순간들이 의무적으로 거쳐야 하는 단계로 전환되며 하나의 의제agenda에서도 의무적으로 거쳐야 하는 과정이 되고 만다. 연구자들이 제시하는 발달에 대한 일반적 서술이 개인적 규범으로 정착될 위험이 있으므로 규범으로부터의 이탈은 부모들의 염려가 된다. 이는 다음과 같은 두 가지 문제를 제기한다.

첫째, '결정적 시기'의 문제다. 관계가 박탈된 상황에서 자란 원숭이에 대한 할로Harlow의 연구와 애착 인물과 격리된 아이들에게서 나타나는 일종의 고통 상태인 시설병hospitalisme에 대한 르네 스피츠René Spitz[2]의 저술에 영감을 받아 어린아이가 인생의 중요한 시기에 주의 깊은 보살핌을 받지 못하면 아이들의 발달은 특히 사회적·인지적 영역에서 치료가 불가능하게 차단된다는 것이 확증적으로 전해지고 있다. 중요한 순간은 위에 기술한 3단계, 즉 특별한 관계가 정립되는 시기, 다시 말해 인생의 두 번째 과정에 있다. 예컨대, 어미 양의 경우는 결정적 시기가 문제가 된다고 한다. 어미 양이 출산 직후에 새끼 양과 접촉하지 않으면 더 이상 새끼를 알아보지 못한다는 것이다. 다른 예로, 시각 발달의 경우 중요한 시기에 망막에 적절한 자극이 없으면 시각에 필요한 신경 접속이 더 이상 작동하지 않는다고 한다. 애착의 관점에서 보면 확실히 '민감한' 시기가 있다는 것이다. 그러나 결정적 시기의 문제는 논란의 여지가 있다. 유년기 보살핌의 결핍을 겪거나 일차적 관계 정립에서 무시나 다른 걸림돌을 경험하게 되면 감정적·사회적 발달 장애가 초래될 수 있다. 여하튼 상대화가 필요하다고 생각한다. 예를 들어, 입양에 대한 연구는 연대기적 순서가 있다는 전제조건을 약화시키고 때로 불안한 부모들을 안심시키기도 한다. 이 연구들은 인간은 다행히 동물보다 유연하다는 것을 보여 준다.

둘째, '정상적 발달'에 관한 문제다. 우리는 보통 어린아이들이 '자기가 원하는 것을 알고 있다.' '머리가 좋다.'와 같이 개인적 자질이 있는지를 연구하고 추적한다. 그러나 역설적으로 우리는 마치 피할 수 없는 참고서처럼 경험한 규범에 강제적으로 얽매이게 되는 경향이 있다. 조금이라도 이탈하면 불안해진다. 위에서 말했듯이 '모든 것이 순조롭게 잘 되어 갈 때' 애착은 대피항과 안전 기지의 역할을 수행한다. 그러나 일반 이론이 문제다. 재차 강조하건대 규범으로 이해되어서는 안 될 것이다. 아이마다 모두 다르고 개개인이 특별하다는 것을 누구나 다 안다. 따라서 다음과 같은 질문을 제기해야 한다. 안전과 탐험 사이에서 이처럼 유명한 균형이 문제가 될 때 연계의 질적 수준에서 개인차가 있는가? 그렇다면 이 개인차는 어디에서 오는가?

질문 2. 아이들 간에 차이가 있는가

애착 이론은 수많은 관찰이 뒷받침되어야 한다. 인문과학뿐만 아니라 심리학과 정신건강의학에서 관찰을 과학적 방법으로 높이 평가하는 것이 20세기 후반의 전통이었다. 관찰은 탐험이다. 관찰은 미지와 발견의 문을 여는 것이다. 단순히 먼저 세운 가설을 확인하는 것이 아니다. 오늘날에는 관찰을 아쉬워할 수 있다. 행동 연구는 귀족적 과학, 곧 '동물행동학'이라는 이름을 가진 과학으로 간주되었다.

동물행동학은 동물행동에 대한 연구로 이해된다. 그렇지만 인간에 대한 동물행동학은 심리학 연구의 일부다. 여기서 동물과 인간 사이에 수렴되는 많은 것을 탐구하게 되는데, 인간의 행동, 예를 들어 우리의 애착 행동을 야기하는 것을 더 잘 이해하게 하는 시도를 하게 된다. 환원론적으로 흐를 수 있는 위험을 방지하도록 주의해야 하지만 인간을 동물로 폄하하려는 것이 아니다.

애착 이론이 동물행동, 즉 행동학 연구에서 얻을 수 있는 것은 방법론이다. 관찰을 통해 인간의 행동을 이해하기 위해 취하는 접근법이다. 오늘날 동물행동학은 일반적으로 심리학의 연구에서 사라졌다. 신경과학의 부상으로 인해 희생양이 된 것이다. 동물행동학은 행동수의학에서 동물 세계로 그 방향을 전환했다.

볼비의 제자인 에인스워스Mary Ainsworth에 의해 애착 이론이 심리과학으로 발전했는데 이것은 아기와 부모 사이의 상호작용을 관찰한

덕분이었다. 사실 볼비의 제안은 제자 덕분에 1950년대부터 미국
에서 장기적인 우회 여정을 시작했다. 과학적 심리학에 의한 우회
는 이 이론에 쓸모가 있을 것이다. 과학적 지위와 대서양을 뛰어넘
는 인기에 둘러싸여 결국 유럽 대륙으로 되돌아오게 되었고 결국
심리학계뿐만 아니라 일반 대중의 관심을 끌게 되었다.

에인스워스는 주의 깊고 따뜻한 보살핌이 아이의 생애 첫 해에
안전 기지를 만들고 이후 아이가 어른이 되어서도 사회적·정서적
생활에 영향을 미칠 것이라는 것을 보여 주었다. 또한 보살핌에 질
적인 차이가 현저하게 나타나며 이 차이는 아이와 아이의 미래에
중요한 의미를 지니고 있다는 것도 보여 주었다.

에인스워스의 가정은 1960년대에 상상할 수 있는 비교적 단순
한 관찰 방법에 기반하고 있다. 이 방법은 나중에 '낯선 상황situation
étrange'이라는 이름으로 유명해졌다. 이에 대해 좀 더 이야기하는
것이 중요하겠다. 사실 안전 애착attachement sécure이나 불안전 애착
attachement insécure의 개념은 아동전문가에게서 자주 듣는 말이지만 일
반 대중에게서도 많이 듣는 말로 20분의 평범한 관찰 상황에서 나
온 것이다. 이 관찰 방법의 짧은 역사를 가까이서 살펴보자.

에인스워스는 1950년대 볼비가 런던의 타비스톡 클리닉Tavistock
Clinic에서 이끌었던 팀에서 일했다. 오랫동안 우여곡절이 많았던 협
력 초기였다. 그녀는 이후 우간다에 체류하는 동안에 자신의 스승
이 런던에서 말한 것이 아프리카의 전통적 농촌에서도 증명될 수
있는지를 분석하는 문제를 두고 아이들의 이별 상황을 관찰했다.
요컨대, 동물행동학에서 영감을 얻은 자연환경에서의 관찰이었다.

이 경우에 반드시 관찰자가 관찰 대상과 같은 언어를 사용해야 하는 것은 아니었다.

캐나다 심리학자였던 그녀는 아이가 엄마에 대한 애착이 있는지 없는지 뿐만 아니라 형성된 애착의 성격을 연구했다. 자신의 스승인 캐나다 교수 윌리엄 블랫츠William Blatz가 1930년대에 아이가 탐험을 하기 위해 부모를 안전한 보루로 사용하는 법을 서술한 바 있는데, 이에 영감을 받아 아이들 간에 차이가 크다고 보았고 그 차이를 기술했다. 즉, 아이가 진정되는 것에 따라 다음과 같이 분류했다.

- 안전한 방법으로 엄마에게 애착하는 경우다. 아이들은 엄마로부터 멀어질 수 있는데, 엄마가 아이들로부터 멀어질 때마다 불안감을 보인다.
- 엄마에게 애착하지만 불안전한 방법으로 형성하는 경우다. 아이들은 엄마와 거리를 두는 것을 참지 못한다.
- 엄마에게 전혀 애착이 없는 경우다. 아이들은 엄마가 떠나도 저항하지 않고 엄마가 돌아와도 반기지 않는다.

에인스워스는 1956년에 볼티모어에 있는 존스홉킨스대학교에 합류한다. 볼비는 그녀가 관찰한 결과를 출간하고 미국에서 관찰을 계속하도록 권했다. 제자의 가치를 알아보고 자신의 이론에 과학적 지원을 확보할 수 있다고 느꼈기 때문이다. 그녀는 아이가 태어난 직후로부터 추적해 온 스물세 가족을 관찰했다. 각 가정을 대상으로 모성적 보살핌과 엄마와 아기의 상호작용을 관찰했다. 목적은 우간다에서 관찰한 것을 더 엄격한 방법으로 반복하는 것이었다. 그녀는 아이들이 12개월이 되었을 때 친숙하지 않은 환경, 즉 실험실에서 아이들을 관찰했다. 동료 심리학자인 장 아르스니엥Jean Arsenian으로부터 '안전 기지'의 행위가 나타나도록 자극하기에 적합한 관찰 환경을 빌리게 된다. 예를 들어, 우간다의 경우에서처럼 순간순간 우연히 일어나는 격리를 관찰하기보다는 여기서는 통제되고 실험적인 방법으로 격리를 촉발했다. 이것이 1969년 출간을 통해 처음으로 서술된 그 유명한 '낯선 상황'이다.[3]

이 관찰은 전적으로 엄마와 아이 쌍에 관한 것이었다. 아빠도 아니고 보모나 교사, 조부모와 같은 다른 양육자도 아니었다. 처음 접하는 연구자의 부담을 덜 수 있도록 당시는 꽤 '엄마 중심적'이고 성별 역할이 매우 현저했던 것으로 기억한다. 물론 이후로는 아이들과 보살핌을 제공하는 또 다른 인물로 아빠, 어린이집 교사, 또는 다른 친숙한 사람들을 관찰했다. 그러나 연구 초기 당시는 아직 그러지 않았다.

여기서 '낯선 상황'이 어떻게 전개되는지를 설명해 보고자 한다. 실험실에서 20여 분간 아이와 엄마를 관찰한다. 실험은 1세 무렵의 아이들을 관찰하기 위해 고안됐다. 아이의 애착 행동(애착 행동은 엄마와 가까이 있거나 적어도 관심을 얻기 위해 하는 행동과 신호를 총체적으로 의미한다)은 관찰실 상황에서 엄마와의 일련의 짧은 격리뿐만 아니라 친숙하지 않은 사람의 존재를 통해 고의적으로 유발되도록 했다. 여덟 가지 단계의 연쇄적 장면을 거치는 동안 긴장이 점차 고조되는 상황으로 가정되었고, 관찰자는 강도가 약한 스트레스 상황에서 아이가 엄마에게 어떻게 행동하는지 그 방법을 이해하는 데 역점을 두도록 했다.

특별히 엄마와 다시 재회하게 될 때 아이가 보이는 행동이 조심스럽게 관찰되었다. 이를 통해 에인스워스는 우간다에서와 같이 아이들 간에 큰 차이가 있다는 것을 확인하게 되었다. 이렇게 해서 애착의 세 가지 유형을 서술했고 공통적으로 '안전$_{sécure}$ 애착' '불안전－회피$_{insécure-évitant}$ 애착' '불안전－저항$_{insécure-résistant}$ 애착'으로 명명하게 되었다.

에인스워스가 세 가지 행동 유형을 발견하고 서술한 것은 여성 학자로서의 그의 수준과 탁월한 직감의 산물이라 할 만하다. 애착과 안전을 추구하는 과정에서 아이들 간에 차이가 있다는 것은 심리학에서는 매우 창의적인 것으로 입증되었다. 이후로는 애착의 범주나 유형으로 부르고자 하는 이러한 행동의 차이가 매우 큰 안정성을 보이고 엄마와의 관계에서뿐만 아니라 아이의 미래에도 무척 중요하다는 것을 보여 주었다.

에인스워스의 업적이 성공을 거두자 이 방법이 수백 개의 연구를 통해 수만 번 사용되었고 애착에 관한 일종의 표준적 측정 도구가 되었다. 네 번째 애착 유형도 있다는 것은 다음에 언급하고자 한다. 여기에서는 역사적 배경에 초점을 맞춰 애착의 세 가지 유형이 정확히 무엇인지를 살펴보도록 하겠다.

세 가지 애착 유형

대부분의 경우 '낯선 상황'의 관찰법은 예견한 바와 같이 애착 행동의 활성화를 유발한다. 말하자면 아이가 다양한 방법으로 엄마에게 신호나 요구를 보내거나 스스로 몸을 이동해 가면서 엄마와 신체적으로 가까이 있으려 하거나 다른 형태의 접촉을 하려 한다. 격리 후 엄마가 돌아오면 아이는 주위에 놓인 물건과 장난감을 다시 탐험한다. 이 경우 '안전 애착'으로 분류된다. 아이는 애착 행동을 활성화하고 나서 멈추는 것으로 위안의 요구를 표현하는데, 엄마가 이 요구에 응하면 다시 탐험을 한다. 이 설명은 너무 자명해 보인다. 모든 아이가 이렇게 행동할 것으로 가정되기도 하나 현실은 그렇지 않다.

볼티모어의 스물세 가정에 대한 초기 연구에서 에인스워스는 대상자의 2/3에게서만 이와 같은 행동 패턴을 발견했다. 이어 수천 건에 달하는 낯선 상황의 분석을 통해 안전 애착이 특별한 문제가 없는 보통 가정과 위 실험에 자원해 참가한 가족에게서 2/3에 해당하는 비율을 이루고 있다는 것을 확인했는데, 이는 세계 어느 곳에서나 비슷한 양상을 보인다.

에인스워스는 나머지 1/3에 대해서는 두 가지 다른 유형의 애착 행동을 설명하고 '불안전'으로 그 성격을 규정한다. 불안전은 아이가 엄마가 와 있는데도 불구하고 완전히 안심하지 않고 엄마에 대해 특별한 전략을 구사하는 것과 관계가 있다. '불안전—회피 애착' 행동을 보이는 아이는 위안이 필요하지 않은 것처럼 보이고 조숙한 독립성을 보이는 인상을 주며 어른을 위안의 원천으로 사용하지 않고 환경을 탐험한다. 이런 아이는 단순히 방법에 구애받지 않고 위안받을 필요가 없다는 인상을 갖게 한다. 그런데 실험 후에 흔히 스트레스 호르몬으로 불리는 코르티솔을 처방하려고 아이의 타액을 채취한 여러 연구[4]에서 이 아이들에게서 스트레스 체계가 활성화되고 때로는 아주 강하게 활성화되는 것을 확인할 수 있었다. 이 아이들은 생애 첫 해 동안의 경험을 통해 엄마라는 인물과 있을 때 자신의 두려움을 너무 드러내지 않는 것이 더 낫다는 것, 즉 자신이 이해하는 것을 최소로 표현하고 정서적인 요구를 회피하는 것이 더 낫다는 것으로 판단했다고 가정할 수 있다.

이와는 반대로 '불안전−저항 애착' 행동을 보이는 아이들은 상황에 의해 완전히 혼란스러워하는 모습을 보이고, 앞에서 기술한 사례와는 달리 엄마가 가까이 있기를 바라는 요구를 과장하게 된다. 이 아이들은 안절부절못하고 때로는 흥분하고 분노의 동작을 보이며 양가적인 방법으로 위안을 찾으려 한다. 엄마가 아이에게 위안적 행동을 시도하면 저항하거나 고통스러워하는 모습을 보인다. 불안전−저항 애착 유형의 아동은 엄마에게서 최소한의 관심을 얻기 위해 감정적 성격의 요구를 증폭시키는 것이라고 가정할 수 있다.

따라서 안전 애착의 경우는 스트레스를 받는 상황에서 행동의 활성화와 비활성화 사이의 균형이 관찰되고, 불안전 애착의 한편에서는 애착 행동의 강제적 비활성화, 다른 한편에서는 행동의 과활성화가 관찰된다고 할 수 있다. 에인스워스와 그녀의 제자들은 엄마에 대한 안전 애착은 생애 초기 첫 몇 달 동안 유아가 겪는 엄

마와의 관계의 질적 수준에 달려 있다는 것을 확인했다. 안전 애착
은 엄마가 이 시기에 아이의 위안 요구에 적절한 방법으로 반응했
다는 점에서 선호되는 유형이다. 만약 엄마가 거리감이 느껴지고
거부적이며 별로 다정하지 않으면 아이는 불안전-회피 애착 행동
을 보일 위험이 있다. 그리고 생후 첫 해 동안 엄마가 예측 불가능
한 특성을 보이면서 때로는 다정하게 아이에게 전념하면서도 때로
는 거부반응을 보이면 아이는 불안전-저항 애착을 보일 위험이 있
다. 정서적 요구를 과장하는 것은 평온을 유지하는 것을 어렵게 하
고 결과적으로 양가적이고 저항적으로 해석되는 불안이나 분노를
유발할 수 있다.

　앞서 언급한 대로 에인스워스의 초기 연구와 그 후속 연구에서
는 전적으로 엄마와 같이 있는 실험적 환경 상황에서 아이들을 관
찰했다. 이때 떠올릴 수 있는 질문은 다음과 같다. 즉, 아이가 엄마
에게 안전 애착 행동을 하면 이 아이는 다른 이들과도 필연적으로
안전 행동을 할 것인가 하는 문제다. 이 문제에 답하기 위해 아빠와
의 낯선 상황을 만들거나 아이가 한번은 엄마와 있고 한번은 아빠
와 있도록 하는 상황을 비교한 결과를 기다려야 했다. 예측이 분분
하지만 결과는 부정적이다. 아이는 한 사람과는 완전히 안전한 애
착을 보일 수 있는 반면, 다른 사람과는 불안전한 애착을 보일 수
있다. 이 전제는 본질적인 문제에 관한 것이다. 이 문제는 애착의
안전이나 불안전이 어디에서 오는지에 대해 깊이 들어갈 때 다시
거론할 것이다.

아이를 울게 내버려두어야 하는가

가족사를 통해 반복해 내려오는 질문이다……. 세대에서 세대로 이어지는 질문이나 서로 유사하지는 않다. 아기를 망치지 않기 위해서는 울게 내버려두어야 한다는 시대나 세대도 있고, 아이가 불안, 슬픔, 두려움에 직면하면 정서적 일상이 불안전하게 되거나 무디게 될 위험이 있으므로 무반응으로 아이들을 내버려두면 안 된다는 시대나 세대도 있다. 아기를 울게 내버려둬야 하는지, 아니면 울지 않게 해야 하는지의 문제로 인해 때로는 가족 간의 평화가 깨지기도 한다. 특히 조부모가 이 논란에 개입할 때 더 그렇다.

대서양 너머의 부모들은 미국 심리학에 영향을 많이 받아 20세기 중반까지도 훈육 이론에 기초한 양육의 원리를 확고하게 정립했었다. 존 왓슨John Watson[5]과 같은 유명한 심리학자는 심해지기를 바라지 않는 모든 행동을 피해야 한다고 부모들에게 설명한다. 즉, 아이의 울음에 반응하는 것은 정서적 욕구를 강화시켜 아이를 울보로 만들고 의존적이고 자율적이지 못하게 만들어 결국은 아이를 망치게 될 것이라고 주장했다.

애착 이론은 20세기 중반 이후 미국 부모들에게서 이전의 사조와는 정반대의 반응을 보이게 했는데, 이러한 반응은 과학적으로 논쟁의 여지가 있었다. 에인스워스의 실험에 참여한 볼티모어의 23명의 아이는 한 살이 되던 때로부터 석 달에 한 번씩 자신의 집에서 낯선 상황 이전의 상황에서 관찰되었다. 이 연구를 통해 에인스워스는 흥미로운 결과를 보고했다. 그 결과는 다른 아이들에 대해서도 곧이어 반복적으로 나타난 것이었다. 한 살에 낯선 상황에서 안전 애착으로 묘사된 아이들의 경우 첫 해에 자신의 집에서는 과연 어떤 일이 벌어졌는가? 이 유형의 전형적인 경우는 엄마가 아이가 울 때 불안전 애착 유형의 아이들의 엄마보다 평균적으로 두세 배나 빨리 즉각적으로 달려갔다. 이들 엄마의 아이들이 한 살 때 집에서 우는 빈도를 관찰했을 때 다른 유형의 아이들보다 두세 배 덜 울었다. 이렇게 아이의 울음에 반응하는 것은 아이를 안심시키고 자기 스스로 진정할 수 있는 차후의 능력에도 유리하게 작용하는 것으로 보인다. 그리고 안전 애착은 앞서 살펴본 바와 같이 자율성 발달에 유리한 한편 아이의 의존성 발달을 조장하지는 않았다.

애착을 관찰할 수 있는가

안전 애착과 불안전 애착이라는 용어는 심리학자와 교육학자 사이에 자주 쓰이는 용어로 애착 유형의 개념을 설명하는 성공적인 용어가 되었지만 때로는 이 용어가 과연 어디서 왔는지를 잊어버리곤 한다. 결국 취약성과 상대성이 무엇인가 하는 것이 관건인데 지금부터는 이에 대해 설명하고자 한다.

낯선 상황 실험의 원칙은 익숙하지 않은 환경에서 아이를 엄마나 애착 인물로부터 격리시키고 때로는 모르는 사람과도 같이 있게 해서 스트레스를 유발하는 것이다. 관찰자는 아이가 엄마에게서 위안을 찾거나 엄마를 안전 기지로 사용하여 결국 장난감과 환경을 다시 탐험하기 시작하는 능력을 평가할 수 있을 것이다. 요컨대 도발을 통한 관찰은 아이들의 스트레스를 자극하는 것이다. 이러한 상황에서 유래된 개념, 즉 안전 애착, 불안전 애착은 애착을 이야기할 때 빼놓을 수 없는 필수적인 참고 개념으로 인용되고 있다. 그럼에도 불구하고 이와 같이 도발을 통한 관찰의 절차는 여러 가지 문제를 야기한다.

사실 도발을 통한 관찰 절차가 애착 행동을 잘 활성화시키는지, 그리고 같은 방법으로 연구에 참여한 아이들 모두가 그러는지를 생각해 볼 필요가 있다. 아이에 따라, 또는 엄마에 따라 스트레스에 대해 서로 다른 민감성을 보일 수 있는가? 낯선 상황 실험에서 엄마들이 연구자에 순응하는 태도는 20분간 관찰된 엄마들의 태도에 불과하다 하더라도 사실상 아이에게 영향을 미칠 수 있다. 이 질문에 부정적으로 대답하는 연구자들 사이에 암묵적인 합의가 있다. 명확히 정의된 과학적 목표를 가지고 사용되는 아주 잘 표준화된 연구 절차에 관한 것이다. 그럼에도 이 문제는 심사숙고할 필요가 있다.

이어 '생태학적' 비판이 제기된다. 낯선 상황의 실험실에서 20분이라는 짧은 시간 동안 관찰한 것이 아이의 생애를 대표하는 행동이라고 할 수 있는가 하는 문제가 거론되곤 하는데 물론 그렇진 않다. 이와 같은 비판이 있음에도 스트레스에 대한 아이들의 반응을 관찰하기 위해 자연적인 환경에서 아이들을 관찰하면서 우연히 발생되는 것을 기다리기보다 스트레스를 유발하는 것이 더 편하다는 것도 이해가 된다.

또 다른 문제로 거론되고 있는 것 가운데 하나는 애착 유형에 대한 관찰이 유효한 연령대가 제한되어 있다는 것이다. 즉, 낯선 상황

실험에서 기대되는 행동이나 엄마와의 짧은 결별에 의해 발생되는
아이의 스트레스 경험의 양상을 고려할 때, 이와 같은 관찰이나 관
찰 결과에 대한 분석이 대략 두 살까지 유효하게 사용될 수 있다는
것이다.

　이러한 방법론적 문제에 더해 윤리적 염려의 문제도 부가되고
있다. 즉, 낯선 상황 실험은 엄마와 아이에게 실험적 스트레스를 유
발시키는 것으로 추정되고 어린아이나 엄마에게 유발된 스트레스
가 비록 그 위험이 아주 적다 하더라도 추후에 미치게 될 영향을 배
제할 수 없다는 비판이 제기된다. 또한 이러한 유형의 연구에 참여
하는 참여자들에 대한 개인적 혜택이나 보상이 거의 없거나 빈약
한 것이 비판받기도 한다. 이와 같은 비판은 많은 연구자로 하여금
보다 윤리적인 관점에서 낯선 상황의 대안이 될 수 있는 실험 절차
를 조정하는 노력에도 도전하도록 하는 자극제가 되고 있다.

자연 환경에서의 관찰은 어떠한가

　뉴욕의 스토니브룩대학교의 에브레트 워터스Evrett Waters[6]는 1985년
에 자연환경에서 아이를 관찰하는 방법을 제안한 바 있다. 나중에
설명하겠지만 이 관찰은 집에서 이루어지며 아이 생애의 여러 시점
에서 실행된다. 이 방법은 점차 낯선 상황에서 유발되는 관찰에 대
안이 되는 방법으로 자리를 잡았다. 이 방법은 아주 많은 연구에서
사용되었다. 그러나 아이와 성인 대상과의 관계가 아이의 안전을
평가하는 데 신뢰를 얻는다면[7] 낯선 상황으로 만들어졌던 동일한

애착 범주를 구별할 수 없게 된다. 이 방법은 애착의 Q–분류라고 불리고 있다. 저자와 저자의 연구팀은 이 척도를 불어로 번역해 사용할 수 있게 했다. 관심 있는 독자라면 여러 출판물에서 자세히 서술해 놓은 것을 쉽게 찾아볼 수 있을 것이다.[8] 이 방법의 새로운 관심은 10개월에서 5세까지 아주 어릴 때부터 꽤 오랫동안 사용할 수 있다는 것이다.

관찰은 일반적으로 다음과 같은 방법으로 진행된다. 두 관찰자가 각 가정에서 또는 어린이집에서 단순한 방문객처럼 서너 시간을 보낸다. 어떤 특별한 지시도 미리 설정하지 않는다. 방문이 끝나면 이들은 일종의 설문지에 따라 자신이 받은 인상을 재정리한다. 이 설문지는 유명한 Q–분류법으로, 각자 제안을 포함한 일련의 카드로 구성된 것이다. 관찰자가 이 카드를 분류하고 시리즈로 만들어야 한다. 아이에 대해 가질 수 있는 인상에 카드를 대응할 때 가장 '사실적인' 제안으로부터 전혀 그렇지 않은 가장 '잘못된' 제안에 이르기까지로 분류한다.

원칙은 관찰자로 하여금 아이들의 인상을 이와 같이 작성하게 하고 비교하며 정리하게 하는 것이다. 실험이 끝나면 각 제안은 관찰 대상이 된 아이를 잘 묘사했는지 아닌지에 따라 점수를 부과하고 관찰 대상이 된 아이가 얻은 총 점수를 어른과의 관계가 이상적으로 안전했을 때의 가상적인 점수와 비교하게 된다.

좀 더 구체적으로 알아보기 위해 불어판 번역본에서 이 도구를 구성하고 있는 79개의 제안 중 몇 가지를 살펴보도록 하자. 아이와 엄마 사이의 안전한 관계를 가상적으로 묘사하는 제안이 가장 앞에 온다. 작성된 결과는 엄마에 대한 이야기지만 물론 보모나 교사로 교체할 수도 있다. 예를 들면 다음과 같다.

- 아이가 놀이나 탐색을 위해 엄마에게서 멀어지면 자주 엄마에게 되돌아오고 다시 출발한다.
- 아이가 한 사물에 대해 두려워하고 엄마가 안심시키면 아이는 용기를 내 물건 가까이로 가서 가지고 논다.
- 아이가 놀라거나 충격을 받은 후에 엄마가 아이를 팔로 안아 주면 아이는 진정한다.
- 아이는 무언가 그에게 위험해 보이거나 위협적인 일이 있을 때 무엇을 해야 할지 알기 위해 엄마의 표정을 살핀다.

  다음은 아이가 엄마에 대해 갖는 불안전한 관계를 묘사하는 제안을 몇 가지 예를 들어 본 것이다.

- 무언가가 아이를 강력하게 방해하는 상황에서 아이는 있던 자리에서 멈춰서 운다.
- 아이가 놀고 나서 엄마에게로 다시 돌아올 때 뚜렷한 이유 없이 변덕스러운 행동을 할 수 있다.
- 아이는 엄마로부터 무엇인가를 얻어내고자 하는 전략과 방법으로 울음을 이용한다.
- 엄마가 아이와 함께 있던 장소에서 나가려고 할 때 아이가 불안해하거나 운다.

애착을 범주로 보아야 하는가

워터스의 도구는 이와 같은 방식으로 연구자들에게 양적인 정보를 제공해 준다. 이 정보는 간단한 안전 계수에 대응해 관찰된 아이가 이상적으로 안전한 아이와 얼마나 가까운지 아니면 얼마나 먼지를 알려 준다. 이 계수는 상관관계를 계산해서 얻게 된다.

여기서 흥미로운 질문 하나가 떠오른다. 애착은 디지털적이냐 아니면 아날로그적이냐 하는 것이다. 다른 말로 하면 애착의 질적 수준은 범주의 문제인가 아니면 강도의 문제인가 하는 것이다. 인간의 생각은 빈번히 범주로 기운다. 생존을 위한 적응의 관점에 입각해 보면 좋은 것과 나쁜 것, 해야 할 것과 하지 말아야 할 것을 아는 것이 중요하다. 그러나 범주의 함정은 범주를 세부적으로 나누지 않는다는 것이다. 익히 아는 바와 같이, 어떤 처방에서는 좋을 수 있지만 다른 처방에서는 해로울 수 있는 경우가 많다.

한 아이가 어떤 인물과의 애착 관계에서 '안전하다'거나 '불안전하다'는 것은, 여기서는 '아주 안전한' 또는 '아주 불안전한'으로 분류하게 하고 하나의 긴 연속선상의 스펙트럼을 의미하게 한다. 여러 범주를 낯선 상황에서 묘사한 범주, 즉 안전, 불안전-회피, 불안전-저항 범주를 생각해 볼 때 이 범주들은 서로 배타적으로 생각된다. 그러나 한 아이가 약간은 여기에, 약간은 저기에 해당된다고도 할 수 있지 않은가? 조금은 안전하지만 동시에 조금은 회피적일 수도 있지 않은가? 사실 그 누구도 애착의 질적 수준이 범주의 문제인지 강도나 차원의 문제인지 결정할 수 없다. 현실은 범주적이거나 차원적이지 않기에 우리가 그것을 어떻게 이해하느냐가 문제다. 보다 정확히 말하면, 범주적이거나 차원적인 것은 우리가 사용하는 관찰 도구다. 그런데 이 딜레마는 범주나 차원이라는 작업 선택이 갖는 이점에서 그 해법을 찾을 수 있다.

저자는 직감이 풍부하고 임상과 직결된 메리 에인스워스의 범주적 사고를 많이 참고해야 한다고 생각한다. 범주화는 일련의 사고의 축약을 가능케 한다. 그러나 범주화는 꼬리표를 붙이는 위험을 지닌다. 과거에 비해 오늘날에는 사람에게 꼬리표를 붙이는 것이 비도덕적인 것으로 간주된다. 독자들이 저자의 견해를 이미 파악했겠지만 저자는 차원적 관점이 우선되어야 할 것으로 생각한다.

범주화는 연구자에게 또 하나의 위험을 내포한다. 그 위험을 말하자면 '구두주걱chausse-pied'이다. 낯선 상황에서 엄마와 같이 있는 아이를 관찰하는 것은 조직, 시간, 비용과 관련해 돈이 드는 일이다. 연구자가 흔히 사용할 수 있는 자료가 상대적으로 빈약한 상태에서 연구를 하려면 허리띠를 졸라매야 한다. 다른 한편으로 통계는 훨씬 더 많은 대상을 필요로 하고 흔히 연구자금은 연구의 '통계적 힘', 즉 대상자의 수가 충족될 만큼만 제공된다. 각각의 경우는 소중하고 '자료의 부족'이 없도록 해야 한다.

한편, 연구자는 필연적으로 안전, 회피, 저항이라는 기존 범주에 따라 결정할 수 없는 일정한 양의 애매모호한 사례를 발견하게 될 것이다. 이러한 사례를 배제해야 할 것인가? 애매모호한 개인을 어느 한쪽에 들어가게 하기 위해 조금은 강제적으로 판별하고픈 유혹도 크다. 누군가를 비난하거나 연구의 과학적 수준을 의심하는 것이 아니다. 나는 인간의 사고를 벗어나 존재하고 있는 범주들이 있고 현실이 거기에 부합해야 한다는 조용한 확신을 비판한다. 이미 언급한 바와 같이 범주는 명백히 우리 자신의 생각에서 나온다. 세계를 범주화하려는 자연스러운 경향은 유용하지만 항상 상대화되어야 하고 사고의 범주에 대해 끊임없는 의문을 제기해야 한다.

　과학에서 끼워맞추기식의 '구두주걱'으로 표현되는 은유적 묘사는 고생물학자 스티븐 제이 굴드Stephen Jay Gould가 범주화의 함정에 대해 서술한 것이다. 자신의 저서 『인생은 아름다워La vie est belle』[9]에서 굴드는 '캄브리아기의 폭발'에 대해 이야기한다. 말하자면 5억 년 전에 있었던 생물학적 변동이다. 아주 극소수만 살아남았을 것으로 생각되는 생물의 진정한 다양성 폭발이었을 것이다. 굴드의 설명에 따르면 20세기 초에 전임자 월코트Walcott가 캐나다에서 버지스 셰일이라는 캄브리아기에 거슬러 올라가는 거대한 화석 암맥을 발견하여 각 화석을 5개의 알려진 절지동물, 즉 삼엽충류(소멸), 갑각류, 곤충류, 다족류, 거미류로 나누려 하였다. 그것은 선의에 기초한 것으로 자신의 과학적 의무에 대한 인식에 따른 것이다. 그런데 이후 20세기 중반에 위팅턴Whittington이라는 다른 고생물학자는 이 화석들을 보고 지적으로 백지화했다. 즉, 사실상 이들 화석 대부분이 내가 '구두주걱'이라 부르는 방법에 의해서만 이 범주들로 분류된다는 것을 발견한 것이다. 그는 24개 기본 유형의 생물을 발견했는데, 그중 4개의 생물만 살아남은 것이다.

　이 이야기에서 우리는 자연적으로 범주화하기 위해 알지 못하는 미지의 것을 아는 것으로 억지로 끼워맞추려 하지만 동시에 자연히 지적인 표현은 아주 무기력하다는 것을 알아야 한다. 범주적 관점이 설명력으로 정당화된다면 특별히 임상적 견해로 유용할 수 있지만 저자에게는 차원적 사고가 더 과학적인 것으로 보인다. 이데올로기적 이탈을 통해 사고의 자연적 성향을 잘 활용할 수 있다는 것을 잊지 말아야 한다.

애착에 대한 정성 평가로 다시 돌아와 보면, 실험실에서 인위적인 상황의 도움으로 이루어지는 범주적 방법이든, 아이의 생애 가운데로 들어가 접근하는 차원적 방법이든, 평가 순간을 제외하고는 아무것도 예견하지 못한다면 별 관심을 받지 못하게 될 것이다. 애착 평가가 지니는 이점은 아이의 미래와 관련된 많은 변수와 높은 상관관계가 있어 보인다는 것이다. 이 주제에 관한 수많은 출간물은 애착의 예견력을 이와 같이 자발적으로 언급하고 있다. 여러 현상 간에 상관관계가 있다는 것을 보여 주는 것은 연구자의 '사회 계약'인 셈이다.

그러나 두 개의 일련의 사건 사이에 조합이나 상관관계가 있다는 것이 이 사건 간에 원인과 결과 관계가 있음을 의미하는 것은 아니다. 흔히 사건의 원인은 다양하다. 사려 깊은 연구자는 항상, 예를 들어 쉽게 믿는 독자나 관객을 위해 원인과 결과라는 단순한 관계를 도출하고 싶어 혈안인 매체의 유혹을 받을 때 경계해야 할 것이다.

다음 장에서는 애착의 질과 아이의 미래가 어떻게 연결되는지를 살펴보겠다. 그 전에 한 가지 강조하고 싶은 것이 있다. 계속해서 반복하건대 낯선 상황은 Q-분류 애착 척도만큼이나 무엇보다도 연구

자를 위한 도구라고 할 수 있다. 거기서 나온 안전, 불안전의 개념
은 성공적이었고 교육자, 임상의는 물론 부모들에게도 당연히 매력
적이다. 그러나 여기에서 언급한 개념과 도구를 연구 영역 밖에서
사용하는 것은 아주 조심해야 한다. 이 문제를 다시 짚어 보자.

질문 3. 애착의 질은 무엇을 의미하는가

아이가 조난 신호를 보내고 아이를 돌보는 어른이 충분히 '민감'
해 신호에 '반응'할 때 무슨 일이 있어나는지를 살펴보자. 우선 용
어를 살펴보자. 아이가 정서적인 요구를 표출하고 어른이 안전과
보호를 제공하면서 반응하면 아이는 어른이 자신의 감정을 이해한
다고 생각한다. 그리고 그것은 아이의 심리 발달에 기본이 된다.
사실상 어른은 이 반응을 통해 동일한 감정이 존재한다는 것을 인
정하게 된다. 그러나 이와 같은 일이 항상 일어날 수 있는 것은 아
니다. 우울한 부모는 자신의 정신적 균형이 너무 위험한 상황이어
서 아이의 슬픔을 알려고 하지 않을 수 있다. 상대방이 슬픔을 참아
낼 수 없기 때문에 슬픔을 표현할 수 없다면 그때는 슬픔을 느끼지
않는 것이 더 낫다. 따라서 슬픔은 존재하지 않는 것과도 같은 것이
될 것이다. 아마도 분노 역시 마찬가지일 것이다.

반면, 어른이 정서적 감정의 존재를 인정하면 감정의 표현을 허
락하는 것이다. 아이는 정서적 요구를 표현할 수 있다는 믿음을 가
지게 되고, 앞서 언급한 유명한 각본인 '고통, 신호, 위안'을 펼쳐 내

도록 허용받게 된다. 여기로부터 아이의 내면세계가 존재하게 된다. 자기 자신만의 세계면서 적어도 다른 사람과 부분적으로는 공유할 수 있는 세계가 있게 된다. 또한 이러한 신념에 따라 다른 사람에게도 내면세계, 곧 불투명하지만 동시에 부분적으로 공유할 수 있는 세계가 역시 존재한다는 생각을 할 수 있게 된다.

많은 연구가 사회적이고 본질적으로 정서적 수준에 머무르지 않고 첫 번째 관계의 질이 아동 발달에 미치는 영향에 대해 설명하고 있다. 이 연구들은 1974년에 수행된 소위 '미네소타' 연구[10]처럼 생후 12개월이 될 무렵에 '낯선 상황'에서 아이들이 엄마와 함께 있는 것을 관찰한 것에 기반하고 있다. 전형적 연구에서처럼 아이들은, 예를 들어 이후로 5세가 될 때까지 추적되었다. 서로 다른 아이들을 통해 보고된 결과는 무엇인가?

- 엄마와 안전 애착을 맺은 유형으로 분류된 아이들이 집단이나 유치원에서 가장 많은 것으로 보인다. 이 아이들은 감정이입을 잘하고 평온하며 어려움에 대처할 줄 알고 필요할 때 도움을 요청한다. 자아에 대한 평가는 긍정적이고 학교 선생들은 이 아이들을 따듯하게 대한다.
- 엄마와의 관계가 불안전–회피로 평가된 애착 유형의 아이들은 다른 아이들의 고통을 조롱하는 경향을 보인다. 그와 같은 감정의 표현을 견디지 못하는 것처럼 보인다. 그들 스스로가 다른 사람들에게 위안의 요구를 표현하는 것을 꺼린다. 때때로 공격적이 되어 주의를 끌려고 하기도 하나 적대심밖에 얻는 것이 없다. 교사들은 이 아이들을 통제하려 한다.

- 마지막으로, 불안전–저항 애착 유형의 아이들은 타인보다 자기 자신
  에게만 신경을 쓰는 것으로 보인다. 자신과 타인 사이의 경계가 명확
  히 구분되지 않는다. 예를 들어, 이 아이들은 친구 중에 한 명이 아플
  때 위안을 자청하기도 한다. 종종 다른 사람의 희생양이 되기도 하는
  데, 교사들은 이들을 어린애로 취급하는 행동을 하게 된다.

특히, 어린이집이나 유치원에 들어갈 때 사회적 영역이 확대되
는데 어른이든 아이든 새로운 사회적 대상에 대한 태도는 어떤 의
미에서는 아이가 이미 알고 있던 다른 사람, 본질적으로 자기 부모
와의 관계에 따라 좌우된다. 즉, 부모와 이미 경험한 관계에서 새로
운 관계로 '전이'되는 것과 같은 것이다. 그리고 이 새로운 관계는
종종 아이의 관계적 역사를 강화하거나 재확인한다. 미네소타 연
구에서처럼, 무관심하거나 비일관적이거나 거부적인 양육을 경험
해 엄마와의 관계가 불안전한 아이는 새로운 대상과의 새로운 관계
에서도 또다시 부정되거나 어린아이 취급을 받는 식으로 행동할 위
험이 있다. 예를 들어, 어른에게 냉담, 조롱, 자만한 모습을 보이거나
반대로 과장된 감정적 요구를 하기도 한다.

이전에 배운 것에서 새로운 관계로 전이되는 과정에서 다시 각
본이 존재한다는 것을 알 수 있다. 이제 이 각본은 더 복잡해지고
양육자와의 특별한 경험에 기인한 낙인이 찍혀, 예컨대 '나는 사랑
받을 자격이 있고 다른 사람들은 내 요구에 주의를 기울인다.'라는
일반화가 시작된다. 초기 관계에서 무관심, 비일관, 거부를 경험한
아이가 다시 새로운 대상으로부터 거부되었거나 어린아이 취급을

받으면 아이는 사회적 대상으로부터 안전을 기대할 수 없다는 신념, 즉 '슬플 때, 고통스러울 때 차라리 보이지 않는 것이 더 낫다.'는 믿음을 갖게 된다.

'낯선 상황'에서 도출된 연구와 개념은 이처럼 부모의 보살핌의 질과 아이의 미래 사이에 상관관계가 있다는 것을 보여 주는 듯하다. 그러나 엄격한 인과관계를 경계해야 한다는 사실을 거듭 강조하고자 한다. 사실 아이는 가까운 사람들과 각각의 부모와는 다른 관계를 정립하게 되는데 관계의 질은 매번 다를 수 있다. 특별히 중요한 관계가 사라지게 되면 아이는 다시 다른 대상과 안전한 관계를 경험할 기회를 가질 수 있다. 게다가 애착 이론이 처음에 '엄마 중심적'이었다면 이후로 아이의 실제 발달은 엄마가 아동 발달의 유일하고 대체 불가능한 도가니가 아니라는 사실도 고려해야 한다.

어떻든 현 사회에서 가족 간의 유대는 정서적이라는 것을 강조하고자 한다. 물론 항상 그런 것은 아니다. 애정이 작동되지 않을 때 가족은 해체된다. 분리되는 가족의 숫자가 늘어나는 것은 아마도 사랑이 더 이상 공유되지 않을 때 정서적 초조감을 더 이상 참을 수 없다는 것을 보여 주는 것일 수 있다. 관계의 질, 애착, 부모와 자식 간의 사랑은 이처럼 중요하고 의무적이라고 할 수 있다. 그런데 핵가족은 확대된 사회집단과는 달리 출구를 제공하지 않으며 다른 애착의 가능성을 제한한다. 이와 같은 과대평가는 부모와 자녀 간 관계의 질에서 엄청난 요구를 하게 된다. 저자는 현대 사회에서 사회관계가 핵가족 외부에 더 개방적이었을 때 애착의 질이 과거에 그랬던 것보다 더 중요하게 될 수 있다고 생각한다. 따라서 논리적으로 다음과 같은 질문을 떠올려 볼 수 있다. 불안전 애착은 발달에 얼마나 중요한 영향을 미치는가?

불안전 애착은 발달에 해로운가

간단히 말해, '낯선 상황'에서 엄마와 불안전-회피 애착을 보이는 아이에게서 일어나는 일을 살펴보자. 엄마는 아이에게 특별한 보살핌을 제공하는 사람이라는 것이 선행 연구들을 통해 가정되어 왔고 이에 대한 연구도 많이 축적되어 있는 상황이다. 기억하는 바와 같이, 아이는 안전의 요구를 최소화시킨다. 아이는 정서적 교류를 유지하면서 애착 인물과의 접촉을 유지하게 하는 합리적인 전략을 채택한다고 할 수 있다. 아이는 부모와 관계를 유지하는 암묵적인 합의를 하지만 자기감정을 잘 표현하지는 않는다. 연구자들은[11] 아이가 엄마에게 이러한 유형의 전략을 실행할 때 이 아이는 향후에 자기가 느끼는 것을 표현하지 않고 자신의 감정을 숨기면서 다른 사람과의 관계를 유지하는 통제 전략을 발전시킬 위험이 있다는 것을 보여 주고 있다. 이 통제 전략은 어른에 대한 보호 통제나 처벌 통제[12]의 형태를 띨 수 있다. 아이가 자기 주변을 보호하거나 처벌하면서 스스로 자기 자신을 보호하는 것처럼 진행된다. 또한 이 전략은 강제적 복종compulsive compliance의 형태를 띨 수도 있다. 아이가 다른 사람의 열망에 순응해 어른이 아이에게서 기대하는 바에 부응하면서 스스로를 보호한다. 이러한 행동 방식은 정서적 차원의 교류를 회피하는 것이다. 반대로 '낯선 상황'에서 불안전-저항적인 아이는 안전의 욕구를 과장되게 표현한다. 이후로 다른 사람과의 관계에서는 조종을 하려 드는 위험을 지닌다. 예를 들어, 다른 사람에게 영향력을 행세할 목적으로 부정적인 감정을 과장할 수 있다. 이 아이들의 행동은 변덕스러워서 상대를 유인하다가도 죄의식을 보이며, 위협을 하다가도 연약함과 취약함을 표출한다. 항상 다른 사람의 주의를 끌고 감정을 조종하며 다른 이들의 시선을 자신에게 집중시키는 것을 목적으로 삼는다.

　이 두 전략은 감정적 요구를 최소화하거나 극대화하기 위한 전략으로 상반적인 전략인 셈이다. 그러나 특별한 상황에서 어른과 접촉을 유지하게 하는 동일한 결과를 유도하기도 한다. 이와 같은 전략은 이런 저런 이유로 아이의 요구에 민감하지 못한 어른과의 상호작용 과정에서 형성된다. 볼비가 묘사한 바 있는 유명한 안전의 욕구는 상황이 어떻든 간에 항상 존재한다. 이상적이 아닌 상황에서는 특별한 맞춤식 전략이 필요하다. 애착과 탐험이 서로 보완적인 욕구로 구성된 결합을 다시 떠올려 보면, 한편으로는 애착 요구를 최소화하려는 아이, 즉 감정을 숨기고 위험을 무시하려는 아이가 있는 반면, 다른 한편으로는 어쩔 도리가 없는 희생자로서 쉽게 고통을 표출하지만 동시에 다른 사람을 처벌하거나 타인에게 고통을 안기거나 죄의식을 느끼게 하기 위한 공격이나 비난을 표출하는 아이가 있다고 할 수 있다. 이들은 탐험에 관한 애착 행동을 과장해 불안한 의존에 빠진다. 반면에, 호기심은 평소와 달리 현저히 줄어들 수 있다.

　아주 어렸을 때 양육자로부터 발전시킨 전략은 앞에서 언급한

바와 같이 자라면서 새로운 관계를 통해 굳어지고 적용되는, 즉 전
이되는 경향이 있다. 저자는 이 주제를 '결정화cristallisation'라고 말하고
싶다. 스탕달Stendhal에게서 차용한 용어로 자기 자신과 다른 사람에
대한 일반적인 이미지를 포함해 전략이 정신적 각본으로 굳혀지는
것을 말한다. 이 각본은 개성을 형성하는 요소가 된다.

　지금까지 설명한 유형의 아이들과 개별적 유형 사이에 유사한
유형을 모아 분류해 볼 수 있겠다. 약간 도식적이긴 하지만 세 가지
종류의 개인으로 분류해 볼 수 있겠다.

- 안전한 아이에 대응되는 개인: 스트레스를 받으면 정서적 요구가 활
  성화되나 곧 비활성화 단계로 전환될 수 있고 이로부터 스스로 안전
  을 찾을 수 있다.
- '테플론Téflon'형의 개인: 다른 사람을 신뢰하려 하지 않고 스트레스가
  있을 때조차도 독립에 가치를 두어 다른 사람에게 특별히 관심을 보
  이지 않는다. 왜냐하면 애착을 보이는 것은 위험하고 고통을 초래하
  는 원인이 될 수 있기 때문이다.
- '벨크로Velcro'형의 개인: 안절부절못하고 다른 사람에게 밀착하며 결
  별을 두려워한다.

　한편 자주 제기되는 또 다른 질문 가운데 하나는 불안전 애착이
병리적인가 하는 것이다.

불안전 애착은 병리적인가

대답은 물론 '아니다.'이다. 이미 말한 바와 같이 아이들은 부모
가 개입된 특별한 상호작용 유형을 고려해 적절한 전략을 모색한
다. 게다가 정상적인 아동의 1/3이 이와 같은 유형의 불안전 애착
을 보인다는 것을 고려해야 한다. 또한 '불안전'이라는 이름이 불행
을 의미하는 것으로 생각되거나 필요 이상으로 부정적으로 해석되
기도 한다. 이 전략은 차라리 정상에 대비되는 '변이'라고 할 수 있
을 것이다. '정상'이라는 용어도 어폐가 있긴 하다.

반면에 다른 의미로 접근하면 다르게 보인다. 예를 들어, 아동정
신건강의학 서비스를 받거나 특별한 위험을 보이는 증명된 문제를
표출하는 아이들을 생각해 보면 애착 인물과 불안전 애착을 맺을
가능성이 상대적으로 높다. 부연 설명을 하자면, 이는 그 반대가 사
실이고 불안전 애착을 보이는 아이들이 심리적 문제를 지니고 있
음을 의미하지 않는다. 한편, 애착 유형으로 고려해야 할 네 번째
범주로 '혼란 애착'이 있다는 것은 한참 뒤에서 설명하도록 하겠다.
이 범주는 임상에서 차용된 것이다. 미국에서 실행된 연구[13]에 따
르면 아동정신건강의학 상담을 받으러 온 아이들 집단의 무려 85%
에서 혼란 애착 행동이 조사되었다. 또한 캐나다의 다른 연구에서
는 53%의 비율이 보고된 바 있다.[14] 여기서는 각각에 대해 언급하
지 않고 필요할 때 거론하기로 하겠다.

에인스워스의 연구 이래로 한 살 되는 나이에 엄마와 '낯선 상황'
에서 평가된 아이들의 향후 심리와 정신건강에 대해 많은 연구업

적이 축적되어 왔다. 이는 다음과 같이 요약할 수 있겠다.[15] 한 살이 됐을 때 안정적이라고 평가된 아이는 같은 시기에 낯선 상황에서 불안정했던 아이보다 이후에 더 높은 사회적 능력을 보였고, 인기가 많았으며, 감정이입을 잘했고, 공격성은 낮았다. 불안전한 아이는, 특히 남자아이의 경우에 '행동' 문제를 빈번하게 보였다. 또한 기술적으로 외생적인 문제를 야기했다. 즉, 이 아이들은 파괴, 배회, 위험 유발과 같은 반사회적 행동이나 분노의 외침, 허세, 위협, 괴롭힘과 같은 공격성을 표출했다. 그러나 이러한 부류의 연구에 주의해야 할 점이 있다. 인구통계에서 어떤 유형의 행동 빈도가 통계적으로 유의미한 증가를 보인다고 해도 어떤 경우도 인과관계를 의미하는 것은 아니다. 위험의 증가가 촉발되지만 그뿐이다. 여기서 또 다른 질문이 제기된다. 불안전을 피하거나 치유할 수 있는가?

불안전 애착은 피하거나 치유할 수 있는가

아이의 신호에 대한 부모의 민감성과 아이의 안전 애착을 증진시키고자 하는 개입의 효과가 여러 선행 연구를 통해 평가되었다. 네덜란드의 라이덴대학교 연구팀[16]은 7,500개 사례를 다룬 70개의 연구를 조사해 메타 분석을 시행한 바 있다. 메타 분석은 적합한 통계 과정을 통해 일련의 연구 결과를 조합해 경우의 수를 늘림으로써 보다 신뢰롭고 일반화된 결론을 도출하는 것이다. 엄격한 과학적 기준을 충족시키는 메타 분석을 통해 불안전 애착을 증진하기 위한 목적으로 수행된 1,255개 사례에 대한 연구업적을 특별한 간섭 없이 무작위로 추출된 중인 집단이 있는 가운데 선별했다.

연구의 참가자들은 자녀를 둔 가족으로 애착의 질에 문제가 있어 위험 요인을 지니고 있는 것으로 확인된 가족이다. 낮은 사회경제적 수준, 부족한 사회적 지원, 십대 청소년 엄마, 국제 입양아, 특수한 위험을 지닌 조숙아, 분노 조절 장애가 있는 아동, 정신건강의학 서비스를 받게 된 아동, 불안하고 고통 중에 있으며 불안정한 엄마 등이다. 여러 요인이 조합될 수 있다. 개입은 보통 정기적으로 집이나 실험실을 방문하는 것으로, 아이의 요구에 적절히 반응하고 양육에 전념하여 자녀의 욕구에 대해 민감성을 갖추도록 하며 긍정적인 양육 행동을 하도록 자극하는 것을 목적으로 했다. 이때 피드백 비디오 기술이 빈번하게 사용되었다. 상호작용 순간을 영상으로 녹화하고 아이의 요구와 부모의 반응에 대해 스스로 주의를 기울이도록 녹화된 내용을 부모와 자녀가 함께 보게 하는 것이다.

조사된 23개 연구를 분석한 결과, 애착의 질에 대한 개입이 유의미한 효과를 보인 결과가 나타났다. 비록 그 효과는 약하지만 유의미한 것으로 나타났다. 연구자의 질문은 어떤 개입이 가장 효과적인가 하는 것이었다. 결과는 놀랍고도 흥미로웠다. 가장 효과적인 개입은 16회 이하로 이뤄진 가장 짧은 개입이었고 부모가 아이의 신호에 민감하도록 하는 것에 초점이 모아진 것이었다. 다시 말하면, 개입이 적을수록 좋다는 것이다. 연구자들의 설명에 따르면 가벼운 개입이라고 해서 부모의 책임이 경감되는 것은 아니며, 부모에게 개입이 수반되면서 부모의 역량도 강화된다. 반면, 과도한 개입이 시도될 경우에는 개입자에 의해 부모 자신의 역할이 빼앗겼다는 인상을 갖게 할 수 있다.

　요약하면, 불안전 애착이 형성되는 것을 막을 수 있는가 하는 문제와 관련해 밝혀진 위험 요소가 있으며 이 위험 요소의 존재를 알면 개입이 효과적일 수 있다고 답할 수 있을 것이다. 그러나 관련된 이들이 반드시 협력적인 것은 아니다. 사실 위험 요소는 누적되는 경향이 있고 숨겨진 요소들, 흔히 사회경제적 또는 사회문화적 요인을 지니고 있을 수 있다. 또한 결정적 변수와 이후에 나올 결과 사이에는 단순한 인과관계가 없다는 것을 거듭 강조할 필요가 있겠다. 이런 이유로 위험 요인이라고 한다. 경우에 따라서는 부모들이 위험에 맞서서 스스로 반응한다는 것을 재차 분명히 하기도 한다. 그들의 반작용이 수정되기를 바라는 것은 생산적이지 않을 수 있다. 저자와 로잔대학교 팀[17]의 연구에 따르면 엄마와 아주 조숙한 아이 사이의 상호작용은 이처럼 엄마의 통제적 태도가 빈번한 특징으로 나타나며 아이가 뒤로 제쳐진다. 그러나 여러 연구에 따르면 아주 조숙한 아이가 반드시 애착 문제를 야기하는 것은 아니다. 그래서 이러한 엄마의 간섭적 태도는 특별한 문제로 인해 상호작용이 활발하지 않은 아이에게 자발적인 적응을 가져올 수 있다는 가설을 세웠다. 이러한 간섭은 만일 정상적 관점을 취했다면 부적절하다는 경고를 받게 하고, 결국 우리로 하여금 이를 교정하도록 했을 것이다. 우리는 오히려 자발적 적응의 효과를 발견한 것이다.

　애착은 하나의 건축과도 같다고 하겠다. 그것은 개인의 민감성, 자신만의 개인적 애착 내력을 지닌 부모와 자신의 특별한 욕구를 표현하는 아이 사이의 상호작용 속에서 만들어진다. 따라서 부모의 민감성과 아이의 욕구 사이에서 일치를 이루는 것이 무엇보다 중요하다. 시련의 와중에 있고 상황이 우호적이 아닐 때라 하더라도 모든 것을 잃어버리는 것은 아니다. 부모 자신은 충분히 안전해서 적응을 잘할 수 있고, 이 상황에서도 긍정적인 경험을 할 수 있다. 역경이 반드시 해로운 것만은 아니며 어떤 사람들은 역경에 부딪혔을 때 충격을 잘 견뎌내기도 한다. 이와 같은 맥락에서 다음과 같은 질문을 떠올리게 된다. 그렇다면 애착과 탄력성 간의 관계는 어떠한가?

애착과 회복탄력성 간의 관계는 어떠한가

충격에 대한 회복탄력성을 도식화하여 설명하면 생존 능력과 역경 속에서도 발전하는 능력이라고 할 수 있겠다. 이것은 고통이나 트라우마를 유발하는 사건의 흔적을 살고자 하는 욕구로 전환시키는 능력을 의미한다. 시뤼르니크Boris Cyrulnik의 표현처럼 '급류에 처했을 때의 항해 기술'이다. 이 주제에 대해 자주 제기되는 질문은 안전 애착을 지닌 사람은 다른 사람들보다 더 '회복탄력성'이 있는가 하는 것이다. 적절한 질문이지만, 다른 여러 질문과 같이 그 답은 간단하지 않아서 단순화하려는 시도를 경계해야 한다.

누군가 어린 시절의 경험을 통해 타인과 안전하고 신뢰로운 관계를 형성하는 성향을 획득할 기회가 있었다면 역경에 직면할 능력을 더 갖게 될 것으로 직관적으로 가정할 수 있다. 다른 말로 하면 어떤 사람이 어른이 되어 힘겨운 생활 상황에 부딪히게 되면 아

주 어린 시절에 맺었던 부모와의 따듯한 관계가 남긴 흔적이 보호
요소가 될 것이다.

우리 팀의 연구 중에 어린 시절 성폭행을 당한 여성들을 인터뷰
한 연구가 있었다. 이들이 자신의 감정을 어떻게 추슬렀는지, 그 감
정을 자전적 이야기에 어떻게 일관되게 통합할 수 있었는지를 평
가하기 위해 생애 여정을 인터뷰했다.[18] 몇몇은 두서없이 얘기한
반면, 몇몇은 트라우마를 겪었어도 자전적 이야기 구성 능력이 훼
손되지 않았고 어릴 때나 어른이 된 후에 일어난 사건과 연관된 감
정을 회상하고 진술하며 공유할 수 있는 이야기로 일관되게 편성
하는 능력을 여전히 갖고 있었다. 정신병리적 증상을 평가했을 때
트라우마를 겪은 여성은 자신의 감정을 추슬릴 능력을 갖게 되면
다른 사람들보다 심리적 문제, 예컨대 불안 증상이나 해리성 장애
를 덜 보인다는 것을 확인할 수 있었다. 트라우마 경험과 정신건강
간에 직접적인 인과관계는 없었지만 위험은 존재했다. 감정을 세
상에 노출하면서도 어느 정도 안전이 유지될 수 있을 때 위험이 완
화되었다.

자전적인 이야기를 일관되게 구성할 수 있는 능력은 어릴 때에 어
느 정도 질적인 애착 관계가 있었다는 것을 입증한다. 어릴 때 암을
겪고 살아남은 젊은 성인들이 같은 경험을 하게 됐을 때 과거의 트
라우마가 이들의 정신건강에 미친 영향이 전혀 없었다는 것이 확인
된 바 있다. 이는 어린 환자들이 일반적으로 치료 기간은 물론 이후
로도 가족에 의해 둘러싸여 있었다는 점에서 놀라운 일이 아니다.

결국 이러한 통계는 확실히 양질의 애착이 회복탄력성의 형성에

기여한다는 것을 보여 준다. 그러면 어떤 메커니즘이 작용하는가? 트라우마 경험은 반드시 흔적을 남긴다. 심리적 흔적이다. 예컨대, 이러한 흔적은 추후에 부딪히게 될 역경의 상황이 발생할 때 두서없는 반응으로 나타날 수 있다. 시뤼르니크가 지적한 바와 같이 개인이 적응의 관점에서, 정신경제économie mentale적인 관점에서 스트레스에 대한 반응체계를 재조직하고 재건할 수 있을 때 회복탄력성을 말할 수 있다. 요컨대 이 관점에서 보면 회복탄력성은 개인의 심리적 특징, 곧 방어기제나 타고난 기질이라기보다는 특별한 재건의 과정이라고 할 수 있다. 이 과정은 어린 시절 경험의 흔적, 특히 타인과의 관계에서의 안전감을 의미한다.

어린아이가 두려움, 슬픔, 분노와 같은 감정의 신호를 표현할 때, 그리고 어른으로부터 이러한 신호에 대한 적절한 반응이나 한 걸음 더 나아가 안전을 가져다주는 반응을 받을 때 아이는 자신의 감정이 공유되고 있거나 적어도 양육자가 인식하고 있다는 확신을 얻을 수 있다. 반대로 어른에 의해 인정받지 못하는 환경에서 부정적인 감정을 발전시키게 된 아이를 생각해 보자. 그 이유로는 부정적인 감정이 허용되지 않고 인지되지 않으며 정확히 식별되지 않기 때문일 수도 있고, 부정적인 감정이 혼란을 야기하기 때문일 수도 있으며, 양육자 자신에게 불안을 유발하기 때문일 수도 있다. 아이는 이러한 감정이 공유될 수 없어 감정적인 신호나 더 효과적인 신호를 표현하지 않고 고통스럽고 위험하며 무질서한 내면세계에 접근하는 것을 스스로 차단할 위험이 있다. 사춘기가 되거나 어른이 되면 감정의 기억들만 생각나게 돼 자신과 타인이 보기에 일관성 있고 신뢰할 만한 이야기를 구성하지 못하게 될 수 있다.

   개인이 특별히 스트레스를 받거나 잠재적으로 트라우마를 겪게 되는 인생 사건에 직면하게 되면 무슨 일이 일어나는가? 사건으로 인해 개인의 내면세계는 어떤 식으로든 영향을 받게 된다. 곧 트라우마라고 말하는 것이다. 역경의 사건은 개인의 의지와는 무관하게 그 자체로 내면세계에 존속하며 의식적·무의식적 표현, 인식, 꿈, 정신생리학적 기능에 흔적을 남긴다. 아주 어릴 때 안전을 경험한 사람은 이후 유년기나 성인기에 잠재적으로 트라우마를 유발하는 사건을 직면하게 될 때 비탄, 고통, 혐오, 두려움과 같은 자신의 감정을 인식하고 식별할 가능성이 높다. 또한 트라우마 상황의 주모자일 수 있는 다른 이들이 자신에게 특별한 의도나 정신 상태를 가지고 있었다는 것을 이해하기 위해 자신의 관점에서 스스로의 감정을 분산시킬 수 있을 것이다. 사건이 일어나게 된 원인에 대한 가설을 세우고 통제할 수 없는 외부 요인이 있다는 것을 깨달을 수도 있다. 그때부터는 분노, 죄의식, 혐오, 슬픔의 감정이 폭발하는 것을 통제할 수 있게 된다. 또한 대응되는 감정으로 사건이 정신적으로 표현될 수 있다는 것에 대해서도 알게 된다. 이러한 표현은 일련의 유연성을 특징적으로 지니게 된다. 말하자면 새로운 요소를 통합하거나 새로운 상황이나 정보에 따라 수정할 수 있게 될 것이다. 이러한 감정을 식별할 수 있는 능력은 일상생활의 스트레스 상황과 이전의 트라우마 사이에 정서적 누전courts-circuits 사태를 예고하게 된다. 이로써 걱정, 두려움, 분노, 죄의식 사이의 혼돈을 피하도록 하거나 다른 사람에게 자신의 감정과 기분을 내뱉지 않게 될 것

이다. 역경 속에서도 자신의 감정을 어느 정도 통제할 능력을 유지
할 수 있게 될 것이다.

반대로 불안전한 사람들의 경우에는 트라우마를 유발하는 사건
이 아무 일도 없었던 것처럼 그 표현을 배제하게 된다. 이러한 유형
의 심리적 저항은 다른 형태의 회복탄력성을 연상하게 할 수 있다.
즉, 개인은 피해 없이, 트라우마의 되새김 없이 빠져나온 것처럼 보
인다. 그렇지만 이러한 반응은 진정한 의미의 회복탄력성이라고
볼 수 없다. 볼비는 여기에 더해 감정의 '방어적 배제'를 말한 바 있
다. 사람이 거기서 빠져나온 것처럼 보이면 숨겨진 비용을 치르게
될 수 있다. 특히 변화하지 못하고 새로운 정보를 통합할 수 없는
표현상의 경직성을 보이게 될 것이다. 아니면 반대로 감정을 참지
못해 한계를 넘게 되고 정신적 혼란, 감정적 혼돈, 나아가 해리 상
태에 이를 수도 있다.

괴테나 니체에게는 미안한 말일지 모르지만 트라우마는 우리를
더 강하게 만들지 않는다. 트라우마는 우리를 약하게 만들고 결핍
되게 하거나 병들게 할 수 있다. 그렇지만 어떤 조건 아래에서는 정
신적으로 충분히 유연한 사람의 경우에는 트라우마를 경험했을 때
심리적 창의성이나 감정의 재구성을 통해 이후에 일어날 사건에
대해 가장 잘 저항할 수 있다. 여기서 '창의성'이란 말은 어떤 의미
에서는 트라우마 경험이 승화되어 예술적 창작으로 연계되기도 하
기 때문에 정당화될 수 있다.

이 책에서 우리는 불안전 애착을 정상적인 상황에서 일상적으로
일어나는 변이처럼 이야기했다. 그러나 때때로 애착 관계에 있어

서의 장애가 크고 깊어 심각한 발달 장애를 일으키는 경우도 있다. 지금부터는 바로 이 문제에 대해 살펴보도록 하겠다.

질문 4. 애착 장애는 무엇을 의미하는가

애착의 와해

얼마나 많은 종류의 하얀색이 있는가? 알려진 바와 같이, 에스키모인은 우리보다 더 많은 가짓수의 색을 본다. 심리학, 특히 애착에 대해서는 왜 그러지 못할까? 에인스워스의 탁월한 직관은 생산성, 설명력, 설득력의 차원에서 검증되고 재검증되었는데, 이를 두고 현실을 자의적으로 나눈 것에 불과한 것이라고 할 수 있을까? 애착 행동은 세 가지 유형만 있는가? 왜 둘은 아닌가? 넷이나 그 이상은 안 되는가? 등의 질문을 제기할 수 있다.

에인스워스의 제자인 미국 버클리의 메리 메인Mary Main은 1986년에 애착 행동의 네 번째 유형이 있다고 주장했다. 연구가 발칵 뒤집힐 정도로 흥미로운 발견이었다. 그녀는 발달심리학이라는 오랜 여정을 거친 끝에 이론의 방향의 첫 출발점을 임상으로 재설정했다. 여기서 그 이야기를 들어 보자. 에인스워스가 묘사한 세 가지 유형의 애착으로 아이들을 범주화하기 위해 낯선 상황에 관한 영상을 분석하던 연구자들은 정기적으로 꽤 많은 경우에, 정확히 말하면 10~20%에 해당하는 사례에서 난관에 봉착했다. 이들은 이

사례를 주의 깊게 따로 분리한 뒤 '분류 불가CC: cannot classify'라는 표시
를 했다. 연구자들은 비용을 아끼기 위해 '구두주걱' 기술을 적용했
다. 연구 결과를 출간할 기회는 연구의 사례 수에 따라 증가하며 구
속이 따르는 관찰에 순순히 응할 정도로 충분히 너그러운 가족들
을 찾기가 쉽지 않기에 코드를 분류하기 애매하다는 이유로 사례
를 제쳐두는 것은 곤혹스런 결정이었다. 이럴 때 비판을 받는 것은
아이의 행동이 아니라 과학자 자신의 능력이고, 이 아이가 예견된
세 가지 범주 중 하나에 들어맞아야 하는데 연구자 자신이 진단력
이 떨어진다는 생각을 하게 된다. 문제가 되는 사례는 좀 억지로라
도 오류가 덜한 범주에 들어가게 해야 한다.

   메리 메인은 확실히 이와 같은 추정에 만족하지 않았고, 양심적
연구자들은 이들 분류 불가 또는 거부 사례 간에 공통점이 없는지
를 생각해 볼 만큼 아이디어를 풍부하게 발전시켰다. 뛰어난 직관
과 비판할 수 없는 과학적 방법을 통해 괄목할 만한 새로운 탄생
이 있었다. 그녀는 주디스 솔로몬Judith Solomon과 함께 아이들 사이에
서 실제로 발견되는 공통적인 요인을 밝혀냈다. 이 두 여성 연구자
는 '낯선 상황'에서의 애착 행동의 네 번째 범주를 '혼란된 애착'[19]이
란 범주로 명명했다. 간단히 말해 이 범주의 아이들은 상황에 따라
엄마만큼이나 불안해 보였다. 어른을 위안의 원천으로 사용하려는
전략은 일관성이 없었고 혼란스러웠으며 실패를 가져오는 것으로
보였다. 메리 메인의 설명에 따르면 엄마, 곧 아이의 안전 기지 자
체가 불안전하고 위협받고 위협적으로 인식된다는 것이다. 잘 아
는 바와 같이, 두려운 사람에게서 안전을 찾는 것은 불가능한 일이

며 행동을 와해시킨다. 최소한의 안전을 찾는 아이의 전략은 이렇게 해서 실패하게 된다. 네 번째 유형의 아이에게서 관찰되는 행동은 다음과 같다. 모순된 행동, 방향 감각 상실, 온전하게 이어지지 않고 끊어지는 동작과 표현, 상동증, 비대칭적이고 무질서한 움직임, 얼어붙은 듯한 행동, 느린 행동이나 부모처럼 걱정하는 징후 등이다.

학대나 방임으로 희생된 아이들은 학대 부모에 대해 혼란 애착을 보일 위험이 높다. 학대가 애착을 방해하는 것은 아니다. 관계가 어렵고 적절하지 않을 때에도 볼비가 묘사한 유명한 안전 욕구는 존속된다. 사실 이 욕구는 개인의 기본 욕구다. 이 욕구가 두려움을 주는 사람에게 행사될 때, 아이는 안전의 기능을 달성할 수 없는 애착으로부터 평온을 찾지 못하게 된다. 한 가지 강조를 하자면 이러한 유형의 행동을 보인다고 아이가 학대받는다는 것을 의미하지는 않는다. 엄마가 어렸을 때 트라우마나 학대를 받은 경우에도 이와 같은 행동이 발견된다. 아이가 학대받지 않아도 이런 유형의 행동을 보일 수 있다. 연구를 통해 세대 간 트라우마의 전이 형태가 증명된 셈이다. 이에 대해 유명한 업적을 쌓은 심리분석가 셀마 프라이버그Selma Fraiberg는 은유적으로 아이의 방에 유령이 존재한다고 표현하고 있다.[20] 세대 간 전이가 이뤄질 때 자주 재개되는 이미지다. 아이의 세례식에 초대받지 못한 이 방문객들은 장막 전면에서 과거의 불청객들처럼 자기 존재를 요구하고 현재 상황에서 과거를 반복하려는 비극과 트라우마를 환기시킨다.

어떻게 이 유령들이 아이들의 방에 들어올까? 어떻게 부모와 아이의 관계를 따라다니는 걸까? 메리 메인의 업적은 세대 간 전이를 예시하고 객관적으로 설명한 것이다. 많은 치료자는 애착 이론이 그들에게 말하는 무언가를 재발견했다. 거듭 언급하면 이 이론은 임상의들을 떠나 실험심리학자들에 의해 밝혀진 이점으로 잠시 망명하게 된 것이었다. 따라서 당연한 회귀였다.

임상의들은 어떻게 이런 일이 일어나는지를 이해하는 데 도움을 준다. 피터 포나기Peter Fonagy는 유령의 은유[21]를 다시 언급하면서 세대 간의 전이 현상을 설명한다. 아이에게 제공되는 보살핌을 통해 엄마의 정신현상과 아이의 정신현상 사이에 전이가 일어난다는 것이다. 여기서 보살핌은 교환, 주의, 배급, 신체적 보살핌을 포함하는 모든 것을 말한다.

아이가 무시나 학대 상황에 놓이면 그 상황과 연계된 감정이 트라우마 경험과 이에 따른 감정에 대항하는 방어기제로 억압될 수 있다. 그 예 가운데 하나가 화난 아이가 보이는 방어기제다. 일종의 균열, 곧 정보의 격리에 착수해 자신의 의식 수준에서 참을 수 없는 감정을 되살릴 위험이 있는 것을 배제하게 되는 것이다. 이 회피 전략은 외상 후 스트레스 증후군으로 잘 알려져 있다. 어떤 감정이나 상황을 떠올리는 것을 적극적으로 회피한다. 추후 자신이 부모가 되었을 때 자신의 아이를 인식하지 못한 채 부정적인 경험과 관련된 감정을 다시 느끼게 될 위험을 의미한다. 즉, 애착의 요구나 다른 모든 불안의 표현은 불안의 표출을 식별하지 못할 정도로 스스로 정보의 격리를 촉발하기 쉽다. 이로 인해 참을 수 없을 정도로 고민이 커지고 많은 생리적 반작용이 수반될 수 있다. 이와 같은 부모는 적절한 반응을 할 수 없어 아이의 감정을 감지하지 못한다.

이처럼 부모의 정신현상과 자녀의 정신현상 간에 일종의 감정이입이 일어날 수 있고 부모의 정신과정이 아이에게 전이되는 현상이 일어날 수 있다. 이것은 아이에게 트라우마가 되게 하거나 어떻든 간에 '추억 없는 기억'의 형태가 되풀이되도록 하는 길을 열 수 있다. 아이에게서 보이는 혼란스런 와해적 행동은 자신이 경험하지 못한 사건을 반영하고 행동에 새겨진 일종의 흔적이나 기억을 구성하지만 그것이 추억이 되지는 못한다.

가장 심각한 애착 장애

애착에 관해서는 크게 두 가지의 관점이 공존하고 있다고 할 수 있을 것이다. 그 가운데 한 관점은 이미 위에서 상세히 설명한 것으로, 아동의 성장과 발달에 대해 관심을 가지고 있는 심리학자나 교육자, 연구자, 또는 기타 전문가들이 견지하고 있는 관점이다. 한편 애착에 관한 다른 관점은 정신건강의학적 견해다. 애착에 대한 이 두 가지 주된 관점은 서로 다른 가정 위에 기초하고 있는데, 지금부터는 두 번째 관점, 즉 정신건강의학적 관점에 대해 자세히 설명해 보고자 한다.

우선 첫 번째 관점으로 지금까지 설명한 볼비, 에인스워스, 메리 메인의 관점에서는 애착 행동의 네 가지 유형에 해당하는 각 범주의 아이는 특별하고 선별적이며 교체 불가능한 관계를 이루고 있는 것으로 가정돼 있으며 이는 일반적으로 인생의 후반기에 나타

났다. 그런데 간혹 아이가 특정 조건 아래에서 특정 관계를 형성하
지 못하게 되는 일이 벌어지게 된다. 엄밀한 의미로 표현하면 애착
이론에서 이탈해 다른 개념 체계, 즉 정신건강의학의 개념 체계로
들어가는 것이다. 실제로 정신건강의학자들은 애착과 관계된 증상
의 특별 범주인 반응성 애착 장애로 이 개념을 묘사하고 있다.

역사를 조금 더 위로 거슬러 올라가 보면 1940년대 르네 스피츠
René Spitz[22]는 생의 초기에 경험하는 관계의 결핍이 아이들에게 재난
과도 같은 여파를 미칠 수 있다는 말을 이미 환기시킨 바 있다. 미
국 동부 지역에서 수십 명의 고아를 대상으로 수행한 1915년의 연
구에서는 두 살까지 생존한 아이들이 25%에 불과할 정도로 사망률
이 높은 비참한 현실을 보고한 바 있다. 관찰 연구의 선구자인 스피
츠에 따르면 아이는 생애 첫 해 동안 선별적인 관계를 정상적으로
발전시키지만, 예컨대 생리적 보살핌이나 위생이 모범적인 상황이
라 하더라도 돌봐줄 어른이 거의 없는 일부 기관에서는 우울 증상
을 보이는 정서적 결핍 상태를 나타낸다고 한다. 스피츠는 이와 같
은 쇠약의 상태나 때로는 죽음에 이르게 하는 최악의 상황을 '의타
상실로 인한 발육정지 증상dépression anaclitique' 또는 '시설병(수용 장애)'
이란 유명한 개념으로 정의한 바 있다.

이후 1967년에 영국의 부부 심리학자인 잭 티자드Jack Tizard와 바
바라 티자드Barbara Tizard는 '신생아실'에서 선별적이지 않고 무분별한
애착 형태를 보이는 아이들을 설명하면서 누구에게도 흥미를 보
이지 않는 아이들과 세상 모든 사람들에게 매달리는 아이들을 구
별했다.[23] 정신질환 치료 매뉴얼로 유명한 DSM 최신판에서는 '트

라우마와 스트레스에 연계된 장애'[24]라고 명명된 항목에서 이와 같은 설명이 다시 채택되어 있다. 한편, 아무에게도 관심이 없는 아이들에게서는 '애착 반응 장애'가 발견된다. 애착 반응 장애는 '사회적 상호작용을 할 수 있거나 발달단계에 대응하는 방법으로 대치하는 항구적 능력'을 보여 주는 것과 같이 묘사돼 있다. 이것은 과도하게 억제하거나 지나치게 경계하거나 매우 모호하고 모순적인 반응으로 해석된다. 예를 들면, 위안을 받는 것을 거부하거나 '차갑게 경계'한다. 다른 한편으로 모든 사람에게 매달리고 '무분별한 사회성과 선별적 애착을 보이면서 현저하게 부족한 능력을 특징적으로 보이는 산만한 애착 관계를 나타내는' 아이들에게서는 '억제된 사회참여 장애'가 발견된다. 예를 들어, 모르는 사람에게 과도한 친밀성을 보일 수 있다. 뮌헨의 정신건강의학자인 칼 브리쉬Karl Brisch는 이 두 번째 유형에 해당하는 아이는 모든 사람에게 매달리는 아이들로 사실상 애착을 '이용한다'. 말하자면 애착 메커니즘을 잘 알고 있고 어른의 관심을 끌기 위해 이용한다는 것이다. 이 아이들은 상대적으로 애착에 비해 탐험을 과장한다. 이것은 특별히 사회성이 있는 아이들과 구별되는 것이지만, 선별적 애착을 형성함으로써 결별에 대해 염려하지 않아도 되게 된다. 또한 이 두 종류의 장애, 즉 애착 반응 장애와 억제된 사회참여 장애는 일반화된 유형이다. 이 두 장애는 모든 조건에서 누구에게나 표현되는 데 반해 한참 위에서 언급한 애착 행동의 범주는 서로 다른 대상에게 특정적으로 작용하게 된다.

　미국의 연구팀인 스미크Anna Smyke와 찰스 지나Charles H. Zeanah는

1999년에 애착 반응 장애에서 볼 수 있는 특징적인 증상의 중요성을 평가하기 위해 설문조사를 실시한 바 있다.[25] 인터뷰 형식으로 이루어진 이 설문은 보살핌을 받는 당사자가 아닌 이들에게 배부되었다. 예를 들어, 과거에 연구자들이 일한 적이 있는 고아원의 보모들에게 배부되었다.[26] 설문의 구체적인 예를 살펴보면 다음과 같다.

- [이 아이는] 어른에게 신호를 보내는가? 어떻게 보내는가? 예를 들 수 있는가? (이 질문은 도입부의 질문 항목이다. 대답이 긍정적이면, 말하자면 아이가 명확하게 신호를 보내면 더 이상 진행하지 않는다. 치료 매뉴얼에 따르면 장애가 아니다.)
- 다른 사람과 상호작용하거나 참여하는 데 관심이 없어 보이는가? 그것이 후퇴나 철회의 징조로 보이는가? 두려움을 보이는가? 무관심을 보이는가? (이 질문은 애착 반응 장애 증상에 관한 것이다.)
- 아이가 모르는 사람과 쉽게 길을 떠날 것으로 생각하는가? 왜 그렇게 생각하는가? 정확한 예를 들 수 있는가? (이 질문은 억제 장애 증상이나 사회참여 장애 증상에 관한 것이다.)

스미크와 지나 팀은 국가 이름을 밝히지 않은 한 나라에서 설문에 기초해 일정한 수의 아동을 관찰하였다. 관계 결핍의 유해한 효과가 있다는 문제는 국경이 따로 없다고 보았기 때문이다. 설문에 응답한 전문가들에 의하면 고아원에 있는 2세 아이들의 대다수가 애착 반응 장애나 사회참여 장애를 특징으로 하는 3개 이상의 증상을 나타냈다. 이 아이들은 증상의 숫자가 많아 진단을 받게 되었는데, 단 한 번의 전문가 상담으로 실질적인 진단을 내리기는 불충분하다는 것이 밝혀진 것이다.[27] 게다가 해당 고아원의 아이들은 보살핌을 받기 위해 거의 20여 명에 달하는 서로 다른 아이들의 틈바구니에 끼어 있었다. 이러한 상황에서 한 아이가 하나 이상의 특권적 관계를 형성할 수 없다는 것은 쉽게 짐작할 수 있다. 스피츠가 밝힌 바와 같이 특권적이고 교체불가능한 관계를 이루는 것은 정상적인 발달을 위해 필수적으로 거치게 되는 통과의례이며, 그러한 관계를 형성하지 못하면 아이들의 사회적·정서적 미래가 손상될 수 있다.

이들의 연구로 일부 고아원에서는 시설 운영에 대한 개선 방안에 따라 아동 당 양육 보모의 숫자를 20명에서 4명 내지 5명으로 크게 줄이게 되었다. 아마도 쩔쩔매지 않고 하나나 하나 이상 여러 개의 선별적인 관계를 형성할 수 있는 기회를 형성하기에 확실히 좋은 조건이었다. 전문가들은 이 유명한 설문의 도움으로 인터뷰에 응했을 때 단순한 방법을 통해 보고된 증상의 숫자를 둘이나 셋으로 분류할 수 있다는 것을 알게 되었다.

이 연구팀은 연구의 일부로 전문가들을 통해 그들이 맡고 있는 아이들에 관한 감정을 인터뷰했다. 이렇게 해서 일종의 사회분포 도표 또는 관계 지도를 만들 수 있었다. 어떤 아이가 하나나 여러 어른 사이에서 '총애아'인지 아니면 아무한테도 총애아가 아니었는지를 알게 해 주었다. 아주 어린아이의 교육 환경으로 반민주적이고 사회에서 도덕적으로 비난받는 편애 체제가 권장되지 않는 것은 당연하다. 그렇지만 적어도 한 사람의 편애는 애착 반응 장애에 관련된 증상이 나타날 위험을 셋, 넷, 또는 다섯으로 나눌 수 있다는 것을 알아야 하며 이것이 곧 연구의 결과다.

편애와 관련해 아이 주위에 맴도는 사람들의 숫자를 줄이는 방법 이면에 눈여겨보아야 할 것은 일정 수준의 친밀 가능성이 애착 장애의 발생 빈도를 줄여 줄 수 있다는 것이다. 이와 같은 정보를 통해 확인할 수 있는 것은 애착 반응 장애와 사회참여 장애는 '제도적 시설에 국한된 것'이 아니라는 재미있는 결론이다. 집단 교육에 의해 필연적으로 발생한 것이 아니고 관계 결핍과 연결돼 있다. 아이들이 잘되도록 전문가와 아이들 간에 애착을 돕기 위해 전략을 발전시킨 제도적 시설에 대한 이야기는 이 책의 후반부에서 다시 언급하도록 하겠다.

관계 결핍과 관련된 장애는 제도적 시설에서 생활하는 아이들에서 자주 관찰되기는 하지만 결정적인 것은 아니다. 같은 연구팀이 제도적 시설에서 서로 다른 나이에 입양가족에게 옮겨간 아이들의 발달을 관찰했다.[28] 두 살 전에 입양된 아이들은 특히 지적 수준과 뇌의 서로 다른 영역 사이의 연결과 관련해 일부 기능이 다시 회복되는 결과가 보고되었다. 그러나 이와 같은 회복은 유감스럽게도 두 살 이후에 입양가정으로 가거나 시설에 그대로 남아 생활하고 있는 아이들에게서는 발견되지 않았다.

신경과학, 특히 뇌영상의 진보로 인해 컴퓨터 은어를 빌리면 소프트웨어뿐만 아니라 하드웨어가 관계 결핍을 악화시킬 수 있다는 것을 발견했다. 저자의 동료 중 한 명인 마리아 조세피나 에스코바

Maria Josefina Escobar는 몇 해 전에 관계 결핍의 신경학적 효과에 대한 선행 연구를 정리한 바 있다.[29] 그녀는 주로 고아원 출신의 아이들에 대해 동일한 국가에서 실시한 25개 연구를 검토했다. 실질적으로 꼬리표가 붙는 윤리적 문제를 차치하고, 이 연구들은 필요할 경우 신경과학을 언급함으로써 유명해진 스피츠의 결론을 재확인하도록 했다고 할 수 있다. 이 연구들은 고아원 아이들에게서 수명 연장과 관계된 뇌 부위의 손상이 보인다는 것을 확인하기에 이르렀다.

요약하면 영상IRM, PET에 기초한 연구는 해부 수준에서 뇌엽, 회백질, 회색 물질, 뇌량의 발육 부진을 나타냈고 반대로 두려움과 걱정과 관련해 정보의 정서적 처리와 연결된 편도체의 비대를 가져온 결과를 보고하고 있다. 편도체의 양은 관계 결핍의 지속과 관련된 것으로 보인다. 뇌의 여러 부분 사이의 기능적 연결IRMf에 기초한 연구는 아이들에게서 이것이 감소되거나 분산되어 있음을 보여 준다. 뿐만 아니라 이 연결은 주의력 장애와 과잉 행동장애와 관련이 있었다. 동시에 편도선의 과다 활성화와 그 반대로 해마의 과소 활성화를 나타냈다. 해마는 기억, 특히 공간적 기억뿐만 아니라 새로운 사건을 탐지하고 추억을 형성하는 것과 관련이 있다. EEG의 도움으로 수행된 연구들은 이와 관련된 신경체계의 성숙 지체를 증명하고 있다.

자폐와 애착

지금부터는 자폐 스펙트럼 장애와 애착 반응 장애에 대해 다뤄 보려 한다. 사실 최근 몇 년간 자폐와 관련된 장애가 중요하게 인식 되고 있다. 많은 아이가 자폐 의심 증세로 정신건강의학 상담을 받 는다. '자폐 전염병' 현상에 대해 종종 거론할 수 있었다면 언급되 어 온 많은 사례가 자폐로 의심되지 않았을 것이 분명하다. 자폐 스 펙트럼 장애의 증상은 다양하고 특징은 적어 확실히 잘못된 진단 을 피하기 어렵다. 자폐는 자폐에 기인하지 않는 다른 문제와도 다 양한 증상을 공유한다. 흔히 이것이 오해의 원인이 되곤 한다. 이 와 관련해서는 아마도 화면상의 과대 노출로 인한 '가상적 자폐' 문 제로 인해 벌어지는 어렵고도 때로는 격렬한 논쟁을 환기시키게 된다. 혹자는 이 문제와 관련해 설사 가상적이라 하더라도 '자폐'라 는 용어를 사용하는 것을 불쾌하게 생각한다. 그러나 화면에 지나 치게 노출되는 것이 자폐를 일으킨다고 생각할 수 있는가? 저자는 차라리 이것이 다른 질병을 연상케 하는 증상을 말하면서 사회에 대해 경고하는 것이라고 생각한다. 이 질병 자체에 대한 정의를 아 무것도 침해하지 않으면서 그 질병을 언론에 발표함으로써 정확하 게 연관성을 제시했다. 언론이 바로 이러한 연관성을 제시한다.

　애착과 관련해서는 자폐 스펙트럼 장애와 애착 반응 장애 사이 에서와 같이 분명히 많은 증상이 있다. 증상의 원인을 다루는 병인 학에 따르면 다음과 같은 두 경우에 있어 크게 다른 양상이 나타날 수 있다. 하나는 유전자와 관계 없이 신경발달과 관련된 경우고, 다 른 하나는 조숙한 관계 결핍과 관련된 것이다. 그러나 이 두 가지 범주의 진단을 묘사하는 데 중요한 핵심적 요소 가운데 하나는 관 계 장애가 있는 것이고 아주 쉽게 증상이 혼동될 수 있다. 이와 관련해 자주 제기되는 질문은 이 두 가지 종류의 문제 사이의 관계에 관한 것이다. 다시 말하면, 거두절미하고 자폐가 애착 장애를 유발하는가 하는 것이다. 자폐 스펙트럼으로 증명된 장애를 가진 아이들을 대상으로 이 주제를 다룬 연구가 많이 있다.[30] 이 연구들은 자폐가 불안전 애착과는 아무런 관계가 없다는 것을 보여 준다. 자폐 아동을 '낯선 상황'과 비슷한 상황에서 관찰할 경우 정상적인 아이들에게서 보이는 비슷한 비율로 애착 행동을 보인다.

   자폐 스펙트럼 장애와 애착 반응 장애 사이에 몇몇 공통적 증상이 있다는 사실로 인해 아이들, 특히 아주 어린 나이에 트라우마와 단절을 겪었던 이주민 아이들을 자폐 의심 증세로 아동정신병 상담을 받게 하는 일도 여전히 벌어지고 있다. 아동정신건강의학 분야의 세계적 권위자로 논란의 여지가 없는 마이클 러터Michael Rutter[31]경은 애착 장애와 자폐 장애 간의 감별 진단을 아주 어릴 때 시행하는 것은 사실상 불가능하다고 말하고 있다. 이 두 장애를 식별하는 유일한 방법은 기다리는 것이다. 즉, 환경을 화기애애한 분위기로 바꿔 주면 애착 장애를 가진 아이도 긍정적으로 발달할 수 있다.[32]

   이처럼 아주 어린 시절의 애착의 질은 안전 애착, 불안전 애착, 혼란 애착에 영향을 미치게 되고 애착 장애는 이후의 발달에 영향을 미치게 될 것이다. 애착의 질은 보살핌의 질과 관련이 있다. 이는 부모가 아이의 미래에 책임이 있는 유일한 사람이라는 것을 의미하는가? 이제부터는 이 문제를 다뤄 볼 것이다. 정말로 발달을 좌우할 만한 차이는 어디에서 오는 것일까?

질문 5. 애착의 차이는 어디에서 오는가

　부모자녀 간의 상호작용을 관찰해 보면 어떤 부모들은 아이를 돌보거나 아이와 놀아줄 때 다양한 감정으로 아이와 교류하는 데 반해, 다른 부모들은 아이의 요구를 무시하거나 뿌리치거나 부적절하고 예측하기 어려운 방식으로 반응하는 경향을 보인다. 특히, 아이가 공포, 비탄, 분노와 같은 감정을 표현할 때면 더더욱 그렇다.

　많은 종단 연구를 통해 안전 애착이 생애 첫 몇 달 동안 엄마와의 교류의 질적 수준에 달려 있다는 것이 밝혀지고 있으며, 에인스워스의 초기 연구가 확증되고 있다. 에인스워스가 볼티모어의 연구 대상 아동 가운데 한 살 때 안정적이라고 판별한 아이들은 생애 첫해 동안 자신의 욕구에 대한 엄마의 배려를 상대적으로 더 잘 받았던 것으로 분석한 것이 떠오른다. 이 엄마들은 생후 첫 해 동안 불안전하게 애착된 아이들의 엄마들보다 더 따뜻한 것으로 묘사되었다. 안전 애착은 모성애적 보살핌의 질과 관련돼 있다. 즉, 에인스워스가 모성적 민감성sensibilité maternelle이라는 용어로 명명하려 한 것과 관련이 있는 것으로 보인다.

　이 민감성은 다음과 같은 엄마의 능력이다.

- 아이의 신호와 요구를 인지한다.
- 아이의 신호와 요구를 적절한 방법으로 해석한다.

- 아이의 신호와 요구에 응대한다.
- 아이의 신호와 요구에 적절하고 총체적인 방식으로 반응한다.

이와 관련된 생각은 다음과 같다. 엄마가 위안의 욕구에 적절한 방법으로 반응할 때 엄마는 아이의 애착 욕구가 활성화되도록 돕고 이어 아이의 애착 욕구가 비활성화되는 연결을 갖게 한다. 반면 어떤 이유로든 엄마가 아기의 부정적 정서(두려움, 슬픔, 분노)를 견디지 못하거나, 엄마가 이 요구를 무시하고 물리치고 전환하면 아이는 자신의 정서와 내면세계에 접근하는 것이 성인에 의해 무효화되는 위험에 처하게 된다. 다른 말로 하면, 아이는 정확히 자기 자신의 감정을 식별하지 못할 위험에 놓인다. 뿐만 아니라 다른 아이들처럼 자기 감정의 경험을 정신적으로 표현할 수 없을 것이다. 정서적 경험을 인식하지 못하게 되고 그로 인해 슬픔을 느끼고 위협을 받으며 불안을 느낄 때, 예를 들어 '낯선 상황'일 때 위안의 욕구를 표현할 능력을 잃게 될 것이다. 또한 기억하는 바와 같이, 혼란 애착을 가진 것으로 묘사된 아이들은 '낯선 상황'만큼이나 엄마 때문에 불안하게 된다.

이 모든 것이 아이의 미래에 중요하게 될 연계의 질을 전적으로 책임지고 있는 인물로 묘사되는 엄마들에게 죄의식을 갖게 하지는 않을까? 미국의 페미니스트들은 이와 같은 차원에서 엄마를 아이에게 연결 지어 엄마에게 죄의식을 느끼게 하는 이론을 비난했다. 기억해 보면 당시에 연구는 전적으로 엄마와 아이의 관계에 관한 것이었다. 따라서 다른 이론들은 애착 이론이나 아이의 미래에 부모의 책임을 증명하는 다른 이론에 대한 반대로 제시된 것이었다. 이렇게 해서 부모들을 대상으로 '기질 이론théorie du tempérament' 책이 많이 팔렸다.

  기질은 무엇을 의미하는가? 고대로부터 서로 다른 성격에 대한 관심이 있었다. 기원전 5세기에 히포크라테스Hippocrate는 네 가지 기질, 즉 혈액, 점액, 흑담액, 황담액 사이의 균형적 개념을 제시했다. 각각은 네 가지 요소와 관련돼 있다. 각각 공기, 물, 땅, 불이다. 사고, 감정, 행동의 영역에서 개인 간의 차이는 이들 사이의 불균형에 뿌리를 둔다. 기원전 2세기에 갈레노스Galien는 네 가지 기질에 다혈질, 침착, 우울, 분노라는 네 가지 체질을 대응시켰다. 근대 심리학에서는 선구적인 고대의 생각을 이어받고 이를 어느 정도 현대화시키면서 중간에 반작용의 형태에 대해 이야기하고 있다. 이 스타일은 상대적으로 안전한 개인의 성격을 대표한다. 기질 옹호자들은 유전적으로 결정된 선천적인 차이가 존재하는 것을 옹호하는 사람처럼 자주 비판의 대상이 되었다. 이 이론의 일부가 받게 되는 불신이다. 기질에 관한 현대 이론가들은 그 부담을 덜기 위해 개인의 기본적 특징을 강조하지만 주위 환경의 영향을 배제하지는 않는다고 봐야 할 것이다.[33]

  이처럼 '모든 것이 아이에게'라는 식의 개념은 20세기 중반에 유명했던 '모든 것이 주위 환경에게'와 같은 개념과 완전히 배치되는 것이다. '모든 것이 주위 환경에게' 개념은 한편으로는 행동주의, 다른 한편으로는 정신분석과 애착 이론의 공유 개념이다. 행동주의자들은 아이는 백지 상태에서 시작해 경험으로 배운 것을 받아들인다고 가정한다. 독자들은 1924년 팡파레를 울린 존 왓슨John Watson의 유명한 말을 잘 알 것이다. "나에게 열두 명의 건강한 아이를 맡기고 내 방식에 따라 교육하게 해 주십시오. 나는 의사, 판사, 예술가, 상인, 거지나 도둑까지 전문가가 되도록 교육할 것입니다. 이 모든 것은 아이들의 재능, 기질, 성향, 태도와 관계가 없으며 조상의 직업이나 인종과도 무관합니다."[34] 유명한 베텔하임Bettelheim이나 볼비를 포함한 많은 정신건강의학자와 관련해 자신의 입장을 과장했건 안 했건 간에 그들은 아이의 정신건강에 엄마들의 책임이 있다고 주장해 수세대에 걸쳐 엄마들을 두렵게 만드는 데 기여해 왔다.

1960~1970년대에 있었던 기질과 애착 사이의 대립, 즉 '모든 것이 이미 정해졌는지'와 '모든 것을 새롭게 써내려갈 수 있는지' 사이의 대립은 선천적인 것과 후천적인 것 사이의 논쟁에서 나오는 것으로, 이러한 대립 사이에서 미국 여성들의 관건이 된 문제는 생애 첫 해의 경험과 엄마의 책임이 중요하다는 것이다. 지금까지 언급한 바와 같이 정말로 모든 것이 이 첫 해에 결정되는 것일까? 기질을 주장하는 사람들은 경험은 결국 생각만큼 중요하지 않다고 대답한다. 그들에 따르면, 아이의 행동은 '낯선 상황'에서 특정 애착 인물과의 관계적 경험의 이력을 반영하지 않을 것이다. 오히려 태어날 때 이미 존재한 개인적 차이의 표현일 것이다. 기질 주창자인 제롬 케이건Jerome Kagan[35]의 경우 '낯선 상황'에서 어머니와 분리될 때 일어나는 행동은 스트레스와 걱정을 다소 잘 관리하도록 하는 아이의 개인적 성향을 표현하는 것일 뿐이라고 본다. 특별히 반응적

인 기질을 가진 아이는 매우 주의 깊은 엄마에 의해 쉽게 위안을 받으려고 하지도 않을 것이다. 게다가 엄마의 반응은 그 자체가 아이의 성격에 의해 결정될 수 있다. 엄마는 반응이 없는 아이를 대할 때 무감각해질 수도 있다.

　오늘날 기질과 애착 사이의 대립은 완화되고 있다. 그리고 유전학, 이른바 후성설적 유전학과 뇌과학의 발달 덕에 선천적인 것과 후천적인 것 사이의 화해가 이뤄지고 있다. 아기는 태어날 때 자신의 성격을 가지고 태어나고, 이어서 주변과의 상호작용 과정을 통해 타고난 성격이 강화되거나 완화된다는 생각이 많은 동의를 얻고 있다. 모든 것이 부모에게서 오는 것은 아니지만, 그럼에도 불구하고 부모는 생후 첫 몇 해 동안 결정적인 기질에 직접적 영향을 주는 대상으로 존재한다. 그렇다면 모든 아이가 같은 애착 욕구를 가지고 있는지를 생각해 볼 수 있을 것이다.

질문 6. 모든 아이가 동일한 애착 욕구를 가지는가

　'낯선 상황'에 있는 1세 아기들을 진단해 보면 아이들은 관찰 도구의 일환으로 경험하게 되는 스트레스에 직면해 발현하는 욕구가 다 다르다. 불안전−회피형의 아이들은 안전형이나 불안전−저항형의 아이들과 달리 위안받을 필요가 없는 것처럼 행동한다. 아이들 간의 이러한 애착 욕구의 차이는 엄마와의 관계의 내력, 즉 엄마가 강력하게 개입된 역사에서 나오는 것으로 보인다. 그러나 아이는 태어날 때 백지 상태가 아니다. 브라젤튼_{Brazelton}[36]이 출생 후 몇 시간 또는 며칠 후 신생아의 선천적인 행동을 단계별로 평가한 모델에 의하면 아이들은 특히 활력, 과민, 고통에 직면했을 때 진정하는 방법이 다 다르다는 것을 알 수 있다. 어떤 아이는 진정하지만 다른 아이는 그렇지 않다. 어떤 아이는 재롱을 부리며 긍정적으로 반응하지만 다른 아이는 그렇지 않다. 이처럼 특별히 화를 잘 내고 엄마에 의해 진정되지 않는 아이는 엄마에게 무능감을 심어 주어 엄마에게 어려움을 가중시키는 거부반응을 불러일으킬 수 있다. 요컨대 아기는 주위와의 교류를 통해 강화되거나 완화되는 고유의 성격을 가지고 세상에 태어난다.

아주 어릴 때부터 아이는 주위에 반응할 수 있다. 여기에서 최근에 연구자들 간에 논란이 된 문제가 나온다. 미국의 심리학자 제이 벨스키_{Jay Belsky}는 환경의 영향으로 인해 민감성이 달라진다는 개념을 제시했다.[37] 어떤 아이는 주위 환경에 특별히 반응적이다. 이 아이는 환경이 긍정적이면 우호적으로, 환경이 비우호적이면 부정적으로 반응한다. 반대로 다른 아이는 역경의 조건에 따라 반응하지 않지만, 좋은 조건을 이용하지도 않는다. '난초형 아이'와 '민들레형 아이'의 은유가 이를 명확히 설명한다. 난초형의 아이는 주의의 지지를 받으면 활짝 피지만 스트레스와 결핍에 노출되면 갑자기 시들어버린다. 민들레형의 아이는 역경의 부정적인 효과에 저항하지만 도움이 되는 환경을 특별히 이용하려 하지도 않는다. 난초형 아이가 활짝 피려면 자극이 되는 주위 환경을 필요로 하나, 민들레형 아이는 주위 환경이 어떻든 활짝 핀다. 이 차이는 원초적으로 유전적인 것으로 의심된다.

여기서 윤리적인 문제가 제기된다. 벨스키가 제시한 바와 같이 이 차이를 알고 난초형의 아이를 식별해 불우한 환경의 아이들에게 개입 정책의 초점을 더 잘 맞춰야 한다. 말하자면 주위 환경에 더 잘 반응하고 이를 통해 지원의 조처를 활용할 수 있는 것은 난초형의 아이라는 것이다.[38] 앞에서 언급했듯이 기질과 선천적인 차이를 주장하는 사람들이 불러일으킨 불신은 비난의 대상이 되고 있는 일부 차별적 이론과 관련이 있다. 반면에, 그러한 관심에도 불구하고 사회 정책에 차별적 민감성의 개념을 적용하는 것은 똑같은 차별적 함정으로 일탈하게 하는 심각한 위험을 줄일 것으로 보인다.

요약하면, 모든 아이가 똑같은 욕구를 갖고 있는 것은 아니며, 애착은 대상과 관련된 욕구의 발달 과정이라고 할 수 있다.

미주

1. 이러한 묘사는 장 피아제가 묘사한 인지적 자기중심성의 탈피(피아제 에 따르면 비록 이것이 7~8세부터는 작동하지 않을지라도)나 존 프 라벨(John Flavell)이 발전시킨 정신 이론(4~5세부터)과 유사하다. John Flavell, entre autres auteurs (dès 4-5 ans): Piaget, J. & Inhelder, B. (1948). *La Représentation de l'espace chez l'enfant*, PUF; Flavell, J., Flavell, E. & Green, F. (1983). Development of the appearance-reality distinction. *Cognitive Psychology, 15*, pp. 95-120.

2. Spitz, R. (1993). *De la naissance à la parole*, PUF.

3. Ainsworth, M. D. & Wittig, B. A. (1969). Attachment and exploratory behavior of one year-olds in a strange situation, in B. M. Foss (dir.), *Determinants of Infant Behavior*, Methuen, vol. 4, pp. 111-136.

4. 이중 처음의 것은 다음과 같다. Spangler, G. & Grossmann, K. E. (1993). Biobehavioral organization in securely and insecurely attached infants. *Child Development, 64*, pp. 1439-1450.

5. John B. Watson (1878-1958). *Psychological Care of Infant and Child* (1928)의 저자; 이 책은 수십 년 동안 미국의 부모들에게 큰 영향을 미 쳤다.

6. Waters, E. & Deane, K. E. (1985). Defining and assessing individual differences in attachment relationships: Q-methodology and the organization of behavior in infancy and early childhood, in I. Bretherton, E. Waters (dir.). *Growing Points of Attachment Theory and Research, Monographs of the Society for Research in Child Development, 50*, pp. 41-103.

7. Van IJzendoorn, M. H., Vereijken, C. M., Bakermans-Kranenburg, M. J. & Riksen-Walraven, M. (2004). Assessing attachment security with

the attachment Q-Sort: Meta-Analytic Evidence For The Validity Of The Observer AQS. *Child Development, 75,* 4, pp. 1188-1213.

8. Pierrehumbert, B., Sieye, A., Zaltzman, V. & Halfon, O. (1995). Entre salon et laboratoire: l'utilisation du Q-Sort de Waters & Deane pour décrire la qualité de la relation d'attachement parent-enfant, *Enfance,* 3, pp. 277-291; Pierrehumbert, B., Muhlemann, I., Antonietti, J.-P., Sieye, A. & Halfon, O. (1995). Étude de validation d'une version francophone du Q-Sort d'attachement de Waters & Deane. *Enfance, 3,* pp. 293-315; Pierrehumbert, B. & Ibañez, M. (2008). Forme et contenu de la production narrative de l'enfant: un apport à la recherche clinique. *Enfance, 1,* pp. 83-92. https://sites.google.com/site/bpierreh/homehttps://sites.google.com/site/bpierreh/home도 참조하기를 바란다. 또한 사용방법과 자료는 다음 자료에서 얻을 수 있다. Miljkovitch R., Borghini A. & Pierrehumbert B. (dir.). (2020). *Évaluer l'attachement. Du bébé à la personne âgée.* Philippe Duval.

9. Gould, S. J. (1998). *La vie est belle. Les surprises de l'évolution.* Seuil.

10. Erickson, M. F., Sroufe, L. A. & Egeland, B. (1985). The relationship between Quality of Attachment and Behavior Problems in Preschool in a High-Risk Sample, in I. Bretherton, E. Waters (dir.), *Growing Points of Attachment Theory and Research*, *op. cit.*, pp. 147-166.

11. https://www.patcrittenden.com/include/dmm_model.htm.

12. Crittenden, P. M. & DiLalla, D. L. (1988). Compulsive compliance: The development of an inhibitory coping strategy in infancy. *J. Abnorm. Child Psychol, 16*(5), pp. 585-599.

13. Cicchetti, D., Toth, C. & Lynch, M. (1995). Bowlby's dream comes full circle: The application of attachment theory to risk and psychopathology. *Advances in Clinical Child Psychology, 17,* pp.

1-75.

14. Mubarak, A., Cyr, C., St-André, M., Paquette, D., Emond-Nakamura, M., Boisjoly, L., Palardy, S., Adin, S. & Stikarovska, I. (2016). Child attachment and sensory regulation in psychiatric clinic-referred preschoolers. *Clinical Child Psychology and Psychiatry, 22*(4), pp. 572-587.

15. Greenberg, M. T., DeKlyen, M., Speltz, M. L. & Endriga, M. C. (1997). The role of attachment processes in externalizing psychopathology in young children, in L. Atkinson, K. J. Zucker (dir.), *Attachment and Psychopathology*. The Guilford Press. pp. 196-222.

16. Bakermans-Kranenburg, M. J., Van IJzendoorn, M. H. & Juffer, F. (2003). Less is more: Meta-analyses of sensitivity and attachment interventions in early childhood. *Psychological Bulletin, 129*(2), pp. 195-215.

17. Muller-Nix, C., Forcada-Guex, M., Pierrehumbert, B., Jaunin, L., Borghini, A. & Ansermet, F. (2004). Prematurity, maternal stress and mother-child interactions. *Early Human Development, 79*, pp. 145-158.

18. Pierrehumbert, B., Torrisi, R., Ansermet, F., Borghini, A. & Halfon, O. (2012). Adult attachment representations predict cortisol and oxytocin responses to stress. *Attachment and Human Development, 14*(5), pp. 453-476.

19. Main, M. & Solomon, J. (1986). Discovery of an insecure disorganized/disoriented attachment pattern: Procedures, findings and implications for the classification of behavior, in T. B. Brazelton, M. Yogman (dir.), *Affective Development in Infancy*.

Ablex, pp. 95-124.

20. Fraiberg, S. H., Adelson, E. & Shapiro, V. (1983). Fantômes dans la chambre d'enfants. *Psychiatrie de l'enfant*, XXVI, 1, pp. 57-98.

21. Fonagy, P., Steele, M., Moran, G., Steele, H. et al. (1993). Measuring the ghost in the nursery: An empirical study of the relation between parents' mental representations of childhood experiences and their infants' security of attachment. *Journal of the American Psychoanalytic Association, 41*(4), pp. 957-989.

22. Spitz, R., *De la naissance à la parole, op. cit.*

23. Tizard, J. & Tizard, B. (1971). The social development of two year old children in residential nurseries, in H. R. Shaffer (dir.), *The Origins of Human Social Relations*. Academic Press.

24. American Psychiatric Association. (2013). *Diagnostic And Statistical Manual of Mental Disorders. DSM-5*, American Psychiatric Association Publishing.

25. Disturbances of Attachment Interview. (DAI): Smyke, A. T., Dumitrescu, A., Zeanah, C. H. (2002). Attachment disturbances in young children: The continuum of caretaking casualty. *Journal of the American Academy of Child and Adolescent Psychiatry, 41*(8), pp. 972-982.

26. 최근에 캐나다 팀이 프랑스어 버전을 포함해 애착 반응 장애에 관한 설문지를 출간했다. Monette, S., Terradas, M. M., Boudreault, M. Y., Carrier, A., Ruest-Bélanger, A., Robert, A., Archambault, M., Cyr, C. & Couture, S. (2018). Troubles de l'attachement: validation d'un questionnaire basé sur le *DSM-5. Enfance, 4*(4), pp. 511-532.

27. Zeanah, C. H., Smyke, A. T., Koga, S. F. & Carlson, E. (2005). Attachment in institutionalized and community children in Romania.

Child Development, 76(5), pp. 1015-1028.

28. Smyke, A. T., Zeanah, C. H., Fox, N. A., Nelson, C. A. & Guthrie, D. (2010). Placement in foster care enhances quality of attachment among young institutionalized children. *Child Development, 81*(1), pp. 212-223.

29. Escobar, M. J. (2014). *Multilevel Study of Attachment, Behavioral Problems and Social Cognition in Adolescents Adopted During Childhood with Early Social Deprivation Background*. thèse de doctorat, Pontificia Universidad Catolica de Chile.

30. Rutgers, A. H., Bakermans-Kranenburg, M. J., Van IJzendoorn, M. H. & van Berckelaer-Onnes, I. A. (2004). Autism and attachment: A meta-analytic review. *Journal of Child Psychology and Psychiatry, 45*(6), pp. 1123-1134.

31. Rutter, M., Andersen-Wood, L., Beckett, C., Bredenkamp, D., Castle, J., Groothues, C., Kreppner, J., Keaveney, L., Lord, C. & O'Connor, T. G. (1999). Quasi-autistic patterns following severe early global privation. English and Romanian Adoptees (ERA) Study Team. *J. Child Psychol. Psychiatry, 40*(4), pp. 537-549.

32. 이 문제는 이주 문제에 국한되지 않는다. 이민율이 낮은 것으로 알려진 국가인 한국의 동료 중 하나인 신이진(Yee Jin Shin)은 같은 해인 1999년에 이 분야의 다른 권위자인 로버트 엠데(Robert Emde), 마이클 러터(Michael Rutter)와 「전반적 발달 장애 모방 증상」이라는 제목의 논문을 발표했다. 당시에는 아직 유령의 장애에 대해 거론하지 않을 때였다. 이러한 유형의 증상은 '발달 장애'처럼 취급되었다. 따라서 유사한 증상이 많이 확산돼 있는 것으로 보인다. 여기서 혼동할 위험이 나온다. Shin, Y.-J., Lee, K. S., Min, S. K. & Emde, R. (1999). A Korean syndrome of attachment disturbance mimicking symptoms

of pervasive developmental disorder. *Infant Mental Health Journal,* *20*(1), pp. 60-76.

33. Chess, S. & Thomas, A. (1996). *Temperament: Theory and Practice.* Brunner/Mazel.

34. Watson, J. B. (1924). *Behaviorism.* The People's Institute Publishing Co., Inc.

35. Kagan, J. (1984). *The Nature of the Child.* Basic Books.

36. Brazelton, T. B. (1983). Échelle d'évaluation du comportement néonatal. *Neuropsychiatrie de l'enfant et de l'adolescent, 31*(2-3), pp. 61-96.

37. Belsky, J. & Pluess, M. (2009). Beyond diathesis stress: Differential susceptibility to environmental influences. *Psychological Bulletin, 135*(6), pp. 885-908.

38. Belsky, J. (2014). The downside of resilience. *New York Times, 28* novembre 2014.

가족 안팎에서의 애착

LOVE

제2장

질문 7. 자녀에 대한 부모의 애착은 어떠한가

부모자녀 간 애착 과정이 작동하려면 당연히 둘 사이에 상호 보완적 패턴이 있어야 한다. 이 분야의 이론에 따르면 여기에서 상호 보완적인 두 개의 동기부여 체계가 만들어진다고 가정한다. 먼저 '피양육자'인 어린아이의 동기는 앞서 살펴본 바와 같이 보호와 안전의 필요에 대응하기 마련이다. 이어 '양육자'인 부모를 자극하는 동기는 아이를 보호하려는 열망에 부응한다. 관찰의 차원에서 볼 때 이는 에인스워스Mary Ainsworth가 모성애적 민감성으로 묘사한 것과 일치한다. 즉, 에인스워스가 정의한 대로 엄마가 적절한 방법으로 아이의 신호와 암묵적 요구를 인지하고 해석하며 적절하고 종합적인 방법으로 대응하는 능력을 말한다.

이와 같은 맥락에서 상호 보완적인 요소를 다음과 같이 정리해 볼 수 있겠다.

- 피양육자(자녀): 안전성
- 양육자(부모): 민감성

아이 편에서 근접성을 추구하게 하는 이 '원초적' 욕구에 대해서는 이미 언급한 바 있다. 부모 편에서는 부모로 하여금 보살핌과 보호를 하게 하는 '민감성'을 자극하는 것이 무엇인지를 생각해 봐야 한다. 이것은 자연적인 것인가? 인위적인 것인가? '모성애적인 직관'인가? 여기서 자연과 문화, 과학과 이데올로기가 한데 얽혀 있는 논쟁으로 들어가 보려 한다. 물론 진짜 전쟁은 아니다.

먼저 정의에 대해 생각해 보자. 불어로 애착은 아이가 부모에게 갖거나 부모가 아이에게 갖는 애착을 똑같이 말하는 것이다. 영어로는 흔히 유대bonding로 표현되고 두 번째 경우, 즉 부모가 아이에게 갖는 애착을 말한다. 이 분야에 참조할 수 있는 많은 것은 동물의 세계에 대한 것으로 연구의 다수가 유대 현상을 다루고 있다. 일례로, 어미 양은 새끼 양에 대해 매우 선별적인 보살핌 행동, 즉 자기 새끼 양에 대해서는 핥고 젖을 먹이는 행동을 발달시키고 낯선 새끼 양에 대해서는 공격적인 행동을 보일 수 있다는 것을 알게 되었다. 이와 같은 유대는 출생 후 몇 시간, 곧 아주 짧은 결정적 시기 동안에 이루어진다. 만약 이때 어미 양이 어린 새끼와 떨어져 있으면 어미는 새끼를 돌보려 하지 않는다. 만일 양자 간의 분리가 이 기간을 지나 나중에 일어나면 그와 같은 결과가 나타나지 않는다.[1]

이러한 현상의 기제를 잘 설명하고 있는 학자가 미국의 행동신경 생물학자 슈 카터Sue Carter[2]다. 그는 포유류 암컷의 양육 행동을 유발하는 옥시토신 호르몬의 역할을 밝힌 선구적인 업적을 발표한 바 있다. 그리스어에서 이름을 따온 옥시토신 호르몬은 '분만 촉진'을 의미한다. 왜냐하면 출산 시점에 자궁 수축에 이어 모유 분비의 증가를 관장하기 때문이다. 양을 대상으로 한 연구에 따르면 새끼가 들어서면 어미의 신경계에서 옥시토신이 분비된다. 태어날 때 이 호르몬이 있으면 어미와 새끼 간의 유대가 이루어질 수 있다. 한편 옥시토신의 분비가 인위적으로 억제될 경우 어미 양은 새끼 양을 거부한다. 옥시토신은 진정 효과를 갖고 있는 것으로 알려져 있을 뿐 아니라 포유류의 전 생애 동안 자신의 짝이나 성 파트너와의 사회적 행동에도 영향을 미칠 수 있다. 이 호르몬이 모유 분비에 어느 정도 집중되어 있다는 것이 밝혀지면서 이것이 어린 새끼들에게 상호적 역할을 해서 어미와의 관계를 선호하게 한다는 설명이 제시되고 있다. 태어날 때부터 분비되는 이 호르몬은 어미가 새끼에게 보살핌을 아끼지 않는 기간 내내 어미에게서 계속 생산된다.

　그러면 우리 인류의 경우는 어떠한가? 인간에게도 똑같이 유대가 존재한다는 생각에 대해서는 일치된 견해가 보이지 않는다. 이 개념에 관해서는 성역할과 관련해 상대적으로 퇴보적인 이데올로기가 스며 있다는 불신이 있다. 인간의 유대를 지지하는 학자 가운데 존 케널John Kennell과 마샬 크라우스Marshall Klaus의 연구를 살펴보자.[3] 산부인과 병원에서 분만 직후에 일상적으로 엄마와 아기를 분리시키던 시절에 출산 직후 몇 시간 동안 엄마와 아기 사이에 신체적 접촉을 허용하면 모성적 보살핌, 즉 모유수유 등에서 성공의 기회가 증대되고 결과적으로 아기의 건강이 향상된 것이 '과학적'인 증거를 토대로 확인된 바 있다. 이것은 어미 양에서처럼 출생 직후 엄마와 아기의 관계 형성에 민감한 시기가 존재한다는 것을 말해 준다.[4] 조속한 유대는 장기적으로 학대의 위험을 줄일 것으로 주장되기도 한다. 한편 연구자들 가운데는 이와 같은 결론이 남성우월의 마초적 이데올로기라고 항의하는 경우도 다수 존재한다.

인류와 동물계와의 유사성은 몇몇 가설을 유도할 수 있지만 환원론적 추론으로 이어지는 것은 조심해야 한다. 잘 알려진 바와 같이 어떤 영장류는 이와 같은 어미 양의 이미지처럼 어미와 새끼의 배타적 관계를 실행하는 반면 다른 영장류는 전혀 그렇지 않다. 이 차이는 각 종의 특별한 공동체 생활방식과 관련된 각각의 이점의 차원으로 해석될 것이다.

엄마가 어느 정도 감정적으로 주의를 기울이고 언제라도 특별하게 가용적일 수 있도록 대기하는 것은 유독 의존적인 인간 아기의 생애 첫 기간 동안에 중요하다고 할 수 있다. 이런 구도가 엄마로 하여금 아이의 욕구를 느끼고 기대할 수 있게 해 줄 것이며 좋은 관계의 보살핌이나 우호적인 양육을 이루는 조건이 된다. 이처럼 특별히 민감한 상태 덕에 엄마는 신생아의 관계적 능력을 인식하고 아기와의 복잡한 상호작용으로 들어갈 수 있으며, 아기로 하여금 자기 감정을 통제할 수 있도록 해 줄 것이다. 이러한 특별한 상태는 '원초적인 모성애적 염려'[5]라는 용어로 묘사되거나, 약간 다른 관점에서는 '모성적 별자리'[6]로 묘사된다. 즉, 모성의 경험으로 보면 이후로 모성적 행동과 관심의 축이 아기와 아기의 생존과 발달에 맞추어진다는 것이다.

이 개념에 대해 문제가 제기되지 않는 것은 아니다. 이러한 특별한 모성애 상태, 즉 동물 종에서 일어나는 것과 유사한 상태를 경험하지 않은 부모나 입양부모 또는 전문 양육자는 어떨까? 신경과학에서는 신경 내분비 수준에서 유명한 옥시토신 호르몬과의 유사성을 여전히 강조한다. 인간의 경우 부모성은 취약한 것처럼 보인다. 문명의 창조 신화를 보면 부모를 아이에게 연결해 주는 연결선의 불안전성이 빈번하고도 뚜렷하게 등장한다. 영웅적 창시자는 부모의 포기나 역경에서 살아남은 자들이다. 바빌론의 창시자 사르곤 아가데Sargon Agadé, 모세Moïse, 오이디푸스Œdipe, 파리스Pâris, 페르세우스 Persée가 그렇다.

설치류에 관한 연구에 따르면, 엄밀히 말해 어미가 자신의 태아를 반기지 않는다.[7] 반면, 엄마의 면역 공격agressions immunitaires에 대항해 방어 동작을 취하는 것은 태아의 몫이다. 모체의 혈액과 직접 접촉하는 태반이 어미의 면역 반응에 대항해 태아를 보호하는 단백질을 분비하고 이러한 과정에서 이물질을 형성하게 된다. 여기에 생존이 달려 있다. 인간의 경우에는 약 60%의 수정란이 자연 유산을 일으킨다. 이때 낙태는 임신 직후 첫 몇 주 내에 일어나는 태아의 면역 거부에 기인하는 것으로 보인다. 여기서 생물학은 관계의 불안전성에 대한 은유적 표현으로 신생아의 본질적 임무는 엄마로 하여금 자신을 보살피도록 하는 것이라고 설명한다.

이와 관련해 콘라드 로렌츠Konrad Lorenz의 제자인 헬가 피셔Helga Fischer[8]가 보고한 에피소드를 살펴볼 필요가 있겠다. 이 여성 연구자는 펠리Feli라는 별명을 가진 암컷 오리에 관심을 가졌다. 펠리는 부화 때부터 사회적 격리라는 실험 과정을 겪게 됐다. 6주 동안의 격리가 끝나고 실험이 종료될 무렵에 펠리는 또래가 있는 공원으로 자리를 옮기게 되었다. 그런데 다른 개체가 접근하면 도망가는 동

작을 했다. 한편, 다른 오리의 소리에 응답하거나 무리가 있는 곳
으로 모이는 본능적 사회 행동은 남아 있었다. 펠리는 집단에 접근
했지만 무분별하게 접근했다. 이와 같은 행동으로 인해 다른 오리
들에 의해 쫓겨나기도 했다. 그러자 펠리는 사회적 상황에서 접근
과 회피 사이에 갈등이 있음을 의미하는 의례적 '변태 행동'을 보였
다. 이후 펠리가 성적으로 성숙하여 구애를 받았을 때도 다시 '변태
적 행동'을 보였고, 성적 흥분을 보이면서도 접근과 회피 사이에 강
렬한 동기가 부여되는 갈등을 나타냈다. 결국에는 좀 교활한 수컷
에 의해 임신을 했고 둥지를 틀었다. 그럭저럭 알을 품었고 딱 하
나의 알을 부화했다. 펠리는 태어난 새끼가 접근하려 할 때 자리를
옮기는 변태 행동을 또다시 보였다. 펠리는 새끼를 돌보지 않았고
새끼는 죽었다. 다음 몇 해 동안 헬가 피셔는 펠리가 낳은 알을 불
확실하게 부화된 오리알보다 인공적으로 수정된 더 강한 암컷 집
오리 알과 몰래 바꿔 놓았다. 알이 부활될 때 펠리는 다시 변태 활
동을 시작했다. 펠리가 새끼들을 돌보지 않아 새끼들은 차례로 죽
었다. 여러 번의 시도 끝에 결국은 특별히 강한 오리들만 살아남았
다. 보살핌을 받지 못했음에도 불구하고 이 새끼들은 둥지에서 나
와 스스로 먹이를 먹고 둥지로 돌아와 따뜻한 보금자리에서 함께
지냈다. 이 오리 새끼들은 유난히 집요하게 펠리를 자극하려 들었
다. 펠리는 새끼들을 물기 시작했고 며칠간 이와 같은 행동을 되풀
이했다. 그러다 비가 내리던 어느 날 밤 새끼들이 펠리에게 바짝 다
가가 기대자 펠리는 결국 새끼들을 받아들였다. 이때부터 펠리는
새끼들이 수영을 하러 가면 새끼들을 따라갔고 엄마가 새끼들을 인

도하는 것이 아니라 새끼들이 엄마를 인도하는 이상한 양상을 보이기도 했다. 얼마 지나 펠리는 수컷의 보호를 받아들였다. 새끼들은 떠나고 펠리는 4년 동안 수컷과 함께 지냈다. 그리고 우화처럼 펠리 부부는 많은 새끼를 낳았고 정상적으로 길러냈다.

　이 교훈적 이야기는 위와 같은 상황에서는 성, 부모됨, 회피와 같은 본능적 동기부여 체계가 펠리에게 트라우마적 상황과 사회적 격리에 의해 무력화될 수 있지만, 다른 상황에서는 새끼들의 집요함에 의해 각성될 수 있음을 보여 준다. 달리 말하면 양육과 같이 우리가 자연적이라고 판단하는 행동이 나타나기 위해서는 그럴 수 있도록 하는 조건이 필요하다는 것이다. 그러나 반드시 그런 것만은 또 아니다. 유전자의 이미지에 따라 내재된 잠재적 가능성이 발현될 수도 있고 발현되지 않을 수도 있는 것이다.

　펠리의 이야기는 은유다. 자연은 아기에게 매혹적인 자산을 부여해 어른으로 하여금 아기들을 돌보도록 설득한다. 신체와 용모에서 보이는 아기들만의 몇 가지 독특한 특징은 어른들로 하여금 '귀엽다'는 감정과 보호적인 태도를 불러일으킨다. 정확히 말하자면 어른들은 아기의 매력에 반응하는 인지적 '회로', 즉 콘라트 로렌츠가 말한 보살핌 행동의 '본능적 유발 기제innate releasing mechanisms[19]'를 지니고 있다. 인간의 경우에 이와 같은 유발 능력을 보이는 특성으로는 불쑥 튀어나온 이마, 얼굴 가운데 비교적 낮게 위치해 있는 큰 눈, 포동포동한 뺨, 몸에 비해 큰 머리, 짧은 팔다리와 어깨 등이다. 이 유발 기제를 보통 이상으로 사용하게 되면, 달리 말해 '아기 같은' 특성을 그림처럼 과장하게 되면 그만큼 어른에게 '귀엽다'는 감정을

강화하게 된다.[10]

간략히 말해, 엄마가 아기에게 좋은 것을 '알고' 있다는 것은 매우 널리 퍼져 있는 신념이다. 루소Rousseau 이래로 자연은 미덕이며 엄마가 혼자서도 충분히 아이를 잘 교육시킬 만큼 자발적이고 무의식적인 모성애를 지니고 있다는 사상이 강화되어 왔다. 나중에 다시 살펴보겠지만, 역사가들은 이 문제를 두고 논쟁을 벌여 왔다. 아이에 대한 민감성은 항상 존재하는가? 모성적 양육이 완벽하다는 생각은 남성우월의 마초적 이데올로기에 이용된다고 보는 주장에 대해서도 살펴볼 것이다. 결국 모성애는 취약하고 불안전할 수 있다는 것을 설명하게 될 것이다. 다음은 아이에 대한 보살핌과 애착이 엄마의 몫으로 맡겨지는 것에는 이유가 있는가 하는 문제를 살펴보고자 한다.

질문 8. 아이는 누구에게 애착하는가

1970년대에 수행된 애착에 대한 초기 연구들은 말하자면 엄마와 아이들과 함께 진행되었다. 이 연구들을 통해 아이가 엄마를 안전과 위안의 원천으로 사용할 수 있게 하기 위해 무엇이 엄마와 자녀 간의 관계에서 중요한 특성인가를 이해할 수 있게 되었다. 일련의 연구 결과를 요약하면, 생애 첫 몇 달 동안에 중요해 보이는 특성은 엄마의 접근 가능성, 엄마를 관계에 사용할 수 있는 가용성, 엄마의 민감성이며, 앞에서 본 것처럼 아이의 신호를 감지하고 해석하며 적절한 방법으로 응답하는 능력, 예측 가능성과 같은 것이다. 이와 같은 특성은 어린아이가 자신의 자율성이나 세상을 향한 개방, 탄력적 능력, 자아존중감을 점진적으로 발달해 가도록 하는 안전한 맥락을 제공한다.

한편, 오늘날에는 다음과 같은 의문이 제기되는 것을 피할 수 없게 되었다. 이와 같은 관계의 질적 수준은 전형적으로 또는 배타적으로 모성적인 것으로만 볼 수 있는가? 아니면 동시에 부성적인 것이라고도 할 수 있는가? 아기가 아빠와 맺는 애착의 질은 어떠한가? 볼비John Bowlby와 에인스워스의 주장대로 전통적으로 엄마에게 있다고 생각되어 온 '대피항'과 '안전 기지'의 기능을 아빠도 수행할 수 있는가? 조금 더 멀리 들어가서 특권적 파트너인 엄마나 아빠와의 관계가 유일하고 배타적인지도 생각해 봐야 할 것이다. 달리 말하면, '어린아이에게 유일한 애착 인물이나 특권적인 인물이 있는가?' 아니면 '안전과 위안을 확보할 수 있는 사람이 여러 명 존재하는가?' 하는 의문을 제기해 볼 수 있다.

미국의 건강연구소 실험실의 책임자로 있던 마이클 램Michael Lamb[11]은 남자도 여자만큼 생물학적으로 아기에게 반응하고 응답할 수 있는 자질을 충분히 지니고 있다고 주장한다. 그의 연구진은 역사적인 연구로 평가될 만한 연구를 수행했는데, 청년과 어른들을 대상으로 조용한 아기들이 웃고 있거나 울고 있는 필름을 보여 주고 심장박동이나 피부를 통해 분비되는 땀과 같은 다양한 생리적 반응 요인을 조사했다. 연구진은 남녀 아동이나 남녀 성인 간의 차이를 발견하지 못했다. 따라서 남아나 성인 남성도 생리적으로 아기의 신호에 잘 반응한다고 추론했다. 그러나 대기실과 같은 개인적 상황이 아닌 사회적 상황에서 대상자들을 관찰해 보면 아기가 울기 시작했을 때 여성들이 남성들보다 더 활성화된 반응을 보였다. 이와 같은 차이를 어떻게 설명할 수 있는가? 어린아이의 신호에 응답하는 생리적 반응은 우리의 의식적 통제를 벗어나 인체에 새겨져 있는 것처럼 보이지만 동시에 문화나 성별 표현에 따른 역할과 행동을 규제하는 역할에 의존한다. 몇몇 문화적 규제를 제외하고 보면 언뜻 보기에는, 그리고 오늘날 확고한 증거이기를 바라는 바로는, 아빠가 애착 인물로 기능할 수 없는 이유는 없다.

마이클 램[12]은 다른 연구에서 엄마와 아빠가 모두 있을 때 12개월 된 영아의 접근이나 접촉 등에 관한 애착 행동을 연구했다. 연구 결과, 아이가 놀고 있는 집에서 관찰했을 때 엄마나 아빠에게 다가가고자 하는 접근 추구 행동에 차이가 없음을 발견했다. 실험실에서도 스트레스가 없는 상태라면 차이가 발견되지 않았다. 그런데 실험실 상황에서 낯선 사람이 등장하는 것과 같이 가벼운 스트레스가 촉발되면 아기는 우선적으로 엄마에게 다가가려 하고 아빠보다 엄마에게 귀속 행동이나 애착 행동을 더 많이 보였다. 그러면 엄마와 아기의 관계를 특권화하는 사회적 관행에 익숙한 이러한 선호도가 엄마가 유일한 '애착 인물'이거나 적어도 중요한 애착 인물이라는 것을 의미하는가?

볼비와 에인스워스가 세운 업적 이래로 많은 연구가 아빠를 안전의 원천으로 사용하는 아이의 능력을 평가하기 위해 '낯선 상황'의 연구 방법을 사용해 왔다. 애착 연구에 관한 다수의 메타 분석

결과에 따르면 엄마에 대한 애착 유형과 아빠에 대한 애착 유형 간에 상관관계가 거의 없다는 것을 보여 주고 있다.[13] 이것으로 '낯선 상황'이 엄마나 아빠에 대한 특정한 관계의 질을 잘 평가하고 아이의 개인적 성향을 평가하지 못한다는 것이 확인되었다. 전체 연구 대상 중에서 엄마와 아빠와의 안전 애착 비율이 똑같은 것처럼 보인다. 즉, 어떤 아이는 부모 중 한쪽과만 안전 애착을 맺고 다른 한쪽과는 불안전한 관계일 수도 있다는 것을 알 수 있다. 여기에서 아빠도 아이에게 '대피항'과 '안전 기지'처럼 작용할 수 있고, 관계의 질은 두 사람 각각 맺어 온 특별한 관계의 역사에 달려 있다고 결론지을 수 있다.

중요한 논지다. 사실상 안전 애착과 불안전 애착이란 용어는 적어도 일부 사람들 사이에서는 구어체와 같이 통용되는 개념이나, 오늘날 널리 의미하는 바는 아이가 안정돼 있는가 아니면 불안정한가 하는 것이다. 마치 아이의 특성, 즉 아이가 지닌 기질적 측면과 관련된 것처럼 보이기도 한다. 그런데 그렇지 않다. 안전과 불안전의 개념은 적어도 생애 첫 몇 년 동안 특별한 관계에만 적용된다. 그러나 이후로는 전혀 다른 이야기가 된다. 왜냐하면 이 경험으로부터 아이는 점진적으로 사람들 간의 관계에 대한 하나의 사고, 하나의 도식, 하나의 표현을 구축하게 될 것이고, 이것이 다른 사람과의 기대나 교류에 안내 역할을 하게 될 것이기 때문이다. 볼비는 이를 '내적 작동 모델'로 설명했다. 3~4세 무렵이라고 생각되는 이때부터 개인은 안전하거나 불안전한 관계를 보인다고 할 수 있다. 이는 특정 관계와 독립적으로 이루어진다.

아주 어린 나이에는 엄마에 대한 애착의 질과 아빠에 대한 애착의 질 사이에 대응되는 것이 거의 없다. 또한 한쪽 부모에게 애착하는 것이 다른 쪽 부모와 맺는 애착을 방해하지 않는다. 이와 같이 가족 안에서 양 부모에 대한 애착은 그 질적 차원이 다를 가능성이 매우 높다. 만약 어떤 이유로든 부모 중 한 사람, 예를 들어 엄마와의 관계가 불안정하면 다른 파트너, 즉 아빠와의 긍정적 관계가 보상적인 역할을 할 수도 있다.

대부분의 연구자가 아주 어린 시절에 다수의 애착 인물이 있었음을 인정함에도, 어린 시절에 유일한 또는 특권화된 애착 인물이 있다는 생각이 오늘날에도 많은 사람에게 여전히 뿌리 깊게 남아 있는데, 이러한 생각은 어디에서 오는가?

볼비는 콘라드 로렌츠의 업적, 특히 회색 오리에 대한 연구에 매료되었다고 한다. 로렌츠의 관찰에 기초해 볼비는 유일하고 배타적인 애착 이론을 지지했다. 알에서 깨어난 조류 새끼들은 자신의 눈앞에 보인 최초의 움직이는 물체, 예를 들어 그것이 로렌츠의 장화면 그 장화를 따랐고, 설사 같은 종의 적절한 대상이 있다 하더라도 그 대상을 따르지 않았다. 최초의 대상을 향한 이 배타적 '흔적'은 한쪽으로만 바뀌는 모노트로피monotropie의 개념을 설명하고 있다. 이 행동에 대한 볼비의 열정적인 관심을 인정할 만하지만 어디까지나 이는 여러 모델 가운데 한 모델일 뿐이다. 다른 종에게까지 확대하는 것은 위험하기도 하다. 물론 회색 오리만이 이 유명한 모노트로피를 행하는 유일한 종은 아니다. 새끼 양과 어미 양은 우리가 본 바와 같이 관계적 배타성을 똑같이 아주 강하게 보인다. 그러나 자연에는 다른 모델도 있다. '모노트로피적'이 아닌 동물도 많이 있다.

이와 관련해 어떤 의미에서는 상호적 개념이라 할 수 있는 상부상조적 부모성의 개념을 살펴보자. 미국의 인류학자 사라 허디_{Sarah Hrdy}[14]는 어떤 종에서는 아동 양육을 엄마에게 전적으로 맡기지 않는다는 사실을 설명하고 있다. 이 종의 경우 일종의 모성적 원조나 사회적 집단 내에서의 협동적 양육이 존재한다. 조류의 8~17%, 포유류의 3%에서 상부상조적 부모성을 발견할 수 있다. 인간의 사촌격인 영장류에서는 175개 종 가운데 거의 절반이 새끼 양육에서 양친 모두의 부모성이나 일종의 협동을 때때로 수용한다. 그러나 엄밀히 말하면 상부상조적 부모성은 영장류의 세 가지 종, 즉 타마린 원숭이, 마모셋 원숭이, 인류에게서만 발견할 수 있다.

우리가 열렬히 추종하는 사라 허디가 세운 업적의 연속선상에서 볼 때, 하나의 종이 상부상조적 부모성을 실행하기 위한 전제조건이 무엇인지, 이러한 전제조건이 주어진다면 인간은 잠재적으로 좋은 후보가 될 수 있는지를 생각해 볼 수 있겠다. 첫 번째 전제조건은 어린 아기의 신호에 응답하는 경향의 필요성이다. 이는 성, 연령과 무관하고 여성의 경우 순결, 임신, 산욕기 상태와 같은 재생산 능력과 무관한 것이어야 한다. 보호와 접근의 욕망이라는 의미에서 어린 자손이 매력을 끌 필요가 부가된다. 이 조건은 인간의 경우 명백히 충족된다. 예를 들어, 입양은 상부상조적 부모성을 완벽하게 나타낸다. 이는 과거 '젖먹이 유모' 현상의 중요성과도 매우 흡사하다. 몇몇 태평양 군도와 같이 세계화를 잠시 피했던 일부 문화권에서는 여전히 상부상조적 부모성이 실행되었다. 부모나 형제자

매에 대한 개념은 서양 문화와 가치가 다르며 전체 집단으로 확대
될 수 있었다. 인간의 상부상조적 부모성의 또 다른 증거는 유전자
적 공유교육으로 불린다. 말하자면, 아이가 아주 어릴 때부터 전문
가이건 아니건 다른 양육자에게 맡겨진다는 것이다. 공유교육 상
황에서 어린아이가 어린이집에 갈 무렵 특권화된 애착 인물이 존
재하는지, 그렇다면 그 역할을 엄마나 여성 양육자가 하는지를 아
는 것이 관건일 것이다. 이 문제는 나중에 다시 다루도록 하겠다.

　상부상조적 부모성은 나중에 다시 살펴보겠지만, 아이의 입장에
서 그것을 가능케 하는 전제조건이 있다. 잠재적 양육자에게 다가
가려면 타인의 주의를 끌고 사회적 개입을 유도하는 동기부여뿐만
아니라 자신의 안녕을 확보하기 위해 어른의 태도를 해석할 수 있
는 능력이 어느 정도 있어야 한다. 이와 관련해서는 어른이 아이에
게 고의적이든 아니든 자신의 의도, 욕구, 기쁨과 관련된 정보를 제
공한다고 할 수 있다. 아이는 특히 이런 유형의 정보에 신경쓰는 저
장소처럼 보인다. 저자는 우리가 부주의로 제공된 정보를 매개한
다는 생각을 좋아한다. 여기서 행동생태학에서 온 표현, 정확히 말
하면 생물학자 에티엔느 단친Étienne Danchin[15]의 연구진이 사용한 표현
을 차용하고자 한다.

　부주의로 제공된 몇몇 '공공 정보'는 적응과 진보의 차원에서 동
물의 왕국, 아마도 식물의 왕국에서도 똑같이 근본적인 역할을 한
다는 이론이다. 생명체는 환경과 자신의 자원 및 자신이 처한 위험
에 최적화할 목적으로 같은 종은 물론이고 다른 종으로부터 나오
는 정보를 포착한다. 고의적으로 제공된 것이든 부주의에 의해 제

공된 것이든 우리의 감정적 표현은 적응에 적합한 다수의 공공 정보가 된다. 아빠, 엄마나 다른 양육자 등 모든 어른은 아이가 사용할 수 있는 이러한 유형의 공공 정보를 제공한다. 이들은 상호간에 아이가 보내는 감정적 성격의 공공 정보를 읽고 사용할 수 있다. 끝으로 상호주관성, 말하자면 다른 사람의 의도와 욕망을 고려하는 능력을 생각해 보자. 이 능력은 고의적으로 또는 부주의로 제공된 목소리 톤, 시선, 자세 등 정보를 인지하는 능력에 달려 있다. 어린아이는 매우 일찍부터 이와 같은 능력을 보인다. 널리 알려진 바 있는 거울신경세포의 친숙한 능력이다. 원래 원숭이에게서 발견된 이 신경세포[16]는 어떤 행동을 할 때, 다른 사람이 똑같은 행동을 하는 것을 관찰하거나, 나아가 자신이 똑같은 행동을 한다고 상상할 때 활성화된다. 이는 사회적 학습뿐만 아니라 감정이입에 의한 작용이라고 할 수 있다.

이 모든 것은 확실히 상부상조적 부모성에 멍석을 깔아 주는 격이 된다. 말하자면 어린아이가 안전을 추구하게 하는 데 필요한 수단을 다른 개인에게 제공한다. 이때 개인이 반드시 원초적인 모성적 염려와 같은 심리적 동기나 옥시토신의 분비와 같은 생리적 동기, 종족 재생산을 선호하는 사회생물학적 동기를 어린아이에게 특정하게 제공할 만큼 가지고 있는 것은 아니다.

아빠에 대한 애착: 세 가지 모델

앞서 엄마와의 관계에서만 배타적으로 애착을 형성하는 것은 아니라는 것을 설명했는데 이로부터 추론되는 바가 있다. 그러면 엄마와의 애착과 비교되는 아빠에 대한 애착의 지위는 정확히 무엇인가? 이 문제는 다음에서 살펴보려는 것처럼 늘 논란을 빚는다. 아동발달 전문가인 캐롤리 하우즈Carollee Howes의 세 가지 이론 모델에 대한 제안을 다시 살펴보려 한다. 이 모델은 서로 다른 방법을 통해 아빠[17]를 애착 인물로 고려한다.

• 위계서열적 또는 전통적 모델: 엄마와의 관계가 일종의 전형적인 관계다. 아빠와의 관계는 이 전형에 따라 모방되는데, 부차적인 것으로 간주되며 아이의 미래에 영향을 덜 미치는 것으로 평가된다. 이는 볼비가 예견한 모델이며 일부 과학적 자료가 앞서 언급한 관찰 결과와 같이 이 모델을 강화하는 것으로 보인다. 이 관찰에 따르면 아기는 스트레스 상황의 위험에 처하게 되면 엄마에게 더 다가가고자 하는 신호를 보인다. 그렇다면 부모 역할이 서로 다르게 공유될 때, 예컨대 아빠가 아이를 돌보고 엄마가 밖에서 일하는 경우라면 어떨까? 다른 사람에 대한 관계의 우선권은 수정될 수 있는가? 아빠에 대한 안전 애착과 엄마에 대한 안전 애착이 같은 비율이라는 데이터처럼 다른 데이터들은 이 모델을 지원하지 않는다. 게다가 아이의 애착 행동을 관찰하기 위해 사용된 '낯선 상황'은 강력한 모성적 특성을 평가하도록 초점이 맞춰져 있다는 것을 상기하는 것이 중요하다.

- 통합 또는 68형 모델[1]: 평등모델로 아빠와 엄마의 역할 교대가 가능하다. 이는 반드시 두 부모가 혼동되는 것을 의미하는 것은 아니다. 이 상호 교대성은 보상을 산출한다는 생각이다. 아이가 바랄 수 있는 가장 좋은 것이 안전 애착 관계를 만드는 것이라면 이 관계 중 하나는 실패하는 일이 일어날 수 있다. 이 모델에 따르면 아빠와의 관계든 엄마와의 관계든 간에 서로 다른 관계가 교체될 수 있다. 확실히 아이가 자신에게 맞는 관계를 택한다고 할 수 있다.[18, 19] 몇몇 과학적 자료가 이 모델을 강화하고 있으며, 두 안전 애착으로 혜택을 얻는 아이는 하나의 안전 애착만을 사용하는 아이보다 더 능력 있고 더 자신 있으며 더 감정이입적이라고 할 수 있다. 하나만 있는 아이는 아무것도 없는 아이에 비해서는 이점이 있기는 하다.[20] 엄마와 아빠에게 안전 애착을 같은 비율로 보이는 것, 아기 영상을 보았을 때 남녀 간 생리적 반응에 차이가 없다는 것은 이 모델과 관련된 논쟁점이 된다.

- 독립적 또는 포스트모던 모델: 아빠와의 애착 관계와 엄마와의 애착 관계는 질적으로 다르며 그 관계는 아이의 미래에 특정한 영향을 미친다. 예를 들면, 엄마는 아이가 슬픔, 두려움, 걱정과 같은 감정을 표현할 때 아이에게 신체적 접촉을 제공하면서 안전과 위안의 경험을 제공한다. 반면에 아빠는 탐험을 하거나 위험을 감수하는 방식으로 안전의 경험을 제공한다.[21] 엄마는 어느 정도 피난처safe heaven와 같은 역할을 대표하고, 아빠는 아이로 하여금 세상을 탐험하도록 하는 안

---

1) 역자 주: 프랑스의 68운동은 1968년 5월에 일어난 혁명으로 기존의 가치와 질서에 대한 전환기적 변화를 야기한 운동이다. 학생운동으로부터 시작되어 노동운동으로 확산된 이 혁명은 평등, 인권, 성해방 등을 주장하여 사회 전반에 큰 영향을 미쳤다. 젊은 남녀 학생들은 권리 요구의 표현으로 긴 머리를 하고 자주색 바지를 입었는데 이는 유럽에서 여성의 바지 입기가 확산된 계기가 되었다.

전 기지_{secure base}와 같은 역할을 대표한다. 이 모델은 위에서 언급한 세 가지 연구, 즉 성에 따른 동일한 생리적 반응, 스트레스를 촉발하는 상황에서 엄마에게 우선적으로 접근하는 것, 아빠와 엄마에 대한 동등한 비율을 이루는 안전 애착과 양립할 수 있다. 그러나 미혼모 가족이나 한부모 가족, 별거 가족, 재혼 가족 등 가족 구조의 발달과 관련된 논의도 필요하다. 이 모델의 한계점을 지적하자면 아빠에 대한 애착 관계가 활성화 관계의 개념으로 대체된다는 것이다.[22] 그러면 안 되는가? 출발점으로 회귀하는 것이 위험한 것은 아니다. 말하자면 감정의 규제나 아빠와는 다른 유형의 관계에 기초한 엄마와의 관계라는 거의 '단일 친화적' 특수성으로 되돌아가는 것은 아니다. 그러면 보모, 교사, 조부모와 같은 다른 양육자에 대한 애착은 어떠한가?

저자의 견지에서 볼 때는 아빠에게까지 이론을 확대하는 것은 이제 겨우 첫 걸음을 내딛은 단계와 같다. 그러나 이와 같은 확대는 동시에 형제자매를 포함해 다른 양육 파트너와의 관계로 확대될 수 있어야 한다는 것을 깨닫게 한다. 그렇다면 모든 관계가 잠재적으로 애착 관계를 구성한다는 것을 의미하는가 하는 물음에 대한 저자의 답은 다음과 같다. 이론에서 애착에 대한 관심을 비우지 않는 한, 자기 자신의 감정을 조절하고 안전의 욕구에 우선적으로 지원을 제공할 수 있는 관계에 애착을 맡겨야만 할 것이다. 앞에 제시한 세 가지 모델로 설명하자면, 전통적 모델에서는 첫 번째 사람이든 두 번째 사람이든, 통합적 모델에서는 엄마든 '제2의 엄마'든, 독립적 모델에서는 진정시키는 사람이든 '활성화시키는 사람'이든 간에 중요하지 않다. 안전의 욕구는 특수한 애착 관계 자체이며, 이는 애착과 탐험 사이의 균형점이 어떻든 간에 중요한 것이다.

그렇다면 안전에 이르는 경험은 무엇으로 구성되어 있는가? 아이가 해당 대상과 감정의 공유를 경험했다고 가정할 수 있을 것이다. 아이는 이 대상이 자신에게 반응을 할 것이라는 믿음, 더 정확히 말하면 감정적 성격을 띤 요구를 이해하고 적절히 응답할 수 있다는 확신을 갖게 될 것이다. 다시 말하면 이 대상에게 두려움을 표현하면 거부를 유발하지 않고 오히려 위안이 되는 접촉을 유발하게 될 것이라는 것이다. 또한 슬픔은 회피를 유발하지 않고 분노는 처벌을 초래하지 않으며 걱정은 조롱거리가 되지 않을 것이라는 것이다. 환언하면 아이는 경험을 통해 관계 안에서 감정의 공유가 가능하다는 것을 이해하게 된다. 이와 같은 경험이 일어날 수 있도록 엄마뿐만 아니라 아빠, 교사, 나아가 형제자매들도 이러한 감정 공유의 능력과 상호주관적 능력을 보여 줄 수 있다. 그런데 그 능력은 확실히 개인에 따라 다르며 개인이 어렸을 때 겪은 경험의 과정을 통해 이미 형성되었을 수도 있다. 앞서 살펴본 바와 같이 설사 모성적 배타성을 지지하는 이들이 있다 하더라도 이 잠재적 능력을 전적으로 모성적 배타성이라고 할 이유는 없다. 물론 사회 정책과 정의라는 관점에서 볼 때 전혀 의미가 없는 것은 아니다. 지금부터는 이 주제에 대해 살펴보도록 하겠다.

전형적인 경우: '교차 거주'

부부가 별거할 경우 아이를 누가 맡을지에 대한 문제가 제기된다. 대부분의 국가에서는 법적으로 공동 친권과 교차 거주가 '기본적인' 해법으로 인정되고 있다. 그러나 각각의 사례가 특별하여 판사가 종종 무장해제된 느낌을 받게 되고 그렇게 되면 그의 양식에 따라 판결을 내리게 된다. 판사는 과학적 증거를 선호하고 때로는 심리학자를 불러 무엇이 최선의 해법인지를 물어볼 것이다. 그렇게 되면 논쟁은 교차 거주에 대한 찬반으로 양극화되고 심리학자들도 입장이 갈리게 된다. 애착 이론이 도움이 되는지도 의문시된다. 이제 살펴보겠지만 애착 이론은 서로 동시적 논쟁점으로 인용되기 때문에 여전히 결정적이지 못하다.

저자는 심리학자의 관점에서 아이를 누가 돌볼 것인지가 문제가 될 때 아이에 대한 관심이 중요하다고 생각한다. 종종 아이가 아닌 부모에게 초점이 맞춰지는 것이 문제다. 교차 거주의 가능한 해법은 부모의 유익보다 아이의 유익을 생각하는 것이다. 아이의 관점에서 두 부모에게 접근하게 하는 것은 유엔아동권리협약에 규정된 권리로 196개 국가(미국은 비준하지 않음)가 비준한 바 있다. 이 협약 제9조에는 '회원 국가는 양쪽 부모나 부모 중 한쪽에게서 분리된 아동이 아이의 특별한 이익에 저촉될 때 외에는 정기적으로 두 부모와 개인적 관계와 직접적 접촉을 유지할 권리를 존중한다.'고 규정하고 있다.

이 협약은 '아동의 우월적 이익'을 고려하도록 하고 있다. 이는 마법에 가까운 개념이다. 그러나 이 개념은 일반적이고 불명확한 개념이기도 하다. 협약이나 민법에서는 아이의 우월적 이익이 무엇인지를 상세하게 밝히고 있지 않다. 부모들이 이 사상을 특권화하기로 합의했다 할지라도 각자 개인적인 평가를 할 것이다. 그럼에도 아이를 보호해야 한다는 생각에 초점이 맞춰져 있다는 것은 문맥을 통해 알 수 있다. 즉, 아이의 행복과 신체적·정신적 건강에 유리한 환경에서 자랄 수 있는 아이의 권리를 보전해 주어야 한다는 것이다.

심리학자는 아동의 우월적 이익의 문제를 어떻게 생각하는가? 애착 개념을 참조하면 보호 개념은 실효에 초점을 맞추고 있고, 이로부터 안전감이 나온다는 것을 인정한 협약에 동의하게 된다. 심리학에서 교차 거주를 거론할 때 논쟁이 되는 것은 안전감을 증진시키기 위해 부모가 장차 무엇을 전문화해야 할지에 관한 문제다. 이 문제에 대한 답은 부모의 기능에 대한 개념으로 회귀된다고 할 수 있겠다. 이 개념은 다양하며 시대나 이데올로기, 이론적인 참조에 따라 달라진다.

정신분석의 도식에서 아빠의 기능은 무엇보다도 엄마로부터 제3자를 분리하는 것과 유사하며 정신건강의학에서 부모의 기능은 잠재적으로 역할 수행이 불가능한 엄마를 지원하는 것이다. 초창기의 애착 이론은 위계서열적으로 아빠보다 엄마를 우선시해 엄마에 대한 원초적 애착과 아빠에 대한 부차적 애착을 강조했다. 1960년대 페미니즘의 영향으로 역할의 교대 가능성 이론이 등장했고 아빠에 대한 애착 연구는 아빠도 엄마만큼 안전 기지로 작용할 수 있다는 것을 확인했다. 발달심리학자들의 주장대로 아이와 부모 사이에 교류 유형의 차이가 있을 수 있다 하더라도, 이미 거론한 바와 같이 유형에 차이가 있다는 개념은 위험하다. 왜냐하면 이 차이 개념이 특정 맥락에서 명백히 대체되지 않고 보편성을 주장하게 되면 퇴보적인 성역할 전문화를 방어하는 이데올로기로 회귀할 우려가 있기 때문이다.

애착 이론은 접근과 탐험 사이에 일종의 균형이 존재한다는 것을 가정하는 것으로 보인다. 균형점은 시간에 따라 의존에서 자율로, 접근에서 탐험으로 옮겨갈 수 있다. 이 모델을 보편적이라고 간주할 때 부모의 성에 따라 아이와의 교류 유형에 차이가 난다는 생각은 근접과 탐험 사이의 균형이 부모의 성과 관련돼 있다는 것을 의미할 것이다. 또한 다른 한편으로는 시간이나 성숙과도 관련이 있다는 것을 의미할 것이다.

아이-엄마-근접과 아이-아빠-탐험이라는 등식이 성립될 수 있을 것이다. 부부가 결별하는 경우, 아이를 맡는 문제에 대해 일반적으로 심리학자들이 옹호하는 일정이 나온다. 먼저, 의존적 기간 동안에는 엄마와의 관계가 중요하기 때문에 아주 어릴 때는 엄마가 맡는다. 이후에 아이가 자율성을 습득할 준비가 되었을 때는 아빠에게 개방한다. 저자는 성역할이 상호작용 유형을 비롯해 일시적 · 정치적 · 경제적 · 문화적 · 특정 이데올로기적 맥락에서 이루어진다고 생각한다. 예를 들어, 미혼모, 한부모가족, 계부모가족 등 부모됨parentalité의 발달과 성역할의 문화적 차이를 살펴볼 때 저자에게 이 모델의 가치는 해당 시대와 지리적 환경과 관련된 가치밖에 없어 보인다.

교차 거주에 대한 찬성과 반대 모두 애착 이론에 기초를 두고 있다. 반대의 경우에는 계속성이 안전의 요소이고, 교차 거주로 인해 엄마와의 안전한 관계를 깰 위험이 없어야 한다. 이 논쟁은 이론의 초기를 특징짓는 애착의 위계서열적 전망뿐만 아니라 동시에 더 현대화되고 특화된 교환 유형의 관점에 기반한다. 반대로 찬성의 경우에는 아빠와의 안전한 애착 관계를 끊지 않는 것이 중요한데, 그 논거는 아빠에 대한 애착과 엄마에 대한 애착이 서로 중요하다는 생각에 기초한다. 이론은 다양한 이데올로기적 해석을 제공하기 때문에 논쟁에 종지부를 찍을 수 없다.

교차 거주 문제에 대한 심리학자 또는 특별히 애착 전문가의 역할은 부모로 하여금 아이가 안전의 욕구를 표현하는 것을 이해하고 인식하며 아이를 대신해 '정신적으로 생각하는' 노력을 하도록 권장하는 것이다. 이것이 널리 알려진 바 있는 아동의 '우월적 이익'에 접근하는 좋은 방법으로 보인다.

아이의 거주에 대해서는 상대적으로 취한 결정에 기초해 사랑과 애착을 별개의 문제로 보는 것이 중요하다. 이는 아이의 안전감과 관련된다. 아이를 사랑하는 것과 아이에게 보호 감정을 느끼게 하는 것은 별개의 문제다. 상황에 따라 안전감을 주지 못한다고 해서 사랑이 없는 것은 아니다. 안전감에 대한 정의는 아이와 함께 지낸 시간이 아니라는 것을 아는 것이 중요하다. 다음 장에서 자세히 살펴보겠지만, 보육시설을 대상으로 한 연구를 통해 잘 알 수 있듯이, 주간에 어린이집을 드나드는 것은 부모와의 관계에 결코 안전을 가져오지 않는다. 애착은 모든 나이에서 형성될 수 있다. 왜냐하면 기존의 일부 이론의 주장과는 달리 '중요한 시기'가 따로 없기 때문이다. 입양에 대한 연구는 대체로 애착 이론이 필수적이라고 고수해 온 생각을 완화시켰다. 지난 세기 동안에 수많은 사상가가 우리에게 설명해 온 것보다 인류는 더 '유연'하다. 아이는 인생 후반기가 지난 후에도 안전 애착 관계를 형성할 수 있다. 여기서 저자는 유명한 미국 대통령의 문구를 빗대어 아빠들에게 다음과 같은 메시지를 보낸다. '아이가 당신을 위해 할 수 있는 것을 요구하지 말고 당신이 아이를 위해 할 수 있는 것을 자신에게 요구하라.'

가족 밖에서 보호받는 아이의 애착

애착에 대한 문헌은 애착이 보통 태어날 때부터 엄마와 아기 사이에 발달한다는 특권적인 관계를 대중화시켰다. 이 문헌을 이어받은 것은 미디어였다. 동시에 보다 평등한 가치를 받아들이게 되었고, 특히 여성의 전문직 접근과 사회 진출이 일반화됨에 따라(엄마가 아기와 보내는 시간이 줄어) 부모의 잘못은 아니나 심리적 긴장을 유발했다. 애착을 다룬 문헌에서는 '애착의 주요 인물'이 양육을 계속하는 것이 중요하다고 주장한다. 아기가 태어난 첫 달부터 어린이집이나 보모 또는 다른 형태의 보육시설에서 보호를 받게 될 때 아이의 발달에 어떤 결과를 기대할 수 있는가? 아이가 집밖에서 보호될 때 '아이는 누구에게 애착할 것인가?'를 두고 종종 표출되는 부모의 두려움도 가중되고 있다.

엄마가 아닌 다른 사람에게 아이를 보호하게 하는 문제는 인류 사회가 고대로부터의 직면해 온 문제 가운데 하나다.[23] 그러나 이 문제가 사회 정책의 주제가 되고 공개 토론의 주제가 된 것은 최근의 일이다. 중상위 계층의 가정이 어린 아기를 위한 수용시설이 공공 서비스의 등급으로 등장한 사회 구조에서 수요자가 되었다는 사실이 이제는 낯선 사실이 아니다. 이전에는 이와 같은 시설이 자선에 기초해 노동자 계층의 아이들에게 배정되었다. 이때로부터 과거와 달리 가족 밖에서 수용되는 아동의 성장과 발달에 미칠 수 있는 부정적인 결과에 관심을 갖게 되었다.

논쟁이 되고 있는 내용을 다음과 같이 요약할 수 있겠다.[24] 애착 이론으로 보면 관계의 지속이 중요하며 가족 밖에서 아이를 수용하는 것은 원초적 애착 인물에 대한 접근이 계속되는 것을 필연적으로 방해한다는 점에서 문제가 될 것이다. 사회생물학자의 입장에서 보면 수용 인물, 즉 보모나 교사가 부모보다 책임이 덜 결부될 것이다. 즉, 보살핌의 질은 양육자와 피양육자 사이의 혈족관계의 정도와 함수관계에 있다고 가정된다. 역으로 인지발달 전문가의 관점에서 보면, 인생에서 가족 밖의 장소가 대표하는 자극의 가치와 그것이 교육 수준에 미칠 잠재적 기여가 강조될 것이다.

아기가 제3자에게 특권화된 애착 관계를 보일 것인지에 대한 걱정에 대해 설명해 보도록 하겠다. 많은 연구가 이 주제에 대한 답을 찾기 위해 수행되었다. 엄마에 대한 애착의 질은 무엇보다도 엄마가 아이의 욕구에 대해 접근 가능하고 준비가 되어 있는가 하는 것에 달려 있다는 논제에 기초하였다. 이 분야의 저작물은 주로

1970~1990년대에 엄마에 대한 애착 관계의 질과 관련해 아주 어린 아기를 부모가 아닌 다른 수용 시설에서 지내게 하는 것이 미치는 결과에 치우쳐 있는 것이 분명했다.

미국에서 실시된 초기 연구 가운데 일부는 아이가 생애 첫 해 동안에 어린이집에 자주 가는 것이 엄마에 의해 구축되는 안전한 관계에 해로울 수 있음을 확인하는 양상을 보였다. 반면에 다른 연구들은 그러한 효과가 없다는 낙관적인 결론을 내렸는데, '낯선 상황'의 도움을 받아 애착의 질을 평가하였다. 이 연구들은 부정적인 효과가 있을 수 있음을 언급하면서 그 효과가 제한적이고 일반적으로 특별한 상황에 한정된다는 것을 인정했다. 요약하면 아직은 어떠한 결론도 최종적으로 나오지 않은 상황이다.

미국건강연구소는 이처럼 결론을 내리지 못하고 있던 논란에 종지부를 찍고 결정적이고 설득력 있는 해답을 제공하기 위해 1990년대에 1,000개 가정에 대한 연구를 지원했다.[25] 흔히 고려되는 지표로 보육 유형, 시설 입소 연령, 출석률이 엄마에 대한 애착의 질에 아무런 영향을 미치지 않는다는 결과가 보고됐다. 그러나 보육시설의 질, 예컨대 직원 교육과 안전, 여성 보모의 수와 아동 수 간의 관계, 아동과의 접촉의 질 등이 중요하지 않은 것은 아니었다. 질이 낮은 보육시설은 결핍되기 쉬운 부모의 보살핌에 잠재적으로 부정적인 효과를 가속시킬 수 있다.

어떤 연구는 보다 명확한 결론을 가지고 보호가 아이의 사회적이고 인지적인 능력과 같은 다른 차원에 미치는 의미의 문제에 접근했다. 보육시설의 질이라는 요인이 사회성 발달과 관련해 우월한 역할을 하는 것처럼 보인다. 그리고 이 연구들 중 다수가 양질의 보육시설이 아동의 사회화에 긍정적인 영향을 미칠 수 있다고 강조한다. 이처럼 가족 밖에서 보호받는 아이들은 자신이 상대하는 이들에게 더 공격적이고 부모에게 온순하지 않다는 널리 알려진 생각은 질적인 문제를 고려할 때 확인되지 않았다. 인지발달과 관련된 결론은 여전히 이러한 질적인 문제를 전면에 내세운다. 연구가 수행된 국가에 따라 연구 결과가 다르게 나타나는데, 높은 기준의 아동 정책을 수립한 국가에서 나온 연구들은 긍정적인 데이터를 보여 주고 있다. 즉, 가족 밖에서의 수용은 아이의 능력과 아이의 학업성취를 자극하는 결과를 보인다. 또한 어린이집에 너무 일찍 들어가는 것도 긍정적 효과, 예를 들어 언어 습득과 같은 효과가 있었는데, 요컨대 중산층의 평범한 사회경제적 환경 출신의 아이들이 양질의 보육 서비스를 받을 때 그와 같은 효과가 발휘되는 것을 확인할 수 있었다. 여기에 보상효과가 있을 수 있을 것이다. 많은 연구가 보육시설의 질이 발달의 여러 측면에 상대적으로 중요하다는 것을 강조하는 것으로 수렴되는 듯하다. 아이의 가정환경이 적절한 조건을 제공하지 못하는 만큼 더더욱 그렇다.

잘 알다시피 이 문제에 대한 초기 연구가 등장한 이래로 관행과 이론이 꾸준히 발전해 왔다는 사실을 고려하지 않더라도 많은 요인이 관련돼 있다. 더 높은 질을 향한 진보는 확실히 역사적 맥락에서 대체되어야 한다는 결론에 영향을 미친다. 동시에 중간 수준의 보육시설의 질은 세계적으로 대부분의 국가에서 개선되어 아이를 다른 사람의 보호에 맡기는 부모가 표출하는 죄의식은 약화되었다.

전반적인 연구의 결론은 부모가 아닌 사람의 보호라 하더라도 질적 수준이 만족스러운 한, 그 자체가 발달에 해로운 영향을 미치지는 않는다는 것이다. 보모 등 부모가 아닌 사람의 보호, 보호 유형, 어린 시절의 분리와 같은 문제는 삶의 터전의 질적 문제에 좌우된다. 이 전제는 가족 밖에서 어린아이를 돌보는 것이 해롭다고 보는 고질적인 믿음에 과학적인 논쟁을 대비시키는 가치가 있다. 이렇듯 가족 밖의 수용이 아이의 발달에 '영향을 미치는가?'에 관한 답은 다양한 변수에 달려 있는 듯하다. 수용의 구조, 즉 수용의 유형과 질 또는 지역사회 정책이 무엇인가에 달려 있고, 발달, 즉 측정 변수는 무엇인가, 사회적·문화적·경제적으로 어떤 아이가 문제가 되는가에 달려 있으며, '영향을 미친다'는 것, 즉 측정된 차이는 어느 정도인가, 변수 간의 가능한 상호작용은 무엇인가에 달려 있다.[26]

어린이집은 아이들에게 스트레스가 되는가

최근 가족 밖에서, 특히 어린이집에서 보호받고 있는 아이들의 스트레스 문제에 많은 관심이 모이고 있다. 대부분의 연구는 코르티솔 분비를 측정하는 방법을 사용했다. 코르티솔은 '스트레스의 축'이라고 부르는 활동을 표시하는 호르몬이다. 경고, 위협, 적대, 긴장, 새로운 것에 노출되었을 때 몇 분 내에 침과 같은 신체의 분비물을 통해 이 호르몬의 증가가 감지될 수 있어 실용적인 지표로 사용되고 있다. 아이의 타액을 채취해 코르티솔을 배합하는 것은 상대적으로 수월하기 때문에 많은 연구가 이 방법을 써서 아이의 보호 방식이 미치는 효과를 연구하고 있다.

우리 몸에서 분비되는 코르티솔의 집중도는 시간에 따라 다르다는 것을 살펴보자. 코르티솔의 분비 수준은 아침에 잠에서 깰 때 가장 높고 이후로 내려가기 시작해 해가 질 무렵에 가장 낮은 수준에 이른다. 코르티솔은 혈액의 포도당 증가를 자극하는 역할을 한다는 것을 이해할 필요가 있다. 즉, 인체의 저장고로부터 에너지를 방출하도록 하는 기능을 수행하는 것이다. 따라서 코르티솔은 '스트레스 호르몬'처럼 '부정적인' 호르몬이 아니다. 정반대로 조직의 운용에 필수불가결한 호르몬이다.

연구자들이 관심을 갖는 것은 낮에 비정상적으로 증가한 코르티솔 비율의 흔적이 특수성을 보인다는 것이다. 이는 스트레스 조절과 관련된 규제 완화의 지표가 될 수 있기 때문이다. 아이가 아침과 오후 사이에 어린이집에 있을 때와 집에 있을 때 코르티솔의 곡선을 추적·평가해 보았다.[27] 그 결과, 전반적으로 아침과 오후 사이에 아이가 집에 있을 때 코르티솔 비율이 감소하는 것이 관찰되었다. 반대로 어린이집에 있을 때는 상황이 역전돼 낮 동안에 코르티솔이 증가했다. 가정과 어린이집 사이에 발생하는 이러한 차이에 영향을 주는 요인을 찾기 위한 연구가 수행되었다. 노르웨이의 한 연구가 하루 중 어린이집에서 보내는 시간의 양이 이 현상에 크게 영향을 미친다는 것을 밝힌 바 있다. 즉, 낮 동안의 코르티솔의 증가는 어린이집에서 적어도 하루에 8시간을 보내는 아이들에게서만 발견된다는 것이다. 어린이집에서 지내는 시간이 8시간 이하인 아이들에게는 그와 같은 결과가 발견되지 않았다.[28] 호주의 다른 연구는 어린이집의 질이 결정적이라는 것을 보여 주었다. 호주의 보육시스템에서는 어린이집에 대한 평가로 35개 항목, 특히 직원, 아이, 보모 사이의 측면을 포함한 관계의 질을 평가한다.[29] 연구 결과, 만족스럽지 못한 시설로 평가된 곳의 아이들에게서만 낮동안에 코르티솔의 증가가 나타났다. 질적으로 만족스럽거나 양질의 시설을 드나드는 아이들의 경우는 그렇지 않아 코르티솔의 정상적 하강이 관찰됐다. 또 다른 연구에서도 유사한 방법을 사용해 아이들 집단의 규모가 크고 어린이집의 공간이 협소할 때 코르티솔이 더 증가한다는 것을 밝혀냈다.[30] 또한 아이의 나이도 중요한 변수였다.[31] 즉, 어린이집에서 코르티솔의 증가 효과는 18개월까지 최소였고 이후로는 점차 증가했다. 물론 모든 아이가 다 똑같은 것은 아니며, 기질이 영향[32]을 미치는 것이 발견되었다. 특히 충동적인 성격과 자아 통제력이 결핍된 기질의 경우 부정적인 여파가 두드러지게 나타났다.

아이들 간의 차이와 관련해 애착의 질은 어떤 양상을 보이는가? 먼저 엄마에 대해 불안전 애착을 형성한 아이들은 다른 아이들보다 코르티솔 분비 수준이 높게 나타나는 경향을 보였다.[33] 그렇지만 어린이집에서 안전 애착을 보인 아이들과 불안전 애착을 보인 아이들 사이에 코르티솔의 차이는 전환기나 적응기에, 예를 들면 부모가 있을 때 나타나는 것처럼 보였다.[34] 달리 말하면 코르티솔의 분비는 전환기부터 증가하지만 불안전 애착을 가진 아이들에게서만 증가했다. 안전 애착을 보이는 아이들에게서는 어린이집에서 부모가 있을 때 사실상 코르티솔의 증가가 관찰되지 않았다. 부모가 그곳에 없을 때에만 코르티솔의 분비가 증가하여 불안전 애착 아이들의 분비 수준에 다다랐다. 이후로 두 집단 아이들의 코르티 솔 분비 수준은 시간이 지남에 따라 점차로 다시 감소했다.

연구 결과를 요약하면, 어린이집의 경험이 코르티솔의 증가로 이어지고 결국은 스트레스 축의 활성화로 이어지는 것으로 수렴되는 것처럼 보인다. 여기서부터 대부분의 연구자들은 어린이집이 스트레스를 유발한다는 결론을 도출하고 있지만 몇몇 완화 요인도 추가적으로 설명하고 있다. 즉, 어린이집의 질적 수준이나 나이 등 아이의 개별적 요인에 달려 있다는 것이다. 이와 같은 증가의 원인은 새로움이나 집단 갈등을 자극하는 아이들 다수 간의 대립, 오랜 시간 지속되는 부모와의 격리 때문일 수 있다.[35]

이 많은 자료를 토대로 어린이집에서 코르티솔의 증가는 그 자체가 해로운 것이라는 결론을 내려야 할까? 코르티솔의 증가가 좋은지 아니면 나쁜지에 대해 실제로 얼마나 알고 있는가? 앞에서 살펴본 바와 같이 코르티솔은 신체에 적응 기능을 담당하기도 한다. 이 호르몬의 증가는 생명이 있고 자극이 있으며 아마도 스트레스도 있을 수 있다는 것을 의미할 수 있는데, 스트레스는 그 자체로 우리에게 해로운 것이라고 할 수 있는가? 사실 연구자들의 결론은 흔히 설치류를 대상으로 한 연구[36] 그리고 퇴역 전쟁 군인들을 대상으로 수행한 보고에 바탕을 두고 있는 것으로, 뇌가 코르티솔의 비정상적인 수준으로 장시간 노출되는 것은, 예컨대 해마와 같은 신경 체계의 구조 일부에 변환을 유발할 수 있다고 한다. 이는 인간 아기에게서 장기간 계속되거나 반복되는 트라우마를 일으키는 분리를 경험한 경우나 박해, 학대, 방임을 경험한 경우인 것으로 보인다.

이러한 상황에서 높은 코르티솔 수치에 뇌가 만성적으로 노출되면 결국 코르티솔 곡선이 납작해져 수평화[37]에 이르게 되고 스트레스를 유발하는 상황에서 분비가 재활성화[38]되지 못하게 된다. 마치 스트레스에 대한 반응 체계가 고갈된 것처럼 보이게 되는 것이다.

호르몬 체계는 매우 복잡하다. 어린이집 환경에서 일부 아이들의 경우에 몇몇 조건에서 스트레스를 경험하게 된다는 것을 부정하지 않으면서 이 자료들로부터 섣부른 결론을 피해야 하지만, 동시에 인간적이고 물리적인 차원에서 보육시설의 질이 중요하다는 점이 강조되어야 할 것이다. 특히 아이와 가족 간의 교류의 질이 강조돼야 한다. 여기서 다음과 같은 질문이 제기된다. 아이들을 맡고 있는 전문가들에 대한 애착도 논할 수 있는가?

질문 9. 전문가에 대한 애착은 바람직한가, 해로운가

애착 이론은 어린아이에게 주위와의 교류에 안전감이 중요하다는 것을 보여 준다. 초기 애착 이론은 모자관계의 중요성을 증명했다. 이어 아빠에 대한 애착뿐만 아니라 아이를 돌보는 모든 사람에 대한 애착이 중요하다는 인식을 심어 주었다. 그러나 엄마 외의 다른 인물에 대한 애착은 부차적이고 불필요하며 바람직하지 않다는 생각을 고수하는 자율 심리학이 여전히 잔존하며 임상, 연구, 정책 분야의 일부 관계자들에 의해 공유되고 있다. 무엇보다 어린아이를 돌보는 직업이 문제다. 가족 밖 보육시설의 보육 전문가에 대한 애착은 어떠한가?

어린아이를 돌보는 전문가를 양성할 때 아이와 너무 가까운 관계를 삼가도록 한 시절이 있었다. 교사는 엄마가 아니며 아이가 애착하면 이후 결별로 인해 피할 수 없는 경험을 하게 된다는 생각에서 애착을 위험한 것으로 인식한 것이다. 아이 주위에 있는 어른의 숫자가 많은 만큼 헤어지는 경험을 할 가능성이 높다. 이 개념은 어린아이를 돌보는 교사, 가족 같은 어린이집 보모, 가사도우미 교육에 지배적이었다. 엄마에 대한 애착이 배타적이며 가족 밖에서 아이를 돌보는 것은 엄마와의 애착을 위태롭게 할 수 있다는 두려움이 있었다. 애착 이론은 엄마와 아이 관계의 우선을 오래 고집해 왔고 애착 관계의 기능은 안전감을 증진시킨다고 보았다. 아울러 스트레스를 경험하는 것이 애착 행동을 활성화한다고 설명한다. 결과적으로 아이가 스트레스를 겪을 때 안전을 찾을 수 있게 하는 것이 긍정적인 발달에 중요하다. 앞서 살펴본 것처럼 어린이집 경험은 바로 '스트레스의 축'을 활성화시키고 이 상황에서 아이는 확실히 안전 기지를 적극적으로 찾는다. 이런 상황에서도 '전문가 입장에서' 무관심한 태도로 있을 수 있는가? 스트레스를 받는 아이에게 부모가 돌아오기만을 기다리면 된다고 하겠는가? 어린아이를 다루고 있는 분야의 다수의 관계자가 현재 공유하고 있는 대답은 확실히 그렇지 않다는 것이다.

관측되는 현실은 어떠한가? 아이가 부모에 대한 애착에 견줄 수 있는 애착 관계를 양육자에게 형성하기를 기다릴 수 있는가? 아이들은 확실히 다양한 파트너 사이에 차별을 두는 것으로 보인다. 아빠와의 관계에 대해서는 이미 논의한 바 있다. 그렇다면, 전문가와의 관계는 어떻게 평가할 수 있는가? 엄마와의 관계를 평가하기 위해 사용한 '낯선 상황'과 같은 도구를 동일하게 사용할 수 있는가? 전문 양육자에 대한 애착의 문제를 다룬 많은 연구가 이러한 상황에서 대안적이지만 엄마와의 관계를 평가하기 위해 설정된 도구를 사용하는 것을 역시 선호하고 있다. 애착의 Q-분류[39]로, 앞에서 설명한 것이다. 어른과 상호작용하는 아이를 몇 시간 동안 관찰한 후에 작성하게 한다. '낯선 상황'과 Q-분류 간에 모든 것을 정확히 비교할 수는 없지만, 엄마와 아이 간의 애착의 질과 보모와 아이 간의 애착의 질을 비교한 연구들은 엄마에게서 60%의 안전 애착을, 보모에게서 50%의 안전 애착을 발견했다.[40]

이 비율이 너무 많은가 아니면 너무 적은가? 이 비율은 최종적으로는 모자관계의 비율과 차이가 나지 않는다. 특히, 전문가는 모자관계와 똑같은 기준에 의거한 안전 기지를 완전히 형성할 수 있다는 것이 확인됐다. 50%라는 비교적 양호한 비율은 그만큼 전문가와의 평가가 어려운 일이라는 사실로 설명될 수 있다. 보육시설에서 어떤 어른을 관찰할지 결정하는 것은 미묘한 문제다. 모든 시설이 각각의 아이에 대해 준거인물 정책을 시행하고 있지 않기 때문이다. 준거인물을 지명하는 정책에 따라 지명된 인물이 있다 하더라도 아이가 가장 안전하게 느끼는 사람이 아닐 수 있다. 게다가 이 자료들을 보다 더 객관화하기 위해 아이가 어린이집에 등원한 후에 오랫동안 관찰을 실시했을 때 안전을 더 잘 관찰할 수 있다.

아이가 머무는 수용 시설에서 준거인물이 중요하다는 것은 많은 시설이 공유하는 문제다. 특히, 제2차 세계대전이 끝나자 부다페스트에 유명한 록지Lóczy 탁아소를 세운 헝가리의 소아과 의사 에미 피클러Emmi Pikler의 교훈에 영감을 받아 설립된 시설의 경우 더더욱 그렇다. 그의 가르침은 '모성' 박탈의 상황에서 개인의 자율을 존중하고 아낌없이 돌보는 세심한 보살핌이 스피츠Spitz가 '시설에 수용된' 아기들에게서 묘사한 모성결핍의 재앙효과를 피할 수 있게 한다는 것을 실례를 들어 보여 주었다.

프랑스의 미리암 데이비드Myriam David와 즈느비에브 아펠Geneviève Appell[41]이 개발한 보육 전문가 교육으로 이어진 가르침에 따르면 모성관계를 재생산하려 하지만 오히려 다른 성격의 경험을 제공하려 할 때 어린아이들을 보호하는 전문적 인물이 문제가 되는 것은 아니라고 한다. 행동이나 감정과 관련해 아이의 개성을 존중하는 것이 핵심 요소다. 즉, 어른이 감정적이고 안전하지만 의식적으로 통제되는 진정한 관계를 가지게 되면 스스로 기대와 감정으로 짓눌리는 것을 피할 수 있다.

전문 보육사가 아이와 엄마 간의 관계를 재생산하는 것이 문제되지 않는다면 그에게서 기대할 수 있는 보살핌의 질은 무엇인가? 그것은 엄마에게서 기대할 수 있는 것과 어떤 차이가 나는가? 오늘날의 발달 이론, 특히 애착 이론에서 본질적이라고 묘사되는 부모됨의 성격을 다시 살펴보자. 앞서 살펴본 바와 같이 그것은 아이의 신호와 요구에 대한 부모의 접근성, 가용성, 민감성, 반응력, 예견 가능한 사실, 암묵적 교류의 지속, 공통적 관심과 상호작용, 감정 공유와 합치를 이루는 능력이다. 아기의 요구에 대한 부모의 민감성은 부모를 향한 요구를 이해하고 예견하며 기대할 수 있게 해 준다.

이 관점에서 록지와 에미 피클러의 교훈이 지니는 성격을 어떻게 규정할 것인가? 미리암 데이비드와 즈느비에브 아펠의 표현을 빌리면, 교육 전문직업성professionalism, 즉 이와 같은 일종의 '색다른 모성적 보살핌'은 똑같은 특성에 대응해야 하는가? 이에 대한 저자의 관점은 다음과 같다.[42]

아이가 시설에 수용되어 있는 경우 교사의 접근성과 가용성은 매우 제한적이라고 하겠다. 뿐만 아니라 아이가 경험하는 보육의 질이 전문가에게서 기대되는 특성은 아니라고 말할 수도 있다. 반대로 전문 보육교사의 민감성, 대응력, 예견력, 교류력 등과 같은 특성은 부모나 전문 보육교사에게서 비슷하게 기대될 수 있다. 상황이 다른 곳에서 아이의 요구를 예견하고 기대하는 것이 문제가 될 때가 있다. 록지의 여교사들은 아이의 활동과 감정에 대해 어떠한 형태의 간섭도 조심해서 피하고자 했다. 저자가 보기에 이 간섭의 회피는 '색다른 모성적 보살핌'과 '전통적·모성적 보살핌' 사이에 큰 차이를 보이는 것이다.

아이의 발달에 주의를 기울이는 부모는 능력 이상으로 아이를 자극할 수 있다. 반대로 록지의 여교사들은 아이가 탐험에 나서도록 동행하지만 주도권을 행사하지는 않는다. 여기서 록지가 중시한 것은 바로 아이의 감정과 행동의 자율성에 대한 존중이었다. 여기에 저자가 이름 붙인 감정과 행동의 '중재'가 첨가될 수 있겠다. 즉, 돌보는 이의 태도는 가능한 한 사려 깊고 의식적이어야 한다. '중재'

방법 가운데 하나는 활동을 말로 부연하는 것이다. 예를 들어, 교사가 잠시 준비가 안 되었을 때는, 말로 표현하는 것이다. 사실 아이들에게는 이것이 경험의 원천이 된다. 배고파 우는 아이에게 곧 차례가 올 것이라고 말하면서 기다리게 하는 것이다.

관찰 또는 관찰 보고서는 '색다른 모성적 보살핌'의 기본 요소가 된다. 일반적으로 부모가 아이를 대하는 태도가 반드시 의식적인 것은 아니다. 그것은 직관적이며 조용하다. 관찰이나 말로 하는 것이 상호작용의 질에 위협이 될 수 있다고 가정할 수도 있다. 엄마는 아이에게 좋은 것이 무엇인지를 잘 '알고' 있다는 사실이 종종 칭송받곤 한다. 루소 이래로 자연은 미덕이며 사람들의 지식은 이처럼 자발적이고 무의식적인 측면을 자의적으로 강화한다. 전문가들의 경우에는 상황이 다르거나 달라야만 한다. 자신의 감정이나 욕망에 대해 일정한 거리를 두면서도 자신의 전문적 동기부여는 무시하지 않도록 기대된다. 이 거리두기는 관계에 함몰된 채 이 세상에 자기 아이밖에 없다고 착각하기 쉬운 부모와는 달리 아이를 각자의 특성에 따라 더 잘 받아들이도록 할 수 있다.

피클러-록지 모델은 아이를 전문적으로 돌보는 것을 모성의 질로 계산해서는 안 된다는 결론을 도출한다. 접근성, 가용성의 명백한 한계, 아이의 감정이나 활동에서 간섭을 의미할 수 있는 자발적 주도권의 세심한 회피, 감정의 '중재'를 통한 '색다른 모성적 보살핌'은 거리감이 느껴지고 냉정하게 느껴질 수도 있다. 이 원칙을 엄격하게 적용하는 것이 아이들에게 충격을 줄 수 있다는 것도 사실이다. 록지에 영감을 받은 보육시설이 여러 국가에서 발전했는데,

몇몇 보육시설을 방문하면서 이 원칙을 엄격하게 적용해서는 안 되고 적응적일 필요가 있다는 생각을 하게 되었다. 반면에 이 모델이 가져온 큰 공헌으로 생각되는 것은 직업적 차원에서 가치를 높였다는 것이다. 즉, 전문가들에게서 기대하는 것은 뭔가 특별한 것이며 모성적 행동을 따라한 것이 아니라는 것이다.

그러나 이 '색다른 모성적 보살핌'을 아이의 교사에 대한 애착이라고 할 수 있는가? 이 질문에 답하려면 애착 이론에 따라 이 관계가 정서적 안전을 경험할 수 있는 기회가 되는지 아닌지, 해당 성인이 아이에 의해 안전의 원천, 즉 감정 조절의 모델로 사용될 수 있는지를 알아야 한다. 답변은 확실히 긍정적으로, 전문 보육교사는 완전히 아이에게 안전 기지, 즉 외부 세계와 다른 이들에 대한 개방을 준비시키는 안전을 대표할 수 있다. 아이가 전문 보육교사와의 관계에서 안전을 경험하는 것은 자기편에서 원초적 모성의 특별한 집착 상태를 필요로 하지 않고도 만들어진다. 여기서 '색다른 모성적 보살핌'은 어른과 아이 간에 새로운 형태의 관계를 만들도록 기여한다.

애착은 사랑이 아니고 안전과 보호감이라는 것을 다시 한번 상기시켜야 할 필요가 있겠다. 엄마나 아빠에 대한 애착이 당연히 중요하지만 '모든 것은 세 살 이전에는 작동하지 않는다.'고 해도 과언이 아니다.[43] 요컨대, 삶에는 다양한 다른 만남이 있고 모든 연령대에서 모든 사람과의 안전 애착이 형성될 수 있는 것이다. 그렇다면 아이에게 이러한 안전 기지를 확보해 주기 위해 어떤 권고를 할 수 있는가? 록지와 최근 이론이 알려 주는 바에 따르면 비록 어른이 아이의 감정에 답할 준비가 채 되어 있지 않을 때라 하더라도 어른이 아이의 감정을 인식하는 것이 중요하고 감정적 성격을 띤 아이의 요구에 말로라도 약속해 줘야 한다고 역설하고 있다. 여기서 말은 강력한 역할을 하게 된다. 어른이 아이에게 말로 약속해 주는 것은 아이의 감정이 엄연히 존재한다는 것을 인정하는 것이다. 즉, '나는 네가 배가 고픈 것을 알고 있고, 내가 없어서 네가 화가 난 것도 알고 있다.'는 식으로 아이의 감정을 인정하는 것이다. 감정을 인정하는 것은 아이에게 감정이 '공유될 수 있다'는 정보를 준다. 안전은 감정이 존재하고 소통 가능한 것이라는 확실성에 기반을 둔다. 자신과 타인의 감정을 이해하는 것이 중요한 것이다.

아이로 하여금 교육을 통해 자기 자신의 감정에 대해 생각해 보도록 하고 그 감정을 '마음으로 대변'해 보도록 유도해 볼 수 있을 것이다. 즉, 두 사람 사이에 오가는 대화를 통해서나 다수의 무리에게 들려 주는 이야기나 역사, 콩트 등을 통해서 감정의 공유를 이끌어 내고 반응에서 차이가 나는 것을 아이에게 짚어 주면서 알려 주는 것이 도움이 될 것이다. 이야기는 자신과 다른 사람의 내면세계에 접근하는 일관된 과정을 거치는 동안 감정을 정비하는 작용을 하게 된다. 이렇게 되면 내면세계에 대한 접근이 곧 독단적인 사고로 흐르지 않도록 하는 든든한 보루로 작용할 수 있게 된다. 이 단계에서 가능한 애착의 영역을 보다 확장적으로 늘려가도록 노력해 보자. 다음으로는 형제자매에 대한 애착 양상은 어떠한가 하는 문제에 대해 생각해 보도록 하겠다.

질문 10. 형제자매에 대한 애착은 어떠한가

애착은 동물행동에 대한 관찰을 참고로 설명되었다. 동물생태학
에서 나온 이 영감의 원천은 아이를 부모와 연계시키고 부모를 아
이와 연계시키는 세대 간의 비대칭적 과정처럼 설명하고 있는 것
이다. 물론 아이는 부모 중 한 사람인 엄마와만 살거나 양 부모, 즉
엄마와 아빠 두 사람과만 사는 것이 아니다. 현대 사회에서 어린아
이를 돌보는 전문가라 할 수 있는 대가족 또는 가까운 친인척, 형제
자매 등 다른 이들과의 관계도 맞닥뜨리게 된다.

형제자매 관계의 중요성은 그 동안 연구자들에 의해 도외시되어
왔다. 일반적으로 형제자매는 애착 이론에서뿐만 아니라 발달심리
학에서도 종종 잊히고 있는 셈이다. 그러나 태어나는 순간으로부
터 인간의 인격 형성을 자극하는 것은 아이의 전체 생활환경과의
상호작용이다. 뿐만 아니라 형제자매 관계는 부모에 대한 애착보
다 오래 지속될 확률이 높다.

중요한 것은 이론이다. 볼비의 제자들은 일반적으로 이론이 엄
마 모델을 더 이상 유일한 보살핌의 제공자로 간주하는 데에 머물
러 있을 수 없다는 것을 인정했음에도 불구하고, 아빠에 이어 다른
양육자들을 등장시켰음에도 불구하고 여전히 안전에 관한 동기부
여 체계에 기초한 관계, 즉 어린아이의 안전 추구, 어른에 의한 보
호동기에 머물러 있다. 그렇다면 더 수평적이고 호혜적인 관계, 즉
같은 세대와의 관계에 작용하는 동기부여는 어떠할 것인가? 애착

을 앞서 살펴본 것과 같이 수직적이고 비대칭적인 관계의 의미로 만 이야기해야 하는가?

올리비아 트루펠-크레멜Olivia Troupel-Cremel은 이 주제에 관한 자신 의 박사논문[44]에서 형제자매에 대한 학술적 업적이 많이 축적돼 있 지만 형제자매간의 우애관계에 대한 연구는 거의 없다고 말하고 있다. 많은 연구가 사회화, 관찰과 모방이라는 인지학습, 그리고 공유, 협력, 연대, 공모, 동일시, 상호성이라는 사회적 견습 또는 적 대성, 권력, 복종, 불평등, 질투에 대한 것이다. 형제자매 간의 우애 는 사실상 갈등과 해결이라는 사회적 실험 상황을 구성하며, 우애 관계는 동화와 개인화 간의 동요나 양면성을 지닐 수 있다.

모방은 아동 간 교류의 지배적인 양식으로 보인다. 왜냐하면 모 방이 의사소통의 도구 역할을 하기 때문이다.[45] 그것은 사회적 지 식이자 상호작용을 통해 다른 사회적 지식을 획득하는 수단이다. 형제자매 집단에서 이와 같은 모방, 특히 연장자에 대한 모방은 귀 속 욕구에 기반한다.[46] 나중에 다시 살펴보겠지만 이것이 모방 욕 구를 불러일으키지 않는 것은 아니다. 그러나 이 욕구는 개인주의 적 사회가치 위에 세워진 교육환경 속에서 타인과 구분되는 자신 의 정체성을 구축하려는 다른 욕구와 갈등 관계에 놓일 수 있고 이 것이 자율의 욕구로 이어진다.

몇몇 연구자는 또래 간의 상호작용 체계가 성인과 아동 간의 상 호작용 체계에 비해 상대적으로 독립적인 것이 될 수 있고, 형제자 매 간 우애의 또래 관계적 특성이 어른과의 관계에 실패가 있을 때 보상이나 회복의 측면을 포함할 수 있다는 가설을 세운다. 사실 형제자매 간의 관계는 손위의 형제자매가 부모를 대신하거나 손아래 형제자매에 대해 부모 같은 태도를 취할 때 반드시 대칭적이지만은 않다. 아주 어릴 때부터 연하의 동생들은 도움을 청하고 손위 형제자매를 관찰하고 모방하는 경향이 있다. 트루펠-크레멜의 연구에 따르면 일상생활의 스트레스가 없는 상황에서 손위의 형제자매가 동생들에게 효과적인 애착 인물을 대표하고 탐험의 상황에서 나이 어린 동생을 안전하게 보호하는 특별한 능력이 있음을 보여준다. 부모에 대한 애착에서 파생된 일종의 '교대 애착 인물'이 되는 것이다. 형제자매 애착을 활성화하는 동기부여 체계는 아이와 부모 간의 애착 뒤에 있는 동기부여 체계와 같다는 것, 즉 또래와의 안전 추구나 보호의 동기는 스트레스 상황에서든 트루펠-크레멜의 연구에서처럼 탐험의 상황에서든 비슷하다고 이해해야 하는가 하는 질문에 대한 답은 열려 있다.

　수직적 비대칭의 가능성을 배제하지 않으면서 연령적 서열에 기초한 체계를 구성하지 않는 쌍둥이들 간의 애착 관계는 어떠할까? 쌍둥이와 애착의 문제[47]는 쌍둥이를 양육하는 엄마가 신체적·정신적 피로라는 가장 큰 위험을 겪게 된다는 사실로 인해 더 복잡해진다. 양육과 가사를 병행하면서 개인적인 방법으로 한 아이에게 하는 것처럼 배려와 상호작용의 순간을 아낌없이 주기에는 시간이 부족하다. 쌍생아의 거의 절반이 일반 아동보다 더 많은 동반 질환이나 입원 위험을 아주 일찍부터 가지고 있다는 것을 고려하지 않더라도 그렇다. 이 모든 것이 조숙한 상호작용과 애착 과정에 작용할 수 있다. 다른 한편으로는 안전을 제공할 수 있는 다른 사람이 있음으로써 쌍둥이도 다른 아이들과 같은 방식으로 엄마와의 분리 불안을 느끼지 않을 수 있다. 엄마와 분리될 때 혼자 있는 것보다 쌍둥이 형제자매와 같이 있으면 스트레스 감지를 덜 보인다는 것을 관찰한 연구도 있다.[48] 이렇듯 쌍둥이 형제자매는 명백히 안전의 원천을 대표하며 이것이 엄마가 각 아이에게 덜 가용적인 현실을 보상해 줄 수도 있을 것이다.

저자에게 있어 형제자매 간의 애착, 특히 쌍둥이 간의 애착은 애착 행동 뒤에, 또한 일반적으로 더 많은 종류의 애착 관계 뒤에 숨겨진 동기에 대한 질문을 떠올리게 만든다. 애착 이론에 의해 가정되는 보호나 안전 추구의 동기는 다른 모든 애착 관계, 즉 부모자녀 사이의 애착 관계뿐만 아니라 형제자매, 친구 또는 부부 간의 애착 관계를 망라할 정도로 만족스러운가? 친근 또는 친밀 추구 행동, 행동이나 감정의 공모 행동 뒤에는 공통분모, 즉 감정의 공유라는 특별한 동기가 있다고 생각된다. 즉, 상호주관적인 공유에 동기가 작용하고 있을 것으로 보인다. 한편 상호주관성은 타인의 의도와 욕망을 고려하는 능력을 말한다.

여기서 과거에 저자가 가깝게 지낼 기회가 있었던 아동정신건강 의학자 다니엘 스턴Daniel Stern의 견해를 잠시 살펴보고 넘어가겠다. 그는 우리 인류에게 상호주관적인 경험, 감정적인 합치 또는 공유의 느낌을 갖게 하는 동기가 존재한다고 보았다. 이 모든 것은 인간에게 환경에 적응하는 기능을 발휘하게 하는 것이다. 그는 '사냥꾼 집단이나 농구 선수팀에게서 요구되는 협동이나 일관성은 곧 타인의 머릿속에 순간순간 일어나는 것을 알 필요가 있다는 것'[49]이라고 설명하고 있다. 이와 같이 인간에게는 집단 전체를 함께 고려하는 체계를 갖추는 것이 중요하다. 이러한 관점에서 상호주관성은 애착과 같이 동기부여 체계를 이루나 애착과 동일시될 수는 없을 것이다.[50]

조금 더 깊이 파고 들어가 보면 상호주관성은 확실히 애착에 선행하는 것이라고 할 수 있을 것이다. 사실 안전한 관계에 대한 실험은 애착 관계 자체이며, 개인은 상대방과 감정적 공유를 경험한다는 가정이 성립된다. 다시 말해 개인은 상대방에 대해, 보다 정확히 말하면 이 상대가 나의 감정적 성격의 요구에 대해 적절히 이해하고 대응할 수 있다는 확신을 얻게 된다. 이 관계를 통해 자신의 감정이 '공유될 수' 있다는 경험을 하게 된다. 물론 엄마만큼이나 아빠와도, 부모−자녀 관계뿐만 아니라 전문가와의 관계나 형제자매 관계에서도 그와 같은 감정적 공유의 경험이 있을 수 있을 것으로 기대할 수 있다. 감정의 공유라는 동기부여는 그 자체만으로도 충분한 것이며, 예를 들어 형제자매 관계에서 반드시 다른 이의 안전을 구하거나 보호를 찾는 것은 아니다. 이와 같은 경험이 안전의 원천이라는 것은 그럴듯하지만 본질적인 동기는 될 수 없을 것이다.

이야기를 계속 이어가자면 동기부여가 되기 위해서는 기쁨 체계, 쾌락주의라고 말할 수 있는 체계, 즉 만족의 추구가 있어야 한다는 것을 부연하게 된다. 관계의 수준에서 쾌락주의적 체계는 아마도 생물학적 존재에 자리를 잡고 있는 것이라고 할 수 있겠다. 이 부분에 대한 상세한 논의는 나중에 다시 언급하도록 하겠다.

볼비는 애착이 '요람에서부터 무덤에 이르기까지' 존재한다고 말

하고 있다. 다음은 이 책의 독자들이 기다렸을 성인들에게서 보이
는 애착에 대해 이야기할 차례다.

미주

1. Hrdy Blaffer, S. (1999). *Mother Nature: Natural Selection and the Female of the Species*. Random House.

2. Carter, C. S. (1998). Neuroendocrine perspectives on social attachment and love. *Psychoneuroendocrinology, 23*(8), pp. 779-818.

3. Kennell, J. H. & Klaus, M. H. (1979). Early mother infant contact: Effects on the mother and the infant. *Bulletin of the Menninger Clinic, 43*(1), pp. 69-78.

4. Kennell, J. H. & Klaus, M. H. (1979). Early mother infant contact: Effects on the mother and the infant. *Bulletin of the Menninger Clinic, 43*(1), pp. 69-78.

5. Winnicott, D. W. (1975). *De la pédiatrie à la psychanalyse*. Payot.

6. Stern, D. N. (1997). *La Constellation maternelle*. Calmann-Lévy.

7. Xu, C., Mao, D., Holers, V. M., Palanca, B. Cheng, A. M. & Molina, H. (2000). A critical role for murine complement regulator cry in fetomaternal tolerance. *Science, 287*, pp. 498-501.

8. Fischer-Mamblona, H. (2000). On the evolution of attachment-disordered behaviour. *Attachment and Human Development, 2*(1), pp. 8-21.

9. Lorenz, K. (1970). *Essais sur le comportement animal et humain*. Seuil.

10. Wickler, W. (1971). *Les Lois naturelles du mariage*. Flammarion.

11. Frodi, A. M. & Lamb, M. E. (1978). Sex differences in responsiveness to infants: A developmental study of psychophysiological and behavioural responses. *Child Development, 49*, pp. 1182-1188.

12. Lamb, M. (1996). *The Role of the Father in Child Development*. Wiley, 3e édition.

13. Van IJzendoorn, M. H. & De Wolff, M. S. (1997). In search of the absent father. Meta-analysis of infant-father attachment: A rejoinder to our discussants. *Child Development, 68*(4), pp. 604-609.

14. Hrdy Blaffer, S. *Mother Nature*, *op. cit*.

15. Danchin, E., Giraldeau, L.A., Valone, T. J. & Wagner, R. H. (2004). Public information: From nosy neighbors to cultural evolution. *Science, 305*, pp. 487-491.

16. Rizzolatti, G. & Sinigaglia, C. (2007). *Les Neurones miroirs*. Odile Jacob.

17. Howes, C. (1999). Attachment relationships in the context of multiple caregivers, in J. Cassidy, P. R. Shaver (dir.), *Handbook of Attachment: Theory, Research and Clinical Applications*. The Guilford Press, pp. 671-687.

18. Werner, E. E. (1989). High-risk children in young adulthood: A longitudinal study from birth to 32 years. *Am. J. Orthopsychiatry, 59*(1), pp. 72-81.

19. Cyrulnik, B. (1999). *Un merveilleux malheur*. Odile Jacob.

20. Lamb, M. E. (1999). Nonparental child care, in M. E. Lamb (dir.). *Parenting and Child Development in "Nontraditional" Families*, Lawrence Erlbaum Associates, pp. 39-55.

21. Zaouche-Gaudron, C. (1997). Influence de la différenciation paternelle sur la construction de l'identité sexuée de l'enfant de 20

mois. *Enfance, 3*, pp. 425-434.

22. Paquette, D. (2004). La relation père-enfant et l'ouverture au monde. *Enfance, 2*(56), pp. 205-225.

23. Lamb, M. E. & Sternberg, K. J. (1992). L'accueil du jeune enfant dans son milieu: aspects historiques et socioculturels, in B. Pierrehumbert (dir.), *L'Accueil du jeune enfant. Politiques et recherches dans les différents pays*. Les Éditions sociales françaises, pp. 21-38.

24. Ahnert, L. & Lamb, M. E. (2004). Services à la petite enfance et impacts sur les jeunes enfants (2 à 5 ans), in R. E. Tremblay, R. G. Barr, R. De V. Peters (dir.), *Encyclopédie sur le développement des jeunes enfants*. Centre d'excellence pour le développement des jeunes enfants, pp. 1-7.

25. NICHD Early Child Care Research Network. (1997). The effects of infant child care on infant-mother attachment security: Results of the NICHD study of early child care. *Child Development, 68*(5), pp. 860-879.

26. Clarke-Stewart, A. (1992). Garde non parentale et développement, in B. Pierrehumbert (dir.), *L'Accueil du jeune enfant. Politiques et recherches dans les différents pays*, op. cit., pp. 133-140.

27. Vermeer, H. J. & Van IJzendoorn, M. H. (2006). Children's elevated cortisol levels at daycare: A review and meta-analysis. *Early Childhood Research Quarterly*, 21, pp. 390-401.

28. Drugli, M. B., Solheim, E., Lydersen, S., Moe, V., Smith, L. & Berg-Nielsen, T. S. (2017). Elevated cortisol levels in Norwegian toddlers in childcare. *Early Child Development and Care, 188*(12), pp. 1-12.

29. Sims, M., Guilfoyle, A. & Parry, T. S. (2005). Children's cortisol levels and quality of child care provision. *Child: Care, Health &*

Development, 32(4), pp. 453-466.

30. Legendre, A. (2003). Environmental features influencing toddlers' bioemotional reactions in day care centers. *Environment and Behavior, 35*, pp. 523-549.

31. Geoffroy, M. C., Côté, S. M., Parent, S. & Séguin, J. R. (2006). Daycare attendance, stress, and mental health. *Canadian Journal of Psychiatry, 51*(9), pp. 607-615.

32. Dettling, A. C., Parker, S. W., Lane, S., Sebanc, A. & Gunnar, M. R. (2000). Quality of care and temperament determine changes in cortisol concentrations over the day for young children in childcare. *Psychoneuroendocrinology, 25*, pp. 819-836.

33. Spangler, G. & Grossmann, K. E. (1993). Biobehavioral organization in securely and insecurely attached infants. *Child Development, 64*, pp. 1439-1450.

34. Ahnert, L., Gunnar, M., Lamb, M. & Barthel, M. (2004). Transition to child care: Associations with infant–mother attachment, infant negative emotion and cortisol elevations. *Child Development, 75*, pp. 639-650.

35. Gunnar, M. R., Talge, N. M. & Herrera, A. (2009). Stressor paradigms in developmental studies: What does and does not work to produce mean increases in salivary cortisol. *Psychoneuroendocrinology, 34*, pp. 953-967.

36. Sapolsky, R. M., Uno, H., Rebert, C. S. et al. (1990). Hippocampal damage associated with prolonged glucocorticoid exposure in primates. *Journal of Neuroscience, 10*, pp. 2897-2902.

37. Carlson, M. & Earls, F. (1997). Psychological and neuroendocrinological sequelaeof early social deprivation in

institutionalized children in Romania. *Ann. N. Y. Acad. Sci., 807*, pp. 419-428.

38. Pierrehumbert, B., Torrisi, R., Glatz, N., Dimitrova, N., Heinrichs, M. & Halfon, O. (2009). The influence of attachment on perceived stress and cortisol response to acute stress in women sexually abused in childhood or adolescence. *Psychoneuroendocrinology, 34*, pp. 924-938.

39. Van IJzendoorn, M. H., Vereijken, C., Bakermans-Kranenburg, M. J. & Riksen-Walraven, J. M. (2004). Assessing attachment security with the attachment Q-Sort: Meta-analytic evidence for the validity of the observer AQS. *Child Development, 75*(4), pp. 1188-1213.

40. Ahnert, L., Pinquart, M. & Lamb, M. E. (2006). Security of children's relationships with nonparental care providers: A meta-analysis. *Child Development, 77*(3), pp. 664-679.

41. David, M. & Appell, G. (1973). *Lóczy ou le Maternage insolite, Éditions du Scarabée* ; rééd. 2008, Érès.

42. 저자가 록지를 방문하고 미리암과 아펠의 저서를 읽고 마르티노(Bernard Martino)의 영화와 피클러의 출판물을 본 후에 피력한 개인적인 관점이다. Bernard Martino, Lóczy, une maison pour grandir et Lóczy. une école de civilisation, DVD disponibles aux éditions Érès 참조.

43. Delion, P. (2008). *Tout ne se joue pas avant 3 ans.* Albin Michel.

44. Troupel-Cremel, O. (2006). *Attachement fraternel, styles de relations et des interactions de tutelle au sein des fratries de jeunes enfants: effet modulateur de la représentation des relations fraternelles de l'aîné*, thèse de doctorat. université Toulouse-II-Le Mirail.

45. Nadel, J. (2016). *Imiter pour grandir. Développement du bébé et de*

l'enfant avec autisme. Dunod.

46. Girard, R. (1972). *La Violence et le Sacré*. Grasset.

47. Schnider, C. (2012). *L'Effet de la gémellité associée à la prématurité sur l'interaction précoce et les processus d'attachement*, travail de maîtrise en médecine. université de Lausanne.

48. Robin, M., Pierrehumbert, B. & Casati, I. (1996). Réactions à la séparation mèrebébé: comparaison de jumeaux et de non-jumeaux. *Devenir*, 8(1), pp. 27-50.

49. Stern, D. N. (2005). Le désir d'intersubjectivité. Pourquoi? Comment?. *Psychothérapies*, 4(25), pp. 215-222.

50. Stern D. N. (2003). *Le Moment présent en psychothérapie*. Odile Jacob.

평생에 걸쳐 발달하는 애착

제3장

질문 11. 애착은 단지 아이들만의 일인가

안전 애착이나 불안전 애착의 개념은 특정 관계의 질에 대해 이야기하고 아이 자체의 특성을 이야기하지는 않는다. 아이에 대해 아이가 안전하거나 불안전하다고 이야기하는 것은 바람직하지 않지만 이런저런 관계에서 다소 안전을 추구한다고 이야기할 수는 있을 것이다.

적어도 아주 어린아이에게는 유효하다. 아이가 사람들과의 관계가 당연히 자기 자신의 경험에 기초하고 있다는 생각을 하게 될 때 상황이 바뀐다. 이러한 사고는 이후 타인에 대한 기대, 행동, 욕구, 환상, 두려움 등에 반응하게 될 것이다. '사고_{idées}'라는 말은 다른 용어로는 틀, 각본, 표현, 내적 모형 등으로 사용되기도 한다.

저자는 앞서 언급한 바 있는 사랑에 대한 스탕달_{Stendhal}의 은유, 곧 '결정화'라는 용어를 사용하는 것을 참 좋아한다. 스탕달은 다음과 같이 말한 바 있다. "이젠 폐광이 된 잘츠부르크 소금광산의 깊은 곳에 겨울날 잎이 떨어진 나뭇가지를 던진다. 두세 달 후에 빛나는 결정체로 덮인 나뭇가지를 꺼낸다. 박새 다리보다도 가는 가장 작은 나뭇가지가 움직이며 반짝반짝 빛나는 수많은 다이아몬드로 가득 차 있다. 더 이상 원래의 가지를 알아볼 수 없다."[1] 이 은유를 빌리면 어린아이가 대상과 함께하는 경험은 만남이 이어지면서 강화되고 결정화되는 광물질이 되고 가지와 일체이기만 한 것은 아니다. 결정체 안에 결정체를 구성하는 다른 광물질을 더 이상 구별할 수 없게 된다.

자신과 타인

유년 시절, 청년 시절 그리고 성년기에 개인의 경험은 틀, 각본, 표현의 형태로 '결정화'된다. '관계에서 나는 무엇인가?, 다른 사람들은 무엇인가?' '다른 사람에게서 무엇을 기대하는가?' 볼비Bowlby는 이를 효과적인 내적 모형이라는 다소 난해한 용어로 불렀다. 어떤 연구자들은 내적 모형의 성격에 대해 서로 다른 이론을 정립했다. 성인은 결정화라는 은유의 이미지와 같이 유일한 내적 모형을 사용하는가? 성인은 특별히 일반화되고, 그 자체가 다양한 하위 모형으로 기울어 각각 주어진 관계에서 특별한 모형을 사용하게 되는가? 성인은 각자 유년 시절에 경험한 특별한 애착 인물과 연결된 다양한 독립적 모형을 사용하는가? 이러한 질문은 이론적·방법론적 입장의 문제일 뿐으로, 저자는 지능지수quotient intellectuel: QI 개발자 가운데 하나인 심리학자 알프레드 비네Alfred Binet가 지능에 대해 한 말을 인용하고자 한다. "지능은 내가 개발한 검사에 의해 측정되는 것이다." 내적 모형은 그것에 대해 말하는 이가 사용하는 특별한 도구에 의해 측정되는 것이다. 사실 어른에게 어린 시절이나 현재의 서로 다른 상대와의 관계를 묻는 설문에 답하도록 하면 다양한 답변이 나와서 그가 상대에 따라 차이가 나는 단일한 모형을 갖고 있는지, 아니면 복수의 모형을 사용하는지를 딱 잘라 말하기 힘들다.

　더욱 흥미로운 것은 아이가 몇 살 때부터 그와 같은 모형이나 표현을 갖게 되었는지를 증명할 수 있는가에 대한 것이다. 어린아이가 아직 말을 못할 때는, 예를 들면 '낯선 상황'에서 어른과 상호작용하는 방식이 관찰된다. 아이의 상호작용이 대상, 예컨대 엄마나 아빠에 따라 다르다는 것을 알게 된다. 그러나 아이가 말을 하고 놀이를 할 수 있을 때부터 자신의 내면세계에 접근할 가능성은 확대된다. 저명한 미국 심리학자인 잉게 브레더튼Inge Bretherton이 말한 바와 같이 놀이는 그것에 접근하는 '왕도'다.[2] 그녀는 가족을 형상화한 인형을 가지고 노는 놀이를 통해 가족관계에 관한 아이들의 표현을 탐구하도록 제안했다. 부모가 없는 상황에서 아이 혼자 놀이 탁자에 앉게 한다. 아이는 놀면서 아이 자신에게서 나오는 것을 실험자에게 보여 주게 된다. 이때 표현은 아마도 가족에 대한 표현일 테지만, 그 자체가 아이 자신에게 속하는 것이다. 저자의 연구팀[3]이 확인한 바와 같이 이러한 절차를 통해 벌써 세 살 반 무렵이면 아이들에게는 이 물체를 통해 애착 관계에 관한 자신의 시나리오를 지도하는 구조적 표현, 말하자면 모형이 있음을 알 수 있다.

　관찰 장면 가운데 하나로, 조그만 차에 부모를 형상하는 두 개의 인형을 놓아 둔다. "아빠와 엄마는 여행을 떠나. 안녕! 내일 봐! 할

머니가 너희들과 같이 있을 거야." 실험자가 아이에게 물어 본다. "지금 무슨 일이 일어나고 있어?" 세 살 반 된 마르코_{Marco}는 두 아이를 형상화한 두 인형을 잡는다. 그 두 인형에게 인사하면서 이렇게 말한다. "얘들은 차고가 있는 곳으로 산책하러 갈 거야, 그리고 이렇게 소리칠 거야. "아빠!"…… "엄마!"." 마르코는 놀이 탁자 위에 있는 인물에게 분리와 연계된 감정과 재회의 욕망을 투사한다. 이 순간에 마르코 자신은 분리와 연계된 감정을 경험하지 않는 것처럼 보인다. 그는 그 감정을 인형에게 투사한다. 이때 자신 또는 자신의 내면세계와 인물, 즉 인형의 내면세계 사이에 상징적 거리라고 할 수 있는 것이 있다. 아이는 이러한 감정을 이야기에 개입시킬 수 있다. 이야기는 논리적으로 이어지고 재회라는 해결을 향해 간다. 세 살 반 된 마르코 스스로가 인물 간의 관계에 대해 생각할 수 있다는 것도 보여 준다. 이론의 언어를 빌리면 마르코는 작동하는 내적 모형을 하나 또는 여러 개(이것은 중요하지 않다.) 갖고 있다고 할 수 있다.

 이와 같은 모형이 이미 어린 시절에 있었다면 이후 청년기나 성인기는 어떨까? 애착 연구에서 결정적으로 탁월한 생산성을 보인 메리 메인_{Mary Main}은 인터뷰 방법을 통해 성인에게 그러한 모델이 존재하는지를 파악하고자 했다. 성인 애착에 대한 이 인터뷰[4]의 목적은 어린 시절의 관계적 경험에 대해 가진 '심리 상태'를 파악하는 것이었다. 부모 인물과의 관계에 대한 추억은 기억이 허용하는 한 멀리까지 탐구되지만, 특별히 중요한 것은 특정 인물이 현재 이들 사건과 삶에서 차지하는 중요성을 평가하는 것이다. 이와 같은 방법은 '낯선 상황'에서 아이가 보이는 것과 같은 범주로 기우는 단일 모형이 존재한다는 것을 가정한다. 이처럼 심리 상태가 '이완된' 사람들을 볼 수 있다. 이들은 회피적 유형으로 분류되는 아이들의 이미지와 같이 관심과 감정이 없으며 강요에 의해 독립적인 것으로 보인다. 안전한 아이의 이미지와 같이 '자율적인' 인물은 자신이 맺은 첫 번째 관계가 긍정적이었든 아니었든 간에 그 관계를 매우 편안하게 기억한다. '걱정하는' 인물은 불안전–회피적이고 혼란스럽고 격앙된 감정을 보이는 아이의 이미지와 같이 관계적 경험에서 과거를 일관성 없는 이미지로 복원시킨다. 마지막으로 트라우마나 학대, 죽음과 같은 충격적 사건을 경험하고 아직 해결하지 못한 경우에는 네 번째 범주에 해당되는 아이들이 지닌 이미지와 같이 두서없는 대화를 할 것이다.

　인터뷰에 대한 평가는 대화의 내용뿐만 아니라 대화의 내적인 질을 고려한다. 현명한 생각이라 하겠다. 여기서 내적인 질은 대화를 일관되게 하는 것, 통제력을 잃고 발언의 논리적 흐름을 방해하는 분노를 분출하는 것, 감정과 기억에 접근하는 것을 가로막고 인터뷰를 훼방하는 것과 관련된다. 애착 경험과 관련해 개인의 심리 상태를 식별하는 것은 명백하게 진술되는 자신의 내력뿐만 아니라 특히 대화의 질에 달려 있다. 중요한 두 요소가 그가 말하는 바를 '안전'이나 '자율'로 성격 규정을 하게 한다. 첫째는 추억과 감정의 접근으로, 사고 능력이나 정신화 능력의 개념과 근접한 것이라고 할 수 있다. 둘째는 일관되게 대화를 구성하는 능력으로, 감정, 스트레스, 분리, 분노, 두려움, 슬픔이 문제될 때 특히 영향을 받는다.

다른 연구자들은 성인 애착을 연구하기 위해 인터뷰보다는 질문지를 만드는 일에 신경을 쓴다. 이 대목은 나중에 다시 거론할 것이다. 성인에 대한 질문은 아이들을 대상으로 하는 Q-분류처럼 점수를 매기는 정량적이고 차원적인 접근법이다. 메리 메인이 실시한 인터뷰는 '낯선 상황' 연구에서와 같은 범주를 제시하고 있다. 그런데 이 범주는 아이와 어른의 범주가 완전히 겹친다. 또한 기억해 보면 아이의 애착의 질은 크게는 보살핌의 질에 달려 있다. 여기서 필연적으로 제기되는 문제는 다음과 같다. 아이가 엄마와 '낯선 상황'에 있을 때 엄마의 애착 범주와 아이의 애착 범주가 서로 대응하는가? 다른 말로 하면 '애착의 특징은 한 세대에서 다른 세대로 전이되는가?' 하는 것이다.

애착의 전이

임상의들은 세대 간 전이 현상이 존재한다는 것에 항상 큰 관심을 보여 왔다. 심리적 문제와 트라우마는 사실상 세대에 걸쳐 반복되는 경향을 보인다. 한편 임상의들의 중요한 목적은 이와 같이 반복에 이르는 과정을 피하게 하는 것이라고 할 수 있다.

앞에서 언급한 바와 같이 셀마 프레이버그Selma Fraiberg의 유명한 논문인 「아이 방의 유령Fantômes dans la chambre d'enfants」[5]은 세대 간 전이가 문제될 때 자주 인용되곤 한다. 이 주제는 트라우마와 관련된 많은 임상 연구와 사고의 계파를 파생시켰다. 아이는 방임이나 학대에서도 살아남기 위해 공포와 같은 자기 정신세계의 특정 감정을 배

제시켜야만 한다. 그러나 나중에 부모가 되면 정작 자기 아이에게
서 그러한 감정이 표출되는 것을 견뎌 내지 못할 위험이 있고 결과
적으로 아이를 진정시킬 수 없게 될 가능성이 크다. 셀마 프레이버
그는 트라우마 경험과 연계된 감정이 억압될 때 과거의 무서운 인
물과 동일시하게 되고 어떤 의미에서는 그들과 동맹을 맺을 수도
있다고 말한다. 이를 공격자 동일시 과정이라고 불렀다. 가해자에
게 동일시하는 것은 종종 피해자의 감정과 연계된 공포, 몰이해, 죄
의식을 없애도록 할 것이다.

　애착 분야의 연구자들이 기여한 중요한 공헌은 체계적 관찰과
실험에 바탕을 두고 객관적이고 과학적으로 문제가 되는 과정을
밝힌 것이었다. 꼭 트라우마를 말하지 않더라도 그들은 부모됨, 특
히 아이의 욕구에 대응하는 반응의 적절성이 세대 간 전이 현상에
서 중요한 역할을 한다는 것을 보여 주었다. 볼비와 에인스워스
Ainsworth의 제자들은 성인은 사려 깊고 따뜻하며 적절한 보살핌을 통
해 안전감을 전이시킬 수 있다고 주장한다. 그렇게 되면 안전감은
한 세대에서 다른 세대로 전이된다.

　메인의 '성인 애착 인터뷰'를 살펴보자. 안전한 부모는 방어적 회
피 없이 도를 넘는 집착을 보이지 않고 자신의 과거를 돌아보는 능
력을 표출한다. 이러한 부모는 아이와의 교류 상황에서, 예를 들어
게임을 하는 순간에 감정을 잘 조율하고 어느 정도 조화로운 감정
으로 상호작용을 할 수 있다. 이는 일상생활에서 스트레스를 받는
경험을 하게 될 때 아이들에게 특별히 중요한 것이다. 반대로 감정,
특히 자신의 어린 시절과 관계된 감정을 회피하는 방어적인 성인

은 특히 아이가 위안을 찾거나 감정 톤이 부정적일 때 아이의 요구를 부정확하게 해석할 위험이 있다. 또한 과거의 감정에 집착하고 찌든 어른은 스트레스를 경험하는 순간에 아기의 요구에 대한 대응을 예견하기 힘든 것이 관찰된다.

피터 포나기Peter Fonagy는 앞서 인용한 셀마 프레이버그의 논문에 반향을 일으킨 자신의 논문 「아이 방의 유령 측정Mesurer le fantôme de la chambre d'enfants」[6]에서 여전히 애착 이론에 기반해 세대 간 전이 현상에 작용하는 메커니즘이 무엇인지를 밝힌 바 있다. 포나기에 따르면 성인이 인터뷰 중 과거의 감정에 접근하는 방법과 '낯선 상황'과 같은 관찰 상황에서 아이가 자신에게 하는 행동 사이에 대응하게 되는 것은 정신상태, 즉 다른 사람의 정신상태처럼 자신의 정신상태나 특히 아이의 정신상태를 인식하고 표현하는 능력에 기인한다. 여기서 자신과 타인을 정신상태, 믿음, 욕구, 의도 차원에서 생각할 수 있도록 하는 '사고 능력'이 지목된다. 감정 세계에 접근할 수 있는 부모, 다시 말해 감정의 중요성을 인식하고 적절하게 해석하는 좋은 능력을 가진 부모는 아이의 감정을 고려하고 아이의 요구에 반응하며 스트레스를 경험하는 순간에 회피하지 않고 극단적으로 몰고 가지 않으면서 아이를 안전하게 느끼도록 만드는 능력을 더 갖추고 있는 것으로 이해된다. 그러나 이와 같은 능력은 어른의 감정 팔레트가 수축되거나 왜곡되어 나타난 것일 수 있다. 수축은 애착 인터뷰 과정에서 드러날 수 있다. 예를 들어, 어른은 자신의 감정 팔레트에서 자신의 부모에 대해 느꼈던 감정을 제외해야 하는 상황에 처하게 된다. 학대받은 아이가 학대하는 부모와 살

기 위해서는 두려움의 감정을 배제시켜야 하는 것과 같다. 이러한
형태의 감정의 '방어적 배제'는, 볼비의 표현을 빌리자면 부모가 됐
을 때 아이의 감정을 이해하는 어른의 능력을 제한하게 될 것이다.
이것이 모든 형태의 감정적 조율을 방해한다. 그러한 부모는 자신
이 사용했던 방어 전략을 자신의 아이에게 부주의하게 전이시키게
된다. 예를 들어, 엄마는 과거에 대한 인터뷰를 하는 동안 모순되게
도 애착 감정을 평가절하하고 '낯선 상황'에서 분리된 후 스트레스
를 받은 아이를 대할 때 아이의 마음을 가라앉히려 하기보다 웃기
려고 애를 쓴다.[7]

부모의 내면세계가 자신에게 접근하도록 허용하지 않으면 아이
에게도 접근할 수 없게 한다. 아이의 감정적 요구는 무시되거나 때
때로 왜곡되어 아이의 내면세계 역시 연달아 이방인처럼 될 위험
에 놓인다. 사실 아이가 자신의 내면세계, 감정 세계의 존재를 허용
해 줄 수 있으려면 성인 상대자가 이 내면세계가 잘 존재한다는 것
을 아이에게 보여 줄 필요가 있다. '내가 네 요구를 인지하고 이해
했어.'라는 약속을 해 주어 아이들이 자신의 요구를 유효화하도록
해 주는 것이 필요하다. 감정에 민감하지 않은 부모로부터 적절한
반향이 없으면 아이가 자신의 감정적 경험을 다른 사람의 경험처
럼 탐구하고 표현하지 못하게 된다.

요컨대 보살핌과 교환을 통해 부모의 심리와 아이의 심리 사이
에 전이가 일어난다. 부모가 방임과 학대에 노출되었을 때 이 상황
과 연계된 감정은 마치 트라우마와 거기에 연계된 감정, 예를 들어
화난 아이였던 감정에 대항하는 방어처럼 억압될 수 있다. 그렇게

되면 희생자가 자라서 어른이 되었을 때 자신의 아이가 부정적인 감정을 표현하면 아이에게 방어기제를 투사하게 된다. 이렇게 해서 반복의 길이 열리게 되는 것이다.

　연구자들은 부모가 해결되지 않은 트라우마나 학대, 죽음을 경험했을 때, 특별히 이전의 메커니즘에 관심을 갖는다. 이 '미해결'이라는 용어는 메리 메인이 사용한 것으로 아무도 그 사건에 대해 일정한 감정적 거리를 두게 하는 정신적 다잡기에 이르지 못하게 된다는 생각을 말하는 것이다. 사람들의 이와 같은 자전적인 이야기는 몇 가지 특징을 보여 준다. 인터뷰에서 어린 시절에 겪은 트라우마 사건을 이야기하게 될 때 생각이나 합리적 논리에 동요가 생기는 것이 발견되었다. 이것은 "내가 열네 살일 때 아빠가 죽었어."라고 하거나 부모가 서로 다른 여러 시점에 죽은 것으로 묘사한다는 것이다. 대화의 스타일은 평소의 스타일과 다르게 갑자기 엄숙해지고 장례식의 추도사처럼 이상한 톤을 띨 수도 있다. 즉, "그녀는 어렸고 예뻤고, 귀엽고, 사랑받았어."와 같이 말한다는 것이다.

　앞에서 언급한 바와 같이, 트라우마를 지닌 부모는 특별히 혼란스러운 상황에 직면하게 되면 참을 수 없는 감정이 되살아날 위험에 처하게 되는 것을 배제시키는 일종의 격리나 분열, 정보의 차단 작업에 착수할 수 있다. 여기서 격리는 정신건강의학자들이 외상 후 스트레스 상태라는 맥락에서 묘사한 정신분열의 개념과 특별히 다르지 않다.

　아이의 애착 행동이 스트레스로 인해 활성화될 때 또는 아이가 불안을 보일 때 트라우마를 겪은 부모는 불안의 표현을 적절히 분

별하지 못할 위험이 있다. 왜냐하면 그것은 그들로 하여금 참을 수
없을 만큼 걱정을 고조시키고 다양한 생리적 반작용을 수반할 위
험을 동반하기 때문이다. 이러한 현실에 기인해 아이의 요구에 적
절하게 대응할 수 없게 될 것이고 아이의 감정을 느끼지 못하게 될
것이다. 정상적으로 안전 기지를 표현하는 인물은 아이와의 상호
작용에서 부모 자신이 '겁먹은' 모습을 보여 주거나 아이에게 '겁주
는'[8] 것처럼 보일 수 있다. 또한 자녀와 거친 방식으로 놀이를 하듯
보복과 위협의 흉내나 제스처를 취할 수도 있는데 이것이 단지 놀
이일 뿐이라는 것을 반드시 명확하게 드러내는 것은 아니다. 부모
는 스스로 위안을 찾기 위해 부모로서 접근을 시도하면서 불안전
이나 두려움을 표시한다. 즉, 메리 메인이 말한 바 있는 상호작용을
물들이는 '보이지 않는 두려움'만 인식하게 된다. 위안을 얻기 위한
전략은 이렇게 해서 실패에 이르게 된다. 이는 행동에 혼란을 초래
할 수 있다. 아이는 자신의 기대에도 불구하고 두려움을 가진, '위
협받는' 사람이나 학대의 경우에는 '위협하는'[9] 사람을 안전 기지로
사용할 수 없게 된다.

특별한 대응 방식이 관찰될 수 있다. 한편에서는 트라우마를 겪
었고 정서적 특성의 정보 처리에 어려움을 지니고 있으며 과거의
감정이 문제가 되어 자전적 이야기를 하는 데 혼란을 보이는 부모
가 있다. 다른 한편에는 이러한 부모와의 사이에서 관계적 행동의
혼란을 겪으며 안전을 찾으려는 시도를 실패하게 만드는 혼란을
보이는 아이가 있다. 아이에게서 엿보이는 이와 같은 행동의 혼란
은 부모가 겪은 트라우마의 실질적인 '흔적'이라고 할 수 있다. 즉,

아이가 특정 부모와의 관계에서 나타내는 흔적이다. 그 이유는, 예를 들면 다른 부모에 대해서는 안전 추구 전략을 보일 수 있기 때문이다. 여기서 혼란은 아이의 성격이 아니다. 특정 관계에 색을 입히는 흔적이 문제인 것이다. 이 설명에 의하면, 양육적 보살핌을 통해 부모의 트라우마가 다음 세대로 전이될 수 있다고 주장한다. 부모가 겪은 트라우마의 일종의 '추억 없는 기억'이 행동적 특성을 이루게 될 것이라는 것이다.

  양육의 질을 통해 전이되는 것에 관한 이 연구들은 다른 경로를 확실히 배제시키지는 않는다. 연구자들 가운데 일부는 유전자 차원에서 구성적 취약성이 있다고 주장한다. 특히 부모의 트라우마로 인해 초래될 수 있는 보살핌의 중단에 노출될 경우 아이의 행동이나 생각이 혼란스러운 경향을 지니게 된다는 것이다.[10] 제이 벨스키Jay Belsky의 주장대로 최근 전문가들의 주의를 끈 현상인 일련의 서로 다른 감응성이 존재할 수 있다.[11] 어떤 아이는 자신의 주위 환경에 특별히 민감한 것 같다. 우호적인 환경에서는 활기 넘치지만 조건이 좋지 않으면 의기소침해진다. 반면에 다른 아이는 주변 환경 여건이 긍정적이든 부정적이든 반응하지 않는다. 이러한 기본적인 차이의 결과는 부모의 트라우마 흔적이 반드시 어린 자녀들에게 새겨지는 것은 아니라는 것이다. 어떤 아이들은 그것을 마치 녹화하듯 머릿속에 남기지만 다른 아이들은 그렇지 않다.

  후천적 전이 경로와 같이 트라우마 전이에 대해서는 여전히 서로 다른 가설이 존재한다. 최근에는 트라우마의 흔적이 한 세대에서 다른 세대로 전이되는 특별한 과정이 밝혀진 바 있다. 이 흔적은 먼저 희생자의 유전자 체계에 새겨지고 이어져서 자녀의 유전자 체계에 상속된다. 양육을 통한 중재가 반드시 나타나는 것은 아니다. 전이는 순전히 생리적이고 유전적이거나 아니면 후천적인 것일 것이다.

최근 들어 후성설이 학문적으로 큰 유행을 이루고 있다. 후성설은 과학계에서 미생물학과 분자생물학에 힘입어 라마르키즘 lamarckisme을 다시 새롭게 적용한 학문이다. 장−밥티스트 드 라마르크Jean−Baptiste de Lamarck에 의하면, 간단히 말해 진보는 주위 환경의 영향에 의해 수정되어 선천적 성격으로 전이된다고 한다. 반면에 찰스 다윈Charles Darwin에 따르면 우발적인 유전자적 변이가 생성되고 이어져 다음 세대에 전이된다. 다윈이즘darwinisme은 사실상 1세기 이상이나 라마르키즘을 무덤 속에 파묻히게 해서 하나의 유전 형태가 경험으로 얻어진 특성으로 전이된다는 것은 생각할 수 없게 했다. 이제 이 문제로 돌아가 보자. 과정을 보면 DNA 유전자 서열을 바꾸지 않고 유전자의 발현 개념을 사용한다. 경험에 의해 수정되는 것은 특정 유전자가 발현하는 방법, 말하자면 유전자 정보가 번역되는 방법이다. 메커니즘은 유전자의 메틸화méthylation를 거치는 것으로, 스트레스에 노출되면 유전자 메틸화에 특별한 것을 유도해 스트레스에 직면한 생체의 조절 기제에 곧바로 역할을 하도록 한다. 이 메틸화는 일종의 단속자 역할을 하여 유전자를 비활성화시키거나 그렇지 않게 한다. 이와 같은 과정은 스트레스나 트라우마를 많이 겪은 개인에게서 두드러지게 일어난다. 왜냐하면 이 메커니즘이 평생에 걸쳐 추후의 스트레스에 반응할 방법에 영향을 미칠 것이기 때문이다. 그러나 바로 여기에 중요한 발견이 있다. 동일한 개인 역시 후손에게 이 메틸화, 즉 DNA 번역의 열쇠를 전이시킨 다. 후천적 유산은 세대를 지남에 따라 점차 희석될 것이다. 새끼 를 낳기 전에 스트레스에 노출된 설치류[12] 수컷은 걱정하는 성격을 다음 세대의 개체에 전이시킬 수 있다. 개체들 자체가 스트레스에 노출되지 않았어도 그렇다. 이 개체들이 스트레스를 받는 아빠에 게 더 이상 노출되지 않아도 그렇다는 것이 분명하게 드러난다. 새 끼의 보호라는 특수성을 통해 전이의 영향을 배제시킨다. 인간을 대상으로 한 연구는 확실히 더 복잡미묘하다. 그러나 많은 자료가 설치류에서 얻은 자료들과 일맥상통하는 수렴적인 결과를 보이고 있다.

이와 같은 자료는 경험의 흔적이 세대 간에 전이되는 길이 여러 갈래가 있다는 것을 확인시켜 주는 새로운 요소다. 이렇듯 양육의 결핍이나 트라우마와 같은 역경의 삶을 경험하는 것은 비단 희생 자뿐만 아니라 트라우마 조건에 노출되지도 않았던 후손들에게도 전이되어 스트레스에 대한 반응에 영향을 미칠 수 있다. 그리고 트 라우마를 겪은 사람에 의해 보살핌을 받지 않은 사람들에게도 그 럴 수 있다.

비물질적으로 정의되는 유령이 애착, 유전자, 후천성을 둘러싼 과학적 업적 덕택에 형체와 물리적 양상을 갖추게 된 것이다. 트라 우마의 흔적은 양육의 질이나, 양육 수신자의 취약성과 감응성 또 는 후천성에 따라 한 세대에서 다음 세대로 전이될 수 있다. 이와 같은 흔적, 곧 '추억 없는 기억'은 누군가 '포스트기억'[13]이라는 용어로 묘사한 것과 견줄 만하다. 포스트기억은 개인적이건 집단적이건 앞 세대가 경험한 트라우마와 개인 간의 관계를 말한다. 그러나 이야기를 통해서 또는 때때로 이야기 없이도 이미지나 행동을 통해서 접근할 수 있다.

여기서 애착은 아이만의 일이 아닌 것으로 생각된다. 어른에게서 아이의 것과 동일한 형태의 애착 유형을 찾아볼 수 있을 것이다. 그렇지만 이는 그 범주들이 아이때부터 어른이 된 이후에 이르기까지 균형을 이루는지, 사랑 애착에 특수성이 있는지, 어떻게 애착이 늦은 나이에 표현되는지에 대해 말해 주지는 않는다. 이 문제는 다음 절에서 살펴보도록 하겠다.

질문 12. 나이에 따라 애착이 달라지는가

볼비에 따르면 애착은 '요람에서부터 무덤에 이르기까지' 평생에 걸쳐 존재한다. 지금까지는 영유아, 아동, 성인의 애착에 대해 살펴보았다. 지금부터 다루게 될 문제는 아이와 어른 사이의 애착에 계속성이 있는가 하는 것이다. 동일 인물에게서 같은 유형의 애착이 발견되는가? 말하자면 '불안전한 아기가 불안전한 아동이나 불안전한 청년, 불안전한 어른이 되는가?' '모든 것은 어릴 때 결정되는가?' 하는 것이다. 저자는 이미 말한 바와 같이 어린 시절이 모든 것을 좌우한다고는 생각하지 않는다. 그러나 애착에 관한 과학적 연구를 보면 다분히 그런 인상을 엿볼 수 있다. 애착 범주의 관점에서 사실상 연령 간에 계속성이 존재한다는 것이 많은 연구를 통해 밝혀지고 있다.

이에 대해 더 설명하기 전에 연구자의 사회계약이라고 불리는 것을 한 번 더 돌아볼 필요가 있다. 사람들은 과학자로부터 사안을 파악할 수 있다는 것, 말하자면 사건과 결과 사이의 상관관계, 예컨 대 어린 시절의 트라우마와 범죄 간의 상관관계를 기대한다. 여기 서 사람들이란 자금 제공자와 같은 출판사를 말한다. 발견하려 하 지만 발견하지 못하는 상관관계를 가설로 제시한 연구는 마치 실 패한 것처럼 간주될 것이다. 그러한 상관관계가 존재하지 않는다 고 말하지는 않지만 상관관계를 발견하지 못한 연구는 방법론적 실패로 치부돼 출판할 수 없게 될 것이다. 다들 아는 것처럼 연구자 들의 서랍은 그러한 연구로 넘쳐난다. 따라서 애착의 계속성에 대 해 논할 때, 그러한 계속성을 입증한 연구가 가시적으로 보이도록 현상이 과장되었을 가능성을 경계해야 한다.

다시 한번 메리 메인에게로 돌아가 보자. 그녀는 한 살 난 아이 들을 '낯선 상황'에서 관찰한 후에 이 아이들이 여섯 살이 되었을 때 반복해서 연구했다.[14] 그 결과, 84%라는 놀라우리만큼 높은 계속성 의 상관관계를 발견했다. 즉, 10명의 아이 가운데 8~9명이 1세에 서 6세까지 동일한 애착 유형을 유지하고 있었다. 다른 연구팀은 메리 메인의 방법으로 '낯선 상황'에서 한 살 때 관찰했던 아이들을 20년이 지난 후에 성인 전기에 이르렀을 때 이들을 대상으로 애착 인터뷰를 진행한 바 있다. 이번에는 64%가 일치하는 것으로 밝혀 졌다. 연구자들은 일치하지 않는 경우에 대해서는 부모의 이혼이

나 죽음 등과 같은 삶의 특별한 사건이 있었기 때문인 것으로 해석했다.[15]

과거의 연구 자료들은 영유아나 아동의 애착 행동과 성인의 애착 표현 사이에 현저한 계속성이 있다고 주장하고 있다. 아주 어린 시절의 영향이 결정적으로 작용하는가? 다행히도 그렇지만은 않다. 이후로 이 주제에 대한 연구가 사실상 몇 배나 증가했고 메타 분석도 이뤄졌다. 그 가운데 한 연구는 20,000개 이상의 주제를 127개 연구로 재분류했다.[16] 이 연구에서 연구자들은 계산 방식으로 인해 퍼센트로 표현하기는 어렵지만 안전 애착이 일정하게 안정성을 보인다는 결론을 내렸다. 그러나 전체적으로 이와 같은 안정성이 통계적으로 의미가 있으려면 20,000건의 관찰 사례 중에서 아주 미미한 상관관계도 여전히 의미가 있다는 것을 명확히 해야 한다. 또한 다음과 같은 사실도 고려해야 한다. 즉, 두 관찰 사이에 시간이 15년이 지났을 때, 예를 들어 '낯선 상황'에서 어린아이를 관찰했을 때와 20년 후에 성인 애착에 대한 인터뷰 자료를 조사할 때 이 상관관계는 완전히 없어진다는 것이다. 따라서 아주 어린 시절의 애착이 이후에 영향을 미치는 전적인 결정요인은 아니라고 위안을 삼는 것이 타당한 것일 수 있다.

뿐만 아니라 방법론에도 문제가 있다. 두 경우에 조사방법이 동일할 때, 예를 들어 1세 아동과 6세 아동의 행동을 관찰하는 것이나 청년과 성인을 인터뷰하여 비교하는 데 문제가 있다. 조사방법이 서로 다를 때, 예를 들어 관찰과 놀이, 놀이와 인터뷰를 비교할 때 안정성이 더 높게 나온다는 것은 놀라운 일이 아닐 것이다. 후자의 경우 도출된 상관관계의 통계적 유의미성에는 한계가 있다. 또한 특별한 위험이 없는 아이에 대한 연구에서 안전한 아이는 다른 아이들보다 안전할 확률, 즉 여전히 안전 애착을 유지할 확률이 더 높은 것으로 관찰된다. 반대로 위기 유형의 경우에는, 예컨대 사회심리적 위기에 있는 아이들에 대한 연구에 따르면 불안전한 아이는 안전하게 남아 있을 확률이 낮고 결국 불안전하게 남아 있을 확률이 더 높다.

이러한 새로운 유형의 연구에도 불구하고 애착은 안정적이라는 사고가 끈질기게 남아 있다. 그 이유는 초기 연구에서 많은 사람이 기대했던 것, 즉 애착의 예견 능력, 보다 일반적으로 말해 어린아이의 예견 잠재력을 보여 주고 있기 때문이라고 저자는 생각한다. 한편, 동료들에 맞서게 되는 위험이 따르는 생각이긴 하지만 애착에 대한 조사방법이 계속성의 비율을 인위적으로 높였다고 생각한다. 이에 대해 좀 더 부연해 보도록 하겠다. 메리 메인이 6세 아동의 애착 유형을 코드화하는 도구를 만들었을 때 그것은 에인스워스가 1세 아동에게 적용했던 범주를 6세 아동에게 적용해 계산한 것이었다. 그 방법은 다음과 같았다. 연구자들은 1세 때 '낯선 상황'에서 관찰했던 아이들을 6세 때 관찰했다. 즉, 1세 때의 애착 범주를 알고 있었다. 6세 때의 안전이나 불안전 애착을 묘사하기 위해 6세 아이의 행동에서 그들의 애착 유형을 반영할 수 있는 것을 찾으려 했다. 1세 때 형성된 애착과 동일한 유형의 애착을 6세 때에도 유지하고 있을 것이라고 가정한 것이다. 따라서 이 연구는 변하지 않는다는 가정에 기초하고 있다. 다시 말해, 6세 때의 시스템 개념은

'계속성의 추정' 위에 기반을 두고 있다. 변화보다 계속성이 우선시된다.[17] 관계적 전략을 묘사할 때 연령이나 삶의 경험에 의한 영향을 중시하지 않는 것은 아쉬운 점이 아닐 수 없다. 따라서 저자는 이와 같은 조사방법은 보여 주고자 하는 것, 즉 계속성이 있다는 것을 인위적으로 과대포장하게 된다고 생각한다.

이와 유사하게 성인의 애착이 문제될 때 '세대 간 전이의 가정'에 대해 말할 수 있다고 본다. 메리 메인과 그의 동료들은 비슷한 절차를 통해 성인의 애착 범주를 정립했다. 그들은 과거에 자신의 아이들이 '낯선 상황'에서 관찰된 바 있는 엄마들을 인터뷰하고 그 결과를 분석했다. 목적은 엄마와 안전 애착의 아이 사이의 인터뷰에서 공통적인 특징이 있는지를 찾는 것이었다. 그리고 다른 범주에서도 같은지를 찾는 것이었다. 효과적인 평가 절차를 위해 이번에는 코드 입력자가 아이의 범주화를 무시하고 엄마의 새로운 표본 중에서 엄마와 아이 간의 상관관계를 평가하도록 세심한 주의를 기울였다. 그 결과, 연구자들은 엄마의 애착 범주와 아이의 애착 범주 사이에 높은 상관관계를 발견하게 되었다. 661개 엄마-아기의 쌍에 대한 메타 분석에서 70%의 상관관계가 발견되었다.[18] 두 평가가 완전히 다른 방법, 즉 한 경우는 행동에, 다른 경우는 인터뷰에 기초한다는 사실이 더욱 주목을 받는다. 그러나 체계는 세대 간의 상관관계의 기대나 추정에 기초하고 있다. 결과적으로 상관관계가 증가할 가능성이 있다.

결론적으로 애착은 나이에 따라 변하는가? 솔직히 대답은 그렇다고 할 수도 없고 아니라고 할 수도 없다. 다른 방법으로 살펴보기 위해 사랑 애착에 대해 다뤄 보도록 하겠다. 아동의 애착에 유사점 과 차이점이 있는지에 대해서도 알아보겠다.

질문 13. 아이들의 경험이 애착을 좌우하는가

안전 또는 불안전 애착의 특성을 고려해 볼 때 유년기 애착과 성 인기 애착 사이에는 상관관계가 거의 없다. 어린 시절의 경험이 이 후 관계, 특히 사랑 애착에 흔적을 남기는 것을 배제하지는 않는다 는 것이다. 이는 가장 그럴듯한 가정으로 저자의 동료인 라파엘 밀 즈코비치Raphaële Miljkovitch[19]가 주장한 바 있는 방어적 가설이다. 밀즈 코비치는 적어도 부분적으로 유년기에 추구하는 안전의 굴곡 있는 연장을 나타내는 다양한 사랑의 도식을 제시했다.

- '회피' 도식: 자신의 필요나 욕구의 표현을 억제하거나 방향을 전환한 다. 이 도식에는 어린 시절에 겪은 관계적 거리두기의 경험이 반영되 어 있다.
- '자발적' 도식: 자신의 정서적 욕구를 수월하게 표현할 가능성을 보인 다. 이 도식은 어린 시절 부모에게서 받은 신뢰로 혜택을 본 사실이 연장된 것이다.
- '요구' 도식: 과도한 요구나 소유적 태도의 표출로 통제를 받거나 의존 적이 되어 사랑받는 존재가 되지 못할까 봐 두려움을 갖게 된다. 이 도식은 어린 시절 부모의 주의를 끌기 위해 과도한 취약성과 의존성 을 보이는 것이다.

여기서 에인스워스에 이어 메리 메인이 설명한 성인 애착의 세 가지 유형, 즉 회피, 안전, 집착이 구별된다. 이와 같은 성인기 애착의 분류는 부부 관계를 예견하는 데 도움이 된다.[20] 일반적으로 불안전한 애착을 가진 사람의 애정관계는 안전 애착을 가진 사람의 애정관계보다 지속적이지 않다. 사실 불안전-회피 애착을 지닌 사람은 밀접한 관계를 두려워하고 회피하며 덜 중시하는 경향이 있다. 결과적으로 이들은 관계를 덜 유지하려 한다. 한편 불안전하고 집착하는 애착을 보이는 사람은 애정의 대상이 줄 수 있는 것보다 더 많은 근접, 위안, 친밀을 요구하는 경향이 있다.

신디 하잔Cindy Hazan과 필립 세이버Phillip Shaver는 1985년에 한 학술지에 짧은 설문을 제시했다.[21] 다음과 같은 세 가지 부류 가운데 자신을 가장 잘 묘사하고 있는 것을 고르게 한 것이었다.

1. 나는 다른 사람이 나에게 가까이 있으려 하면 불편하다. 나를 대하는 이들은 종종 내가 원하는 것보다 나에게 더 많은 친밀성을 기대한다.
2. 내가 다른 사람과 가까이 있는 장면을 비교적 쉽게 엿볼 수 있다. 나는 내가 그들에게 의존하거나 그들이 나에게 의존하는 것을 개의치 않는다.
3. 나는 다른 사람이 내가 원하는 만큼 가까이 있으려 하지 않는다는 것을 알아차린다. 나는 타인과의 완전한 결합을 필요로 하면서도 종종 그 사람을 피하고 싶어 한다.

널리 알려진 바 있는 필연적인 세 가지 애착 유형을 다시 보게 된다. 이 작은 연구에서 흥미로운 것은 사람들이 일련의 부가적 질문, 예컨대 부부 관계나 직업 등에 대해 응답한 것이다. 두 번째 유형을 선택한 사람들은 당연히 안전을 선택한 경우로 지속적인 관계를 유지하는 것으로 확인되었다. 이들은 이혼율도 더 낮았다. 첫 번째 유형을 선택한 사람들은 불안전-회피형으로 애정관계를 불신하고 현실을 의심하기도 했다. 한편 마지막 세 번째 유형을 선택한 사람들은 집착 유형의 불안전한 경우로 쉽게 사랑에 빠지고 관계에 뒤엉켜 있었다. 그러나 결과는 의문을 제기하는 동시에 교훈적이기도 하다. 안전형의 사람들은 직업 영역에 문제가 없다고 생각했다. 반대로 회피형의 사람들은 직업에 '중독돼' 직업 활동이 개인 생활을 침범해 사생활을 위한 시간이 없다고 생각했다. 소득 수준은 높았지만 반대로 만족은 높지 않았다. 마지막으로 집착형의 사람들은 개인적 집착으로 직업 활동이 방해받는다고 생각했다. 세 유형 중에 소득 수준이 가장 낮았다.

이 연구에서는 개인을 부부 차원에서 고려한다. 부부 자체가 애착 체계로 작동할 수 있는지를 생각해 볼 수 있겠다. 애착의 일반적 사고를 욕구, 즉 안전을 찾으려는 동기부여로 본다면, 일이 잘 돌아갈 때 부부가 상대에게 어떤 안전을 제공하는 체계로 작용할 수 있는지를 아는 것은 흥미로운 일이다. 이 체계는 배우자 개인 체계와는 독립적으로 작동하는 체계다.

연구자들은 부부 간의 애착 연구 방법에 따라 스트레스 상황에서 부부 중 한 사람이 배우자를 위해 어떻게 어느 정도로 안전 기지를 표현할 수 있는지를 생각했다. 이것은 기억하는 바와 같이 아이가 어떻게 부모를 위안의 원천으로 사용하는지를 알기 위해 애착 행동을 활성화시키기 위한 목적을 가진 '낯선 상황'과 다소 유사한 것이다.[22] 여기서는 스트레스를 유발하기 위해 부부에게 잠재적으로 갈등적인 주제인 돈, 자녀, 조부모 등의 문제를 파악하고자 먼저 인터뷰를 제안했다. 이어 실험자는 경험적인 부분에서 각 부부의 평온, 협상, 부정, 요구 반응의 양상을 관찰하기 위해 부부에게 갈등적인 주제를 꺼낸다. 여기서부터 한쪽 배우자가 어떻게 갈등적 상황에서 상대방에게 안전 기지를 제공할 수 있는지 아닌지를 도출해 낼 수 있다. 즉, 자신의 이해관계를 보여 주는지, 신호표현, 특히 스트레스와 같은 부정적 정서와 관련된 신호를 인식하고 듣고 권장하는지를 알 수 있다. 그리고 상대가 어떻게 안전의 제공을 요구하고 받아들일 수 있는지를 알 수 있다. 즉, 감정적 신호와 요구를 명확히 표현하는 것, 이 신호를 유지하는 것, 반응을 기대하면서 상대에게 접근하는 것을 알 수 있다. 뿐만 아니라 부부들은 성인 애착 인터뷰에도 응답했다. 부부 간의 애착 유형의 상관관계는 아주 약하다고 할 수 있다. 예를 들어, 안전한 사람이 반드시 안전한 사람을 배우자로 맞는 것은 아니다. 그러나 흥미로운 것은 애착 유형과 관련해 부부 간에 상관관계가 없음에도 불구하고 안전의 제공과 수용 간에 매우 강한 상관관계가 있다는 것이다.

저자는 이와 같은 결과를 다음과 같이 이해한다. 모든 일이 잘 풀릴 때는 부부 각자가 가진 이전의 애착 유형과는 독립적으로 부부가 새로운 안전 기지로 작동한다. 그러나 모든 일이 항상 잘 풀리는 것이 아니듯이 안전을 제공하지 않는 것과 안전을 요구하지 않는 것 간에도 매우 강한 상관관계가 있다. 이 모든 경우가 주는 메시지는 의외로 낙관적이다. 즉, 우리는 과거에 의해 결정되지 않으며, 삶의 과정에서 경험하는 만남을 통해 어린 시절의 상처를 치유할 수 있다는 결론에 다시 도달하게 된다.

만남과 경험은 물론 많은 요인에 의해 좌우된다. 그 가운데서도 특히 문화규범을 생각해 볼 수 있겠다. 문화규범은 대체로 우리의 삶의 경험에 영향을 미친다. 이와 같은 맥락에서 문화규범 가운데 성과 관련된 표현과 고정관념은 확실히 가장 중요한 요인 가운데 하나라고 할 수 있다. 남녀 간의 성에 따른 애착은 어떠한가 하는 것이 바로 다음 주제다.

질문 14. 남녀 간에 애착의 성차가 있는가

애착 이론은 성과 무관한 이론이라고 할 수 있을 것이다. 그런 견지에서 애착 이론은 남녀 사이에 나타날 수 있는 차이에 큰 영향을 미쳤다. 몇몇 연구가 이 문제에 관심을 갖고 이론에 기초한 애착 인터뷰를 통해 어른뿐만 아니라 '낯선 상황'의 어린아이에게도 성차가 없다는 결론에 도달했다.[23] 인간관계에 관심을 가진 연구에서는 성과 독립적인 안전 애착으로 관계적 특성을 서술했다. 이는 애착을 심오하고 변치 않는 메커니즘으로 묘사한다는 의미인가? 그렇다 하더라도 몇 가지 주의가 따른다.

　인간관계 영역에서 성차는 명백한 듯하다. 예컨대, 남자는 이완 유형이고 여자는 집착 유형이다. 이 차이는 인상에 불과한 것처럼 보이고 연구자료를 통해 성차가 편견과 고정관념에 해당되는 것으로 정리되고 있다. 그러나 보수적인 이론조차 우리가 제시한 대로 초기 동기부여에서의 성역할 고정관념을 포기하게 하려는 의도가 있다고 할 수 있을까? 여기에는 다른 설명이 있을 수 있다. 이 연구들은 정말로 성차를 서술하려고 하는가? 분명 그렇지 않다. 연구 기간 대부분 다른 목적이 있었고 성이 개입되지 않는다는 것은 지나치듯 검증하는 것에 그쳤다. 성을 연구 결과에 대한 설명을 복잡하게 만드는 '혼동 요인'으로 보았다. 저자는 다음과 같은 질문을 던진다. 차이가 있다는 증거가 없다고 그러한 차이가 없다는 증거가 되는가? 이에 대한 저자의 답은 아니다, 확실히 아니라는 것이다.

　저자는 5개국 동료들과 함께 5세 아동에 대한 비교연구를 실시한 바 있었다.[24] 앞서 언급한 부가적 애착 역사의 방법론적 도움을 토대로 한 연구였다.[25] 이러한 유형의 방법을 사용한 대부분의 연구에서는 안전 애착의 성차가 발견되지 않았다. 그러나 몇몇 예외가 있다. 한 연구에서는 여아가 남아보다 인형으로 형상화된 가족과 긍정적인 상호작용을 더 자주 하는 것이 분명하게 나타났다.[26] 비슷한 방법을 사용한 다른 연구에서도 같은 결과가 확인되었다. 이 차이는 부모가 여아와 남아의 정서적 경험을 다루는 방법과 관련이 있을 것이다. 여아는 보다 많은 영역의 감정을 표시하도록 권장되고 남아는 자신의 감정을 통제하도록 권장된다.[27] 따라서 아이가 형성한 것에서 아이 자신의 공헌과 부모의 공헌을 구별하기 어렵다. 아들과 딸을 대할 때 부모 역시 성역할 고정관념에 매이게 마련이다.

저자의 연구팀이 수행한 연구에 따르면, 인형으로 형상화된 가족과의 애착 관계를 표현하는 수준에서 남자아이와 여자아이 간에 차이가 있다는 것이 밝혀졌다. 여자아이들은 분리와 관련된 감정 표현의 일환으로 두려운 감정을 표현함에 있어 남자아이들보다 더 안전한 모습을 보였다. 아이들은 자신의 감정을 표현하고 어른들은 이를 강화하게 된다. 여아들은 애착 경험에 연계된 감정에 쉽게 접근하는 모습을 보이며 일관된 이야기를 더 수월하게 구성한다. 남자아이들의 이야기는 상대적으로 더 혼란스러운 경향을 보인다. 예를 들면, 남자아이들의 경우에는 때때로 이야기하는 과정에서 통제를 상실해 결말이 엉망이 되기도 하고 아이만의 개성이 결여되기도 한다.

성에 대한 고정관념에 기초한 교육이 성차에 중요한 역할을 하는 것이 분명하지만 이외의 다른 요인들도 성차에 작용하고 기여한다. 많은 연구가 역경과 같은 상황에 맞닥뜨리게 됐을 때 남자아이들에게서 나타나는 취약성을 언급하고 있다.[28] 이 분야의 연구에 따르면 혼란 애착 행동의 경우는 남자아이들에게서, 특히 빈곤이나 학대 경험이 있는 취약 계층의 남아들에게서 매우 빈번하게 나타난다고 한다.

여자아이들과 관련된 감정이입이나 타인에 대한 관심과 같은 친사회적 태도는 단순히 교육적인 영역의 고정관념이기보다는 더 뿌리 깊은 기초를 지닌 것일 수 있다. 적어도 셸리 테일러Shelley Taylor[29]의 연구에서는 그렇다고 할 수 있다. 미국 로스앤젤레스에 거주하

고 있는 이 심리학자는 2000년에 자신의 동료들과 함께 동물행동
학계와 신경과학계, 페미니스트학계에 획기적인 논문을 출간한 바
있다. 우리는 '싸울 것인가 아니면 도망갈 것인가fight or flight'라는 속담
에 대해 잘 알고 있다. 아주 극심한 역경 상황에 직면했을 때 동물
들이 보이는 공통적인 대응은 싸우거나 도망가는 것이다. 셸리 테
일러의 경우에 이와 같은 '싸울 것인가 아니면 도망갈 것인가' 하는
문제는 수컷에게는 가치 있는 일이지만 그와 같은 행동이 암컷에
게는, 특히 암컷이 출산과 양육 상황에 있을 때, 즉 임신 중이거나
새끼를 돌보고 있을 때는 적절치 않은 것으로 보인다. 이 미국 심리
학자는 '보살핌과 연계의 강화'라고 해석할 수 있는 '보살핌과 친구
되기tend and befriend'를 제안하고 있다. 이처럼 극심한 역경의 상황에서
도 친사회화적 행동을 지향하도록 하는 대응은 암컷에게서 더 적
절한 것일 수 있다. 사회화는 안전을 찾게 하거나 어미 자신과 새끼
를 보호하게 하거나 스트레스를 감소시키는 데에 유리할 것이다.
테일러는 이러한 차이에 대한 설명으로 동물은 스트레스 상황에서
옥시토신을 생산하는 경향이 있다는 가설을 세웠다. 이 호르몬은
암컷으로 하여금 친근한 대상에게 귀속감을 느끼게 하고 사회적
유대를 가져오는 행동을 촉진케 함으로써 효과를 발휘하게 할 것
이다. 반면에 수컷의 경우에는 옥시토신과 반대되는 테스토스테론
의 분비로 인해 그 효과가 감소될 것이다.

   우리는 아이들의 놀이에서 가족관계의 표현 수준에 성과 스트레
스에 대한 반응 간에, 다시 말해 '싸울 것인가 아니면 도망갈 것인
가' 또는 '보살핌과 친구 되기' 사이에 이와 같은 관련성을 다시 한

번 발견했다. 실험자는 인형으로 형상화한 가족에서, 예를 들어 아
이 침실에 괴물이 있는 것처럼 스트레스 상태를 가정한 이야기를
시작한다. 아이들이 대체로 흔쾌하게 이 과정에 참여하고 트라우
마와 관계가 없는 상황에서 이야기를 이어 갈 때 남자아이들은 두
려움과 같은 감정을 표현하지 않고 흥분되고 혼란된 행동을 하는
경향을 보인다. 반면에 여자아이들은 두려움에 직면했을 때 보호
와 보살핌의 태도를 표현하는 경향을 보인다. 그러나 아이의 성에
따른 차이는 문화에 따라 다르다는 것도 발견되었다. 사실 이 차이
의 중요성은 문화마다 다르다. 즉, 저자가 이끈 연구팀의 표본에 따
르면 북유럽 문화에서는 찾아볼 수 없었고 양육태도로 이질적 규
제나 사람 간의 관계, 상호의존을 전통적으로 강조하는 스페인계
문화권에서는 보다 강조되는 것을 알 수 있었다. 이는 자율적 규제
나 자기 자신에 대한 신뢰, 독립과 개인적 성공을 우선시하는 문화
와는 정반대되는 것이었다.[30]
  이 자료들을 보면 스트레스에 대한 대응에서 남녀 간에 차이가
나타나는 것에 대한 셸리 테일러의 생물학적 가설이 문화적 관습
자체가 성역할 고정관념에 의해 지배되는 전통을 고려해 보완될
필요가 있다는 것을 알 수 있다. 문화는 '싸울 것인가 아니면 도망
갈 것인가'나 '보살핌과 친구 되기'의 행동에서 볼 수 있는 것과 같
이 그 자체가 성에 민감한 생물학적 감정의 규제 체계에 대해 이른
바 '완화제' 구실을 하게 될 것이다.
  성에 따라 차이가 날 것이라는 가능성은 경험과 사회에 의한 고
정관념과 결부되어 우리로 하여금 자연히 다른 차이에 대한 문제

에 대해서도 의문을 제기하게 한다. 이들 역시 경험이나 고정관념과 연관돼 있다. 즉, 차이는 연령, 특히 고령과 관련돼 있다.

질문 15. 노인들의 애착은 어떠한가

거듭 말하건대 애착은 어린 시절에만 국한된 것은 아니다. 이 문제는 평생에 걸쳐 관계되는 것이다. 나이가 들어서도 보살핌의 욕구는 증가하는 반면에 배우자나 주변인, 친구의 상실 등으로 인해 잠재적 애착 인물의 폭은 좁아지게 된다. 또한 안전한 환경이 있다는 것은 건강이 악화될 때 상당한 반향을 가져올 수 있다. 즉, 건강 자체나 정서적 일상에 영향을 미칠 뿐만 아니라 인지능력이 쇠약해질 때에는 인지능력에도 영향을 미친다.

저자가 이끌었던 스위스 로잔대학교 연구팀은 노인들의 경우에 불안전 애착이 걱정과 스트레스 증상의 출현과 관련이 있음을 밝힌 바 있다.[31] 그것은 어린 시절의 관계와 현재의 관계에 대한 표현을 탐구한 애착 다양성 모델 인터뷰Attachment Multiple Model Interview[32]라는 애착 인터뷰를 통해 밝힐 수 있었다. 애착은 인지기능의 저하에 대항하는 보호 효과도 갖게 할 것이다. 애착은 일종의 '감정의 보고'[33]로 기능하게 될 것이다. 또한 연구자들은 노인들에게서 회피형 애착의 비율이 높다는 것도 발견했다.

이러한 가정은 하나만이 아니었다. 많은 연구가 인터뷰를 통해 노인들에게서 회피 애착이 증가한다는 것을 발견했다.[34] 그러나 설문에 기초한 다른 연구에서는 이와 같은 현상이 보고되지 않았다.[35] 그렇다면 회피의 문제를 생각해 볼 필요가 있는가? 인터뷰든 설문이든, 이 연구에 사용된 도구가 정말 적절한 것이었는가? 여하튼 이는 노인들에게 시도된 것이 아니고 따라서 이 데이터(또는 자료)가 정말 흥미로운 것인지를 생각해 볼 수 있다. 이는 저자의 동료인 마갈리 보네트Magalie Bonnet[36]가 의구심을 가진 문제기도 했다. 이 여성 연구자에 따르면 늙어 가면서 수반되는 많은 상실이 특정 애착의 증가를 피할 수 없게 만든다면 노인들의 관계 문제는 애착 개념의 문제로 환원되어서는 안 된다. 또한 자신과 외부세계의 단절로 인해 죽음으로 내몰리게 되는 '외부세계에 대해 신경을 끄는' 증후군이나 '되는대로 내버려 두는' 증후군으로 설명할 수 있을 것이다.

또 하나의 중요한 측면이 있다. 아마도 다소 역설적으로 들릴지 모르나 강조할 필요가 있다고 본다. 흔히 노인들이 느끼는 보살핌의 욕구와 불안전성의 맥락은 애착 체계를 활성화시킬 수 있다.[37] 확실히 스트레스, 보살핌, 애착 사이의 연결은 의존적인 상황에서 보살핌 행동을 둘러싸고 애착이 형성되는 어린아이들을 떠올리게 한다. 마갈리 보네트는 이와 같은 어린 시절과의 평행선을 주장한다. 어린아이의 정서적 안전이 아이로 하여금 분리를 허용한다면 노인들의 안전 욕구는 그로 하여금 사랑하는 사람들로부터뿐만 아니라 자신의 삶으로부터 자신이 분리될 수 있도록 허용한다는 것이다.

몇몇 연구자는 애착 이론에서 나오는 도구를 사용해 나이가 들어 나타내게 되는 이러한 유형의 애착을 회피처럼 묘사하고 있지만 아마도 실질적인 '회피'는 아닐 것이다. 일부 연구에서는 나이가

듦에 따라 회피와 동시에 안전이 증가한다고 주장하고 있다.[38]

저자의 생각은 세월이 감에 따라 새로운 균형이 접근성과 자율성의 욕구 사이에 발견된다는 것이다. 이 두 욕구는 모두 고조될 수 있다. 회피, 탈애착, 불개입, 독립, 자율 사이에 차이가 나타나게 될 것이다. 작가인 자크 세섹스Jacques Chessex는 저자가 아주 좋아하는 용어를 사용하고 있다. 즉, 완화 의지를 번안한 말로 '혼잡 해소'라는 용어를 쓰고 있다. 그는 한 인터뷰에서 이렇게 말한 바 있다. "나는 활발하고 소란스러우며 야심적인 세상과 일정한 거리를 둡니다…… 바로 혼잡 해소라고 내가 이름을 붙인 것입니다. 아무것도 갑작스럽게 서두르고 싶지 않기 때문에 일을 체계적으로 실행하고 있지 않지만 나름대로 일정하고 행복한 방법으로 이행하고 있습니다."[39] 여기서 회피와 혼돈하지 않아야 할 욕구, 즉 일정한 관계적 거리를 두면서 일종의 평화로운 외로움을 원하는 욕구라는 것을 알 수 있다.

인생의 의미에 대한 문제는 나이에 따라 중요성을 가질 수 있다. 애착과 신앙의 관계나 애착과 죽음의 관계처럼 부수적인 문제로 연결되는 문제다. 이와 같은 측면에서 특히 이 두 문제는 강조할 만한 가치가 있으며, 영적인 대상에 대한 애착에서 발견되는 안정감과 자기 자신의 삶과 다른 사람의 삶을 이야기하는 방법과도 관계가 있다. 이제부터는 이 문제에 대해 살펴보도록 하자.

질문 16. 영적인 대상에게도 애착할 수 있는가

종교는, 보다 일반적으로 말해 영성은 문화와 이 지상에 있는 대부분의 사람들의 삶에서 큰 비중을 차지한다. 종교적이든 아니든 인문학에서, 특히 심리학과 정신건강의학에서 영성이 불러일으키는 관심이 적다는 것은 인류 대부분의 삶에서 그것이 차지하는 지위와 무관하다는 것을 알아야 한다. 영성은 확실히 과학의 문제가 아니라고 할 수 있을 것이다. 그러나 애착을 논할 때 이와 같은 이중적 사고는 적절치 않은 것으로 보인다. 여기서 다음과 같은 문제에 접근하는 것이 중요하다고 생각된다. 즉, 영적인 인물에 대한 애착을 논할 수 있는가 하는 문제다.

이 방법으로 이 주제를 가장 잘 아는 사람들 가운데 하나로 윌리엄스버그에 있는 윌리엄메리대학의 리 커크패트릭Lee Kirkpatrick 교수가 있는데 그의 말을 인용해 질문을 제기해 볼 수 있다. 어떤 사람이 안전 애착 인물의 기능을 완수한다고 말할 수 있는 기준에 대해 생각해 보자. 주의 깊은 독자라면 이러한 인물이 근접을 추구한다는 사실에 동의할 것이다. 이어 이들은 감정의 규제를 촉진할 수 있다는 사실에도 동의할 것이다. 바로 볼비가 언급한 '대피항'을 말한다. 이러한 사람은 '탐험을 허용하는' 안전 기지를 상징한다는 것에도 동의할 것이다. 마지막으로 이러한 사람과의 사이에서 발생하는 의도적이 아닌 분리는 불안의 원천이라는 것에도 동의할 것이다. 그러면 영적인 인물은 이와 같은 서로 다른 기준[40]을 충족시킬 수 있는가?

　근접 추구부터 시작해 보자. 신이 도처에 있다는 생각이나 영적 인물에 대한 개념에서 근접을 추구하는 것을 찾아볼 수 있다. 이와 같은 편재성은 모든 순간에 가까이 있다는 것을 느끼게 해 준다. 기도는 그러한 연결을 유지하게 한다. 기도는 신자에게 영적 대상과 관계를 맺게 한다. 이 외에 신성한 장소나 상징적 물건도 이와 같은 종류의 근접의 환상을 유지하게 한다. 이 주제로 논문을 쓴 저자의 동료, 이사벨 리벤Isabelle Rieben[41]처럼 과도적인 대상이나 현상에 대해서도 논해 볼 수 있겠다. 과도적 대상이나 현상은 영국의 정신분석가 위니컷Donald Winnicott[42]이 현실과 상상 사이, 나와 타자 사이의 중간 지대에 있으면서 일종의 환상이 실재하는 것처럼 생각되는 현상과 물건을 환기할 때 적용한 개념이다. 오늘날의 부모는 이 과도적 대상에 대해 잘 안다. 그것은 어린아이가 어디서나 가지고 다니는 평범한 물건이다. 일반적으로 이 물건은 촉감이 부드러운 물질의 일부인 동시에 아이에 의해 창조된 것과 같은 자신만의 꿈이 담겨 있는 것이다. 헤어질 때나 잠을 잘 때 특별한 역할을 한다. 전문가들의 견해에 따르면 그 기능은 사실 불안을 진정시키고 양육 대상과의 상징적인 연계를 만들어 낸다고 한다.

　이어 감정의 규제에 대해 이야기해 보자. 신자는 일반적으로 상실, 죽음, 결별, 질병과 같은 스트레스 상황에 있을 때 영적 대상에게 눈을 돌린다. 또한 삶의 위험에 직면하면 보호감, 신뢰와 안전, 능력과 통제의 느낌, 즉 안전 기지의 역할을 찾기 위해 영적인 대상에 눈을 돌릴 수 있다.

마지막으로 영적 대상과의 결별을 우려한다. 영적 대상에 의해 버려졌거나 버려지고 있다는 걱정은 자주 반복되는 주제 가운데 하나다. 아마도 영적인 대상은 신자들을 굴복시키고 충성을 강화하기 위해, 예를 들면 파문이나 공동체 추방을 통해 종교적 · 시민적 권력이 연계된 도구로 기능해 왔고 현재도 그렇다고 할 수 있다.

이 영적 대상은 애착 이론에서 애착 대상의 특성으로 묘사되고 있는 상이한 기능을 완수할 수 있는 듯이 보인다. 적어도 어떤 이들에게는 그렇다. 커크패트릭의 연구로 돌아가 보면 그는 필립 세이버와 함께 실제 대상과 영적 대상에 대한 애착 사이의 관계를 탐구한 바 있다.[43] 특히 부부 관계가 안전한 것으로 묘사된 이들은 종교에도 더 많이 관여했고 신에 대해서도 긍정적인 이미지를 갖고 있었다. 자기 자신에 대한 긍정적인 표현은 애정 있고 가용적인 영적 대상의 이미지와도 관련이 있었다. 한편 이 두 연구자가 수행한 다른 연구에서는 어린 시절에 엄마와 불안전 회피 애착을 맺은 것으로 인정한 사람들이 다른 사람들보다 종교나 영성에서 애착의 대체인물을 찾으려는 경향이 강하게 나타났다. 즉, 신과 종교는 이들에게 애착 대체인물로 보상적인 역할을 한다.[44]

이와 같은 명백한 모순은 저자의 동료인 이사벨 리벤이 강조한 바와 같이 애착의 개인적 내력과 종교성 사이의 관계를 설명하는 두 개의 가설이 있다는 사실을 반영한 것일 수 있다. 둘 다 옳을 수 있다. 우선 상관관계 가설이 있다. 안전 애착의 내력은 이어 강력한 안전화 작용의 종교성을 발전시키고, 영적 대상은 애착 인물의 모습을 띨 수 있다는 것이다. 한편, 보상가설이 있다. 불안전 애착의 내력이 안전의 결핍을 보상하려고 하는 것처럼 강력한 종교성의 발전으로 이어질 수 있다는 것이다.

이 두 가설은 모순적인가? 반드시 그렇지는 않다. 안전하거나 불안전한 사람들의 종교적 감정은 서로 다른 성격을 지니고 있기 때문이다.[45] 안전한 사람의 경우에는 안전성이 사랑을 상징하는 신과 함께 긍정적인 종교성과 연결돼 민감하고 따뜻한 양육 경험과 같은 근원을 느끼고 부모와 동일한 종교적 전통을 따르는 경향이 있다. 불안전한 사람들의 경우에는 불안전성이 보상에 의한 종교성의 형태와 관련되고 부모와 다른 종교를 따르는 경향이 있다. 여기서 불안전이 반드시 종교성으로 이어지는 것은 아님을 분명히 해야 한다. 흔히 안전한 사람들은 자신을 더 종교적이라고 주장하는 반면, 자신을 회피적으로 생각하는 사람들은 무신론자라고 주장하는 경우가 많다.[46]

이사벨 리벤은 자신의 논문에서 이 두 가설의 문제를 다루면서 널리 알려진 바 있는 내적 모형의 작용과 비교했다. 개인의 내적 모형이 종교적 영역과 겹쳐지고 그로 인해 영적 대상과의 관계의 질을 결정한다고 볼 수 있는가? 이는 곧 상관관계 가설로 연결된다. 한편 영적 대상과의 관계가 긍정적인 경험을 하게 한다고 보는 입장도 있다. 이는 보상 가설이다. 이 두 가설은 흥미로운 문제를 제기하고 있지만 현재로서는 답이 없다. 이와 같은 안전 경험이 개인의 내적 모형을 수정할 수 있을 것인가?

원천으로서의 종교는, 주로 노인들을 대상으로 연구되었다. 그중 한 연구는, 특히 노인들을 대상으로 영적 대상에 대한 애착의 문제를 탐구했다. 인터뷰를 통해 얻은 자료에 따르면, 특별히 이러한 애착은 죽음과 관련해 아주 큰 공포를 겪거나 가까운 사람을 잃는 경험을 하는 것과 관계돼 있는 것으로 보인다.[47] 특히 사후의 삶을 인정하는 종교에서 죽음의 두려움에 직면해 추구하는 적응 전략을 반영한 것일 수 있다. 또한 다른 연구에서 언급하고 있는 바와 같이, 상징적인 애착, 즉 신이나 사망한 사람과 같은 실재하지 않는 존재에 대한 관계에 의해 제공되는 안전감은 나이가 들어감에 따라 실재 애착 인물이 죽거나 더 이상 가용할 수 없게 됨에 따라 증가한다.[48] 이어서 애착과 죽음, 장례의 문제를 살펴보도록 하겠다.

질문 17. 죽음과 장례 후에 다시 애착을 맺을 수 있는가

장례를 치르는 국면에 이르게 될 경우에, 대체할 수 없는 사람, 즉 애착 인물이 사라졌을 때는 과연 어떤 일이 일어날 것인가? 이 문제를 이해하기 위해서는 먼저 장례 과정에서 일어나게 되는 단계의 개념에 대해 언급할 필요가 있다. 볼비와 콜린 파커스Colin Parkes[49]는 선구적 연구를 통해 엄마로부터 떨어진 어린아이들에게서 벌어지는 일련의 분리 과정을 항의, 실망, 탈애착이 반영된 네 단계로 구분한 바 있다.

장례 과정에서 일반적으로 보이게 되는 첫 번째 반응의 단계는 '무감각'의 단계다. 매장된 사람이 장례식으로부터 감정적으로 단절된 것처럼 조용하게 보이는 단계로 더 감정적 반응에 휘말릴 때까지 지속된다. 두 번째 단계는 마치 사라진 사람을 소생시킬 수 있을 것처럼 가장 심각한 반응을 보이는 '우울증'의 단계다. 애착 인물을 잃은 사람은 범죄자를 찾아 나설 수도 있고 망자나 위로를 하는 사람들에 대항해 화를 내기 시작할 수도 있다. 이어 상실을 돌이킬 수 없는 것으로 인식했다는 표시라고 할 수 있는 실망의 단계가 올 것이다. 이 단계에 해당되는 사람은 의기소침한 상태에 들어간다. 마지막으로 모든 것이 잘 돼 가면 새로운 감정적 집중이 이루어질 수 있는 정신적 '재조직화'의 단계가 뒤를 잇게 된다.

  이러한 단계들이 '정상적인' 장례의 단계로 묘사된다. 그러나 이와 같은 일반적인 단계 중 어느 한 단계 이상에 고정되거나 중지되는 경우도 있을 수 있다. 그러면 병리적인 장례가 된다. 한편, 프랑스 보르도의 정신건강의학자이며 복합적 장례 문제에 관한 전문가인 알랭 소트로드Alain Sauteraud[50]의 경우에는 '국면'이나 '단계'를 설정하지 않는다. 왜냐하면 장례마다 똑같지 않고 단계라는 용어 대신에 물결처럼 다시 덮쳐지는 개념이라는 생각을 하는 것이 더 낫다고 보기 때문이다. 정상적인 장례와 복잡하거나 병리적인 장례를 구분하는 것은 무엇보다도 기간일 것이다. 장례의 고통은 상실로 인한 찢어질 듯한 고통에 대한 정상적인 반응이라 하겠다. 죽음과 장례는 결핍으로 특징지어지며 이와 관련된 두려움은 존중받아야 한다. 그럼에도 불구하고 정상적인 슬픔이 심각한 질환이나 '복잡한 장례'로 악화될 수 있다. 보통 사망 후 6개월에서 1년의 기간을 넘어서도 삶의 질이 악화되는 경우다. 결핍은 공격적이 되고 개인의 고통 수준은 증가되며 마치 망자를 되살리려는 것처럼 기억을 강제적으로 소환하기도 한다. 마치 죽음이 일어나지 않은 것처럼 행동할 수도 있다. 예를 들면, 망자의 물건을 그대로 보존하는 것이다. 그와 같은 상태가 더 심각해질 수 있다. 가까운 이의 죽음으로 인해 감지되는 고통의 수준이 배우자를 잃은 이들은 두 배, 자녀를 잃은 부모는 네 배에 달하는 고통을 가중시킨다는 것이 관찰을 통해 보고되고 있다.

이 분야의 전문가들[51]에 따르면 죽음에 직면했을 때 가장 먼저 고통을 느끼는 것을 수용하고 이어 감정적으로 고통을 부정하지 않으면서 상실을 인정하고 실감하도록 하는 것이 중요하다고 한다. 다음으로 개인에게 특히 중요하다고 보이는 요소는 망자를 재위치화하는 개념이다. 하버드 의과대학의 윌리엄 워든_{William Worden}[52]이 제시한 개념이다. 망자를 재위치화하는 것은 알랭 소트로드가 말한 것처럼 망자의 흔적을 느끼고 망자가 자기 자신의 삶에 미친 영향과 영감을 수용하는 것이다. 따라서 이것은 망자와의 연계를 끊는 것이 아니고 연계를 전환하는 것이다. 예를 들면, 자신의 내면세계에서 대화나 이야기를 통해 평화로운 자리를 찾는 것이다. 요컨대 '함께 삶을 살았던 사람과 더불어 사는 것'으로 망자가 우리에게 준 모든 것을 느끼는 것이다. 우리로 하여금 망자를 다시 생각해 내고 삶의 역사를 죽음의 역사보다 재구성하지 못하도록 가로막는 것은 아무것도 없다.

사라진 사람의 죽음이 아닌 삶의 역사를 재구성하는 것은 유익하고 윤리적인 것처럼 보이기도 하는 과제다. 삶의 역사는 죽음을 살아 있는 사람들의 세계와 연결시킨다. 사망한 사람은 삶을 살았던 사람이다. 죽음으로서만 알 수 있는 희생자들이 너무 많다. 이 형태의 재위치화는 기억 작업이란 용어를 다시 빌려 설명할 수 있다. 창조적인 작업으로 망자의 기억을 재창조하는 것이다.

이 창조적 작업은 개인적이고 내적인 것이면서 공개적인 것일 수 있다. 예를 들면, 역사작가 이반 자브론카Ivan Jablonka는 민감하고 정열적인 두 작품 속에서 죽음으로 세상에 알려진 사람들에 대한 상세한 조사 작업을 통해 이들을 삶 속으로 이끌어 냈다. 먼저 어린 여자아이 라에티티아Laëtitia[53]의 예를 들었다. 대중에게는 암살된 것으로 알려졌지만 몇 페이지에 걸쳐 삶의 선물과도 같은 존재를 다시 찾아 낼 수 있었다. 이어 당시만 해도 인종말살의 희생자로서만 알려졌던 작가의 조부모도 등장한다.[54] 역사가들의 추후 조사 덕분에 그들의 삶, 투쟁, 희망과 절망이 알려지게 되었다. 앞에서 언급한 바 있는 노인들에게로 다시 돌아가 보면, 이들은 가까운 사람을 잃은 후에 외로움에 직면하게 될 때 종종 반려동물에 감정을 쏟아 붓는 것이 목격된다. 그렇다면 반려동물은 애착의 대상이 될 수 있는가?

질문 18. 반려동물에 대한 애착은 어떠한가

동물에 대한 애착을 논하기에 앞서 과거에 유행했던 내분비계 연구로 잠시 우회해 보자. 애착 호르몬인 옥시토신이나 스트레스 호르몬인 코르티솔에 대해 들어 보지 못한 사람은 많지 않을 것이다. 사실 이 이름은 의미론적인 표현으로 엄밀히 말하자면 정확한 것은 아니다. 코르티솔은 앞서 언급한 바와 같이 스트레스 호르몬이라고 해서는 안 되고 저자의 동료인 피에르 부스타니_{Pierre Bustany}의 말을 빌리면 스트레스 해결 호르몬이라 불러야 할 것이다. 개인이 역경이나 위협의 상황에 처했을 때 타액에 코르티솔 비율이 증가하는 것은 사실이다. 이 상황에서는 신체반응으로 스트레스 축이라 일컫는 부위 또는 시상하부 점액 HPA_{hypothalamique-pituitaire-adrénocortical} 축의 활성화가 일어난다. 이는 곧 부신에 의해 분비되는 코르티솔과 같은 일정 양의 호르몬을 뇌와 혈액에 분출시킨다. 예컨대, 타액 속의 코르티솔 비율의 변화는 스트레스 축의 활성화를 표시하는 가치 있는 지표가 된다. 신체에서 코르티솔의 기능은 흔히 생각되는 것처럼 부정적인 것이 아니다. 정반대로 그 역할은 신체로 하여금 혈액 내 포도당의 증가를 자극해 에너지의 주된 방어를 준비하게 한다. 한편 코르티솔은 면역체계의 일부 반응을 억제하기도 한다.

옥시토신이라는 말은 그리스어의 '빠른 탄생_{naissance rapide}'에서 온 것으로, 기억하는 바와 같이 사랑 또는 애착 호르몬으로도 불린다. 포유류의 뇌에서 시상하부에 의해, 특히 사회적 행동과정, 정확히 말하면 모유처럼 재생산과 연계된 행동과 관련돼 분비되기 때문이다. 또한 보살핌을 주고받을 때처럼 일부일처제 아래에서 부부 간의 밀접한 신체접촉과 관련돼 분비되기 때문이다. 이 분야 연구의 선구자인 수 카터_{Sue Carter}[55]는 일부일처제 들쥐 암수 간의 밀접한 신체접촉이 뇌의 옥시토신 분비를 유발하며, 뇌척수에 옥시토신을 주입할 때 암수 간의 관계가 촉진된다는 것을 처음으로 밝혔다. 인

간의 경우에도 성적 대상의 근접과 덜 낭만적인 옥시토신의 흡입
이 스트레스 상황에서 같은 효과를 나타낸다. 즉, 스트레스 축의 활
동을 완화하고 그 결과 코르티솔을 생산한다.[56] 왜 옥시토신을 흡
입하는가? 산부인과 작업을 수월하게 하기 위해서다. 연구자들에
게는 이 물질의 일부를 뇌에 통과시키는 방법이 된다. 대안은 없
다. 게다가 옥시토신의 흡입은 평온하고 행복한 상태를 만든다.[57]
그러나 코르티솔처럼 표현에 주의해야 하면서 옥시토신의 사랑 호
르몬의 이미지를 상대화해야 한다. 저자는 영광스럽게도 2010년에
스트레스 상황에서 다소 역설적이게도 옥시토신이 분비된다는 가
설을 확인한 첫 출간을 주도했었다.[58] 그러나 이는 다른 이야기고
지금은 인간과 동물 간의 교류에 다시 초점을 맞추도록 하겠다.

　스웨덴의 한 연구는 주인과 개 사이에 일어나는 상호작용의 순
간, 즉 주인이 몇 분간 개에게 말하면서 안아 주게 되면 둘 다에게
서 옥시토신 수준의 증가가 유발된다는 것을 입증할 수 있었다.[59]
주인에게서 옥시토신이 증가하는 것과 동시에 주인은 개와의 관계
를 더욱 긍정적으로 묘사하는 경향을 보였다. 아울러 이 분야의 이
론에 따르면, 주인의 코르티솔 수준은 예견할 수 있는 방식으로 낮
아진다. 반대로, 설명되지는 않았지만 개에게서는 일종의 흥분으
로 인해 이 수준이 증가했다. 연구자들의 경우 주인과 개의 관계는
내분비선과 행동요법의 관점에서 엄마와 아이의 관계와도 기능적
인 유사성을 갖고 있다. 툴롱의 동물행동학자이면서 행동요법 수
의사인 클로드 베타Claude Beata[60]가 확인한 것은 신경회로와 연관된
신경내분비 유형이 유사할 것이라는 것이다. 저자의 동료이기도

한 행동요법 수의사인 플로렌스 메이Florence May는 개와 주인을 '낯선 상황'에 있게도 했다. 우리가 함께 분석한 결과에 따르면 개들은 주인이 실험실에 왔다갔다 하는 상황에서 에인스워스가 묘사한 애착 유형과 매우 흡사한 애착 유형을 보이는 것을 확인할 수 있었다.

이것은 일리가 있다. 매슬로Maslow가 설명한 바 있는 동기의 위계에서 안전의 욕구는 생리적 욕구에 이어 그리고 소속의 욕구에 앞서 두 번째를 차지한다.[61] 그런데 개와 인간 사회의 공진화共進化의 관점에서 개의 가축화의 중요한 일면은 집단의 보호를 위한 보호자의 역할을 하는 것이다. 따라서 반려동물은 그 기원으로 거슬러 올라가 볼 때 안전과 보호의 적응 기능을 애착과 공유한다고 할 수 있다.

반려동물이 안전과 보호를 가져온다는 이와 같은 생각은 다른 스웨덴 연구팀[62]의 연구와 같이 언뜻 보기에는 상관이 없을 것처럼 보이는 인간의 장수와 개 소유 간의 관계에 관심을 가질 때 특별히 강조되고 있다. 연구자들은 약 35,000명의 스웨덴인을 대상으로 한 12년 간의 추적 연구를 통해 홀로 살면서 개를 소유한 사람이 개를 소유하지 않은 사람에 비해 심혈관 질환 사망률이 36% 낮다는 것을 발견했다. 개의 존재는 신체활동을 위한 동기부여 외에 사회적 지원에도 기여하여 심혈관 질환과 관련 있는 요인인 외로움으로 인한 스트레스를 감소시킨다는 가설을 세우도록 한다.

간단히 말해 상호 특정적인 소속 행동은 인간과 개 사이에서와 같이 사회정서적이고 신경내분비적인 조절에 기여하고 육체와 정신 건강에도 영향을 미칠 수 있다. 그러면 다른 존재로서, 영적 대상이나 반려동물이 애착을 특징으로 하는 이 유명한 안전감을 가져다줄 수 있는 유일한 존재인가? 우리 주위를 둘러싸고 있는 사물, 우리가 애지중지하는 애장품, 종종 헤어지지 못하게 되는 물건은 어떠한가?

질문 19. 사물에 대한 애착에 대해서도 논할 수 있는가

집이 인간이 아닌 첫 애착 사물이라는 것은 누구나 생각해 볼 수 있을 것이다. 산토끼와 땅굴을 비유로 들자면 우리 인간은 유목민의 기원을 갖고 있으며 사물보다 사람에게 더 애착을 갖고 있지만 우리들 대부분은 정주하게 됐고 우리의 '땅굴'이 중요하다는 것을 인정할 수 있을 것이다.

아이가 가족을 그릴 때 집은 가족의 구성원처럼 굴뚝, 창문, 문 그리고 집으로 이어진 길이 자리를 차지한다. 집은 가족의 초상화에 등장한다. 집은 피난처, 은신처로서 이상적이고 움직일 수 없는 물체로, 간단히 말해 안전의 원천이라고 할 수 있다. 집은 보호하고 수용하며 자신과 가족의 주체를 이룬다.

그러나 다른 사물들도 애착 이론이 묘사한 것과 비슷한 욕구를 채울 수 있다. 한 실험에서 5세 된 아이들에게 어떤 아이들은 이기고 어떤 아이들은 지는 놀이를 제안했다.[63] 이어서 자기가 좋아하는 물건을 다른 아이에게 밤에 빌려 주는 것에 동의할 것인지를 물어보자 놀이에서 이긴 아이들은 진 아이들보다 더 잘 빌려 주는 경향을 보였다. 이는 우리에게 신뢰를 주는 사물은 외로운 상황에서 우리에게 위안을 준다는 것을 말한다. 동일한 유형의 실험이 어른들을 대상으로도 시도되었다.[64] 한 집단에게는 가까운 사람에 의해 실망한 사실을 담은 세 가지 이야기를 써 보도록 했다. 다른 집단에게는 경험한 실망을 환기해 이야기를 써 보게 했다. 친근하지 않은 사람들로부터 온 것이었다. 첫 번째 집단의 성인은 연인이나 배우자에 대한 불신에 직면했을 때 물건에 대해 더 강한 애착을 이야기했다.

진보적 관점에서 보면 우리가 사물, 즉 음식, 장비, 무기로 둘러싸여 있을 때 아마도 덜 취약하다고 할 수 있을 것이다. 그리고 사물의 의인화는 다른 사람에 대한 불가용성이나 불확실성을 보상하게 한다고 할 수 있다. 아이들은 사물이 자신의 일부를 포함하거나 유지하고 있다고 믿기도 한다. 이때 자신의 소유물이 자기가 좋아하지 않는 사람과 접촉하는 것을 참지 못하는 역행적인 전염 형태의 생각을 드러내기도 한다.[65]

사물이 자신의 일부를 지니고 있다는 이러한 환상이나 환영은 전이적 사물의 개념 곧 현실과 상상, 자아와 비자아 사이의 중간지대에 있는 현상이나 사물을 묘사한다. 그러나 이는 어린아이들에게만 해당하는 것이 아니다. 사물의 강제적 축적은 사물이 자신의 일부라는 신호일 수 있다. 사물은 안전을 느끼기 위한 성채처럼 개인의 정체성을 보호한다. 사물의 획득은 자부심과 기쁨의 소재가 될 수 있고 사물의 상실은 죄의식, 두려움, 슬픔의 원천이 될 수 있다.

저자는 어린 시절 트라우마를 겪은 화가인 에드바르드 뭉크Edvard Munch의 전기에 관심을 기울이게 되었다. 그는 폭력적이고 불안하며 신경질적인 아버지와 그가 다섯 살 때 결핵으로 사망한 병든 어머니 사이에서 태어났다. 뭉크는 엄마의 죽음을 곁에서 지켜보았는데, 이후로 줄곧 죽음이 그의 창작을 따라다니는 주제가 되었다. 뭉크의 누이 가운데 하나도 어머니와 같은 병으로 죽었다. 애착 인물의 상실에 따른 트라우마로 인해 뭉크는 심인성 신체 질환을 앓았다. 즉, 결핵에 대한 공포로 인한 심기증과 이에 동반해 나타난 자손에 대한 거부증, 정신병, 광장공포증, 망상증 등으로 악화된 질환에 시달리게 되었다. 뿐만 아니라 정신적 외상 후 스트레스 증상, 특히 자기 자신의 내면세계에 외부세계가 분출되는 인상을 표출하곤 했다. 그는 자신의 감각이 지나치게 자극을 많이 받는다는 고통을 종종 토로하기도 했다. 일례로 자신의 유명한 그림 가운데 하나인 〈비명Le Cri〉에 대해 다음과 같이 논평한 적이 있다. "나는 친구 둘과 길에서 산책을 하고 있었어요. 그런데 그때 해가 지면서 갑자기 하늘이 핏빛처럼 빨갛게 변했어요. 나는 멈춰 섰고 갑자기 몸에서 힘이 빠지는 것처럼 느꼈고 담장에 기댔어요. 검푸른 색의 항구 위와 마을에 피와 불꽃이 일렁이는 것 같았어요. 그때 친구들이 내게로 다가왔고 나는 두려움에 떨면서 몸을 일으켰어요. 그러고는 주위를 가로지르는 끝없는 비명이 들려 왔어요."[66]

　편집증에 대한 사고와 심리를 환기해 보면, 뭉크가 그린 말년의 그림은 말 그대로 그를 둘러싸고 있는 과잉자극 또는 외부세계에 대항하는 물리적 보호벽을 구축하고 있는 것처럼 보인다. 뭉크는 자신의 작품이 마치 그를 보호하는 것처럼 느끼게 되었고 자기의 작품을 팔고 작품과 헤어지는 것을 힘겨워했다. 뭉크의 경우를 통해 상실과 결핍의 강박적 맥락에서 개인에 의해 창조되고 과도하게 열중했던 물건이 안전의 기능을 발휘할 수 있다는 것을 알게 된다.

비교적 덜 극적인 맥락에서 인간의 소비에 대해 생각해 보면, 소비가 불안전이나 욕구불만에 직면해 일종의 '심리적 처방약'의 구실을 하게 된다는 생각을 해 볼 수 있다.[67] 바야흐로 우리는 소비와 관련된 우리의 습관과 관계를 획기적으로 바꾸게 되는 혁신의 새벽에 와있다고 할 수 있다. 이와 같은 사물의 '의인화'에서 의심할 여지없이 로봇이 중요한 역할을 수행하게 될 것이다. 스마트폰을 생각해 보면 우리의 관계와 생활에 테크놀로지가 미치는 대격변의 중요성을 엿볼 수 있을 것이다. 앞서 언급한 실험으로 돌아가서, 친근한 사람들이나 그렇지 않은 사람들에 의해 실망한 이야기에 대해 써 보도록 한 실험 상황에서 연구자들은 몇몇 실험 대상자에게 실험이 진행되는 동안 휴대폰을 맡기도록 했다. 그러자 참가자들은 정말로 자신의 휴대폰과 결별하는 것에 대한 두려움을 나타냈고 가능한 한 빨리 실험을 끝내려 했다.

저자의 또 다른 동료인 로렌스 마르텔Laurence Martel은 청년들을 대상으로 애착과 휴대폰 사이의 관계에 대한 논문[68]을 발표한 바 있다. 그녀는 청년들이 휴대폰과 유지하는 관계는 그것을 잃어버리게 될 경우 트라우마를 겪게 되는 일종의 사물에 대한 애착의 형태라고 말한다. 신체가 연장된 것과도 같은 일종의 인공 보철, 두 번째 피부, 자아의 연장이 문제였다. 청년이 자기가 접촉하는 것에게서 위안을 찾는다는 의미에서 전이적인 사물로 간주할 수 있다. 전이적 사물의 기능이라 할 수 있는 안전은 사물이 표현하는 다른 무엇이기보다 사물 자체로부터 나온다는 것이다. 특히 청년들에게는 이 사물의 중요성이 의심할 여지없이 이 시기의 삶을 특징짓는 관계적 불안전성과 관련돼 있다. 휴대폰은 접속에 관한 엄청난 잠재력을 대표하며 항상 접속돼 있어야 한다는 욕구를 채워 주고 버려져 있다고 느끼는 염려를 피하고 싶어 하는 욕구를 충족시켜 준다. 이러한 관점에서 볼 때 휴대폰은 일종의 '안전 도구'를 대변하는 것이라고 할 수 있다.

애착과 휴대폰의 문제를 넘어 다른 사람의 존재를 대체하는 경향이 있는 화면에 일반적인 문제가 있다. 이 문제는 특히 아주 어린 아이들에게서 두드러지게 나타난다. 화면은 아주 어린아이들에게 마치 최면에 걸린 것처럼 시선을 사로잡게 만드는 강력한 매력을 발휘한다.[69] 이 매력은 외부세계를 느끼게 하는 신체적·감각적 탐험을 저해하는 방향으로 작용한다. 이와 같은 화면에 과도하게 노출되면 가까운 사람과의 상호작용을 갈망하는 필수적 욕구나 관계의 동시성, 동반자적 주의가 차단되기 쉽게 될 것이다.

새로운 테크놀로지, 물건에 대한 지나친 소비, 특히 무선 전화기의 발달과 보급은 다른 사람과의 관계 양상을 수정하게 하고 그로 인해 애착 관계의 성격도 바꿔놓게 만든다.

애착 이론은 문화, 역사, 성차를 넘어 인간성의 존재라는 개념 위에 기초해 보편적인 이론이기를 바란다. 이러한 성격은 우리 인류 종의 진보적이고 적응적인 측면 위에 기반하고 생물학적 존재 속에 근거하게 될 것이다. 이러한 사실 위에서 애착 영역의 연구는 역사적 차이나 문화적 차이를 고려하지 않는다. 이제부터는 이 문제에 대해 살펴보도록 하겠다.

미주

1. Stendhal. (1965). *De l'amour* [1820]. Garnier-Flammarion, p. 34.

2. Bretherton, I., Ridgeway, D. & Cassidy, J. (1990). Assessing internal working models of the attachment relationship: An attachment story completion task for 3-year-olds, in M. T. Greenberg, D. Cicchetti, E. M. Cummings (dir.), *Attachment in the Preschool Years: Theory, Research and Intervention*. University of Chicago Press, pp. 273-308.

3. Zaouche-Gaudron, C. & Pierrehumbert, B. (dir.). (2008). Les représentations d'attachement chez l'enfant. *Enfance*, numéro thématique, 1. 참조.

4. Main, M., Kaplan, N. & Cassidy, J. (1985). Security in infancy, childhood, and adulthood: A move to the level of representation, in I. Bretherton, E. Waters (dir.). *Growing Points of Attachment Theory and Research*, *op. cit.*, pp. 66-104.

5. Fraiberg, S. H., Adelson, E. & Shapiro, V., Fantômes dans la chambre d'enfants. art. cit.

6. Fonagy, P., Steele, M., Moran, G., Steele, H. et al., Measuring the ghost in the nursery…, art. cit.

7. Bretherton, I. (2000). Des modalités de relation aux modèles internes: la perspective de la théorie de l'attachement, in O. Halfon, F. Ansermet, B. Pierrehumbert (dir.). *Filiations psychiques*. PUF, pp. 33-60.

8. Main, M. & Hesse, E. (1990). Parents' unresolved traumatic experiences are related to infant disorganized attachment status: Is frightened and/ or frightening parental behavior the linking mechanism?, in M. T. Greenberg, D. Cicchetti, E. M. Cummings (dir.). *Attachment in the Preschool Years*. University of Chicago Press, pp. 161-182.

9. *Ibid.*

10. Lakatos, K., Nemoda, Z., Toth, I., Ronai, Z., Ney, K., Sasvari-Szekely, M. & Gervai, J. (2002). Further evidence for the role of the dopamine D4 receptor (DRD4) gene in attachment disorganization: Interaction of the exon III 48-bp repeat and the –521 C/T promoter polymorphisms. *Molecular Psychiatry, 7*(1), pp. 27-31.

11. Belsky, J., Bakermans-Kranenburg, M. & Van IJzendoorn, M. H. (2007). For better and for worse: Differential susceptibility to environmental influences. *Current Directions in Psychological Science, 16*(6), pp. 300-304.

12. Saavedra Rodriguez, L. & Feig, L. A. (2013). Chronic social instability induces anxiety and defective social interactions across generations. *Biol. Psychiatry, 73*, pp. 44-53.

13. Chalier, J., Hirsch, M. & Estay Stange, V. (2017). Hantés par la mémoire. *Esprit, 438*, pp. 39-111.

14. Main, M. & Cassidy, J. (1988). Categories of response to reunion with the parent at age 6: Predictable from infant attachment classifications and stable over a 1-month period. *Developmental Psychology, 24*, pp. 415-426.

15. Crowell, J. A. & Treboux, D. (1995). A review of adult attachment measures: Implications for theory and research. *Social Development, 4*, pp. 294-327.

16. Pinquart, M., Feußner, C. & Ahnert, L. (2013). Meta-analytic evidence for stability in attachments from infancy to early adulthood. *Attachment and Human Development, 15*(2), pp. 189-218.

17. 마이애미 가족연구센터(Family Study Center)를 운영하는 파트리시아 크리텐덴(Patricia Crittenden)의 공식.

18. Van IJzendoorn, M. H. (1995). Adult attachment representations, parental responsiveness, and infant attachment: A meta-analysis on the predictive validity of the Adult Attachment Interview. *Psychological Bulletin, 117*(3), pp. 387-403.

19. Miljkovitch, R. (2012). *L'Amour malin. Pour mieux aimer et être aimé.* Éditions Philippe Duval.

20. Kirkpatrick, L. A. (1999). Attachment and religious representations and behaviour, in J. Cassidy, P. R. Shaver (dir.), *Handbook of Attachment: Theory, Research, and Clinical Applications.* The Guilford Press, pp. 336-355.

21. Shaver, P., Hazan, C. & Bradshaw, D. (1988). Love as attachment, in R. J. Sternberg, M. L. Barnes (dir.), *The Psychology of Love.* Yale University Press, pp. 68-99.

22. Crowell, J. A., Treboux, D., Gao, Y., Fyffe, C., Pan, F. L. & Waters, E. (2002). Assessing secure base behavior in adulthood: Development of a measure, links to adult attachment representations, and relations to couples' communication and reports of relationships. *Developmental Psychology, 38*, pp. 679-693.

23. Van IJzendoorn, M. H. & Bakermans-Kranenburg, M. J. (1996). Attachment representations in mothers, fathers, adolescents, and clinical groups: A meta-analytic search for normative data. *Journal of Consulting and Clinical Psychology, 64*, pp. 8-21.

24. Pierrehumbert, B., Santelices, M. P., Ibáñez, M., Alberdi, M., Ongari, B., Roskam, I., Stievenart, M., Spencer, R., Fresno Rodríguez, A. & Borghini, A. (2009). Gender and attachment representations in the preschool years: Comparisons between five countries. *Journal of Cross-Cultural Psychology, 40*, pp. 543-566.

25. Bretherton, I., Ridgeway, D. & Cassidy, J. Assessing internal working models of the attachment relationship…. art. cit.

26. Page, T. & Bretherton, I. (2003). Gender differences in stories of violence and caring by preschool children in postdivorce families: Implications for social competence. *Child and Adolescent Social Work Journal, 20*, pp. 485-508.

27. Oppenheim, D., Nir, A., Warren, S. & Emde, R. N. (1997). Emotion regulation in mother-child narrative coconstruction: Associations with children's narratives and adaptation. *Developmental Psychology, 33*, pp. 284-294.

28. 예를 들면, Carlson, V., Cicchetti, D., Barnett, D. & Braunwald, K. G. (1989). Finding order in disorganization: Lessons from research on maltreated infants' attachments to their caregivers, in D. Cicchetti, V. Carlson (dir.), *Child Maltreatment: Theory and Research on the Causes and Consequences of Child Abuse and Neglect.* Cambridge University Press, pp. 494-528.

29. Taylor, S. E., Klein, L. C., Lewis, B. P., Gruenewald, T. L., Gurung, R. A. & Updegraff, J. A. (2000). Biobehavioral responses to stress in females: Tendand-befriend, not fight-or-flight. *Psychological Review, 107*, pp. 411-429.

30. Posada, G. (2001). Child-mother attachment relationships and culture. *American Psychologist, 56*, pp. 821-822.

31. Miljkovitch, R., Walsh, E., Donati, A., Pierrehumbert, B., Rossier, J. & von Gunten, A. (2017). Attachment in the elderly: Respective roles of early and/or later relationships on coping with early cognitive disorders. communication présentée à l'IAC(International Attachment Conference), Londres.

32. Miljkovitch, R., Moss, E., Bernier, A., Pascuzzo, K. & Sander, E. (2015). Refining the assessment of internal working models: The Attachment Multiple Model Interview. *Attachment and Human Development, 17*(5), pp. 492-521.

33. Walsh, E., Blake, Y., Donati. A., Stoop, R. & von Gunten, A. (2019). Early secure attachment as a protective factor against later cognitive decline and dementia. *Front. Aging Neurosci., 11*, p. 161.

34. Schaie, K. W. & Willis, S. (dir.). (2016). *Handbook of the Psychology of Aging.* Academic Press, 8e édition.

35. Van Assche, L., Luyten, P., Bruffaerts, R., Persoons, P., van de Ven, L. & Vandenbulcke, M. (2013). Attachment in old age: Theoretical assumptions, empirical findings and implications for clinical practice. *Clin. Psychol. Rev., 33*(1), pp. 67-81.

36. Bonnet, M. (2012). L'attachement au temps de la vieillesse. *Dialogue, 4*(198), pp. 123-134.

37. Delage, M. & Lejeune, A. (2017). *La Mémoire sans souvenir.* Odile Jacob.

38. Zhang, F. & Labouvie-Vief, G. (2005). Stability and fluctuation in attachment style over a 6-year period. *Attachment and Human Development, 6*(4), pp. 419-437.

39. le journal *La Gruyère*(2003)에서 인용.

40. Kirkpatrick, L. A. (1999). Attachment and religious representations and behaviour, in J. Cassidy, P. R. Shaver (dir.), *Handbook of Attachment: Theory, Research, and Clinical Applications.* The Guilford Press, pp. 336-355.

41. Rieben, I. (2012). *Qualité de l'attachement dans la psychose et figures spirituelles*, thèse en psychologie, faculté des sciences sociales et

politiques de l'Université de Lausanne.

42. Winnicott, D. W. (1959). Le destin de l'objet transitionnel. *Journal de la psychanalyse de l'enfant*, *1*(6), pp. 17-24.

43. Kirkpatrick, L. A. & Shaver, P. R. (1992). An attachment-theoretical approach to romantic love and religious belief. *Personality and Social Psychology Bulletin*, *18*(3), pp. 266-275.

44. Kirkpatrick, L. A. & Shaver, P. R. (1990). Attachment theory and religion: Childhood attachments, religious beliefs, and conversion. *Journal for the Scientific Study of Religion*, *29*(3), pp. 315-334.

45. Granqvist, P., Ivarsson, T., Broberg, A. G. & Hagekull, B. (2007). Examining relations between attachment, religiosity, and New Age spirituality using the Adult Attachment Interview. *Developmental Psychology*, *43*, pp. 590-601.

46. Kirkpatrick, L. A. & Shaver, P. R. (1992). An attachment-theoretical approach to romantic love and religious belief. art. cit.

47. Cicirelli, V. (2004). God as the ultimate attachment figure for older adults. *Attachment and Human Development*, *6*(4), pp. 371-388.

48. Van Assche, L., Luyten, P., Bruffaerts, R., Persoons, P., van de Ven, L. & Vandenbulcke, M. (2013). Attachment in old age: Theoretical assumptions, empirical findings and implications for clinical practice. art. cit.

49. Parkes, C. M. (1991). Attachment, bonding, and psychiatric problems after bereavement in adult life, in C. M. Parkes, J. Stevenson-Hinde, P. Marris (dir.), *Attachment Across the Life Cycle*. Tavistock/Routledge, pp. 268-292.

50. Sauteraud, A. (2012). *Vivre après ta mort. Psychologie du deuil*. Odile Jacob.

51. https://www.aftcc.org/interview-sauteraud.

52. Worden, J. W. (1991). *Grief Counseling and Grief Therapy: A Handbook for the Mental Health Practitioner*. Routledge, 2ᵉ edition.

53. Jablonka, I. (2016). *Laëtitia ou la Fin des hommes*. Seuil.

54. Jablonka, I. (2012). *Histoire des grands-parents que je n'ai pas eus*. Seuil.

55. Carter, C. S. (1998). Neuroendocrine perspectives on social attachment and love. *Psychoneuroendocrinology, 23*(8), pp. 779-818.

56. Heinrichs, M., Baumgartner, T., Kirschbaum, C. & Ehlert, U. (2003). Social support and oxytocin interact to suppress cortisol and subjective responses to psychosocial stress. *Biol. Psychiatry, 54*, pp. 1389-1398.

57. Uvnäs-Moberg, K. (1998). Oxytocin may mediate the benefits of positive social interaction and emotions. *Psychoneuroendocrinology, 23*(8), pp. 819-835.

58. Pierrehumbert, B., Torrisi, R., Laufer, D., Halfon, A., Ansermet, F. & Beck Popovic, M. (2010). Oxytocin response to an experimental psychosocial challenge in adults exposed to traumatic experiences during childhood or adolescence. *Neuroscience, 166*, pp. 168-177.

59. Petersson, M., Uvnäs-Moberg, K., Nilsson, A., Gustafson, L. L., Hydbring-Sandberg, E. & Handlin, L. (2017). Oxytocin and cortisol levels in dog owners and their dogs are associated with behavioral patterns: An exploratory study. *Front. Psychol., 8*, p. 1796.

60. Beata, C. (2009). Le chien, modèle d'attachement, in C. Beata (dir.), *L'Attachement*. Solal, pp. 195-199.

61. Muller, G. (2009). Attachement à l'animal et maladie. in *ibid.*, pp. 19-23.

62. Mubanga, M., Byberg, L., Nowak, C., Egenvall, A., Magnusson, P. K., Ingelsson, E. & Fall, T. (2017). Dog ownership and the risk of cardiovascular disease and death-A nationwide cohort study. *Nature. Scientific Reports, 7*, article 15821.

63. Diesendruck, G. & Perez, R. (2015). Toys are me: Children's extension of self to objects. *Cognition, 134*, pp. 11-20.

64. Keefer, L. A., Landau, M. J., Rothschild, Z. K. & Sullivan, D. (2012). Attachment to objects as compensation for close others' perceived unreliability. *Journal of Experimental Social Psychology, 48*(4), pp. 912-917.

65. Russo, F. (2018). Our stuff, ourselves. *Sciam*, mai, pp. 66-71.

66. 일례로 케틸 뵤른스타드(Ketil Bjornstad)의 뭉크(Munch)에 대한 자서전 참조. Bjornstad, K. (2001). *The Story of Edvard Munch*. Arcadia Books.

67. Russo, F. (2018). Our stuff, ourselves. art. cit.

68. Martel, L. (2016). *Téléphone portable, attachement et prise d'autonomie à l'adolescence*, thèse en psychologie. université Paris-VIII-Vincennes-Saint-Denis.

69. Marcelli, D., Bossière, M. C. & Ducanda, A. L. (2018). Plaidoyer pour un nouveau syndrome "Exposition précoce et excessive aux écrans". *Enfances et psy, 79*, pp. 142-160.

오늘날의 생생한
이론으로서의 애착

LOVE

제4장

질문 20. 타인에 대한 욕구와 자율의 욕구는 모순적인가

잠시 18세기 말로 돌아가 두 인물을 살펴보자. 두 사람이 서로 비슷하지 않을 것 같지만 서로 가까운 것은 분명하다. 그 중 한 사람은 장자크 루소Jean-Jacques Rousseau로 모성애적 헌신을 예찬하고 당대 유명했던 유모수유의 관행에 반대하고 모유수유를 높이 평가했다. 다른 사람은 막시밀리앙 로베스피에르Maximilien Robespierre다. 하지만 그의 별명이 '청렴결백자l'Incorruptible'였던 것을 감안하면 그가 테러에 참여했을 가능성은 거의 없다.[1] 루소의 독트린을 추종한 것이 전부였다.[2] 그는 자신을 『고백론Confessions』을 쓴 저자의 영적인 아들로 간주하기도 했다. "한 인간은 숭고한 영혼과 위대한 인격으로 인류의 가정교사로서 교육의 수장이 될 자격이 있음을 보여 준다……. 아! 그를 혁명의 선구자로 팡테옹Panthéon에 묻히게 했던 이 혁명을 보았다면 그의 위대한 영혼이 정의와 평등이라는 대의명분을 정열적으로 옹위한 것을 그 누가 의심할 수 있겠는가?"[3]

로베스피에르는 루소의 새로운 사상에 영향을 받아 가족수당 지원체제의 기초를 세웠다. 콩방시옹에서 국가교육 계획을 발표하여

근대사회에서 가족이 차지하는 지위의 윤곽을 드러냈다. 엄마와 아이 관계의 '프라이버시'를 존중하고 이 프라이버시의 증진과 보호에 관한 공권력의 책임을 명확히 했다. 물론 아이와 가족에 관한 사적 영역과 공적 영역 사이의 미묘한 균형은 각 개인의 역사에 따라 다르다. 그리고 가족과 국가 간의 관계의 성격에 따라 좌우된다.

　루소가 이미 강조한 것처럼 엄마와 아기를 연결하는 자연적 결속이 무한정 지속되는 것이 아닌 것은 확실하다. 『사회계약Contrat social』을 쓴 루소에게 인간은 자연적 욕구를 가지고 태어나지만 자유롭게 태어나는 존재였다. 아이가 자라면서 부모와의 관계는 자발적인 기초 위에서 변화될 수 있다. 엘리자베스 바댕테르Élisabeth Badinter가 말한 것처럼 이 관계는 '우발적이고 더 이상 필요하지 않은'[4] 것이 된다. 자주 인용되곤 하는 루소의 말을 기억해 보면 다음과 같다. "각 가정은 서로 간의 애착만큼 잘 단합된 작은 사회가 되고 그 유일한 연결선은 자유다."[5] 간단히 말해 우리는 두 가지 중요한 욕구, 즉 자연적 결속의 욕구와 자유의 욕구에 활기를 띠게 된다는 것이다.

　볼비Bowlby는 애착 체계와 탐험 체계에 대해 말하고 루소는 결속과 자유에 대해 말한다. 여기서 우리는 소속의 욕구와 자율의 욕구를 이야기한다. 이처럼 서로 다른 형태의 공식은 다른 각도에서 감지되는 동일한 현실을 표현하는 것일 수 있다.

자신과 잘 지내고 타인과도 잘 지내기

김 바르토로메우Kim Bartholomew와 레오나르드 호로비츠Leonard M.

Horowitz[6]는 애착의 범주를 좀 다르게 설명해야 한다고 주장하고 있지만 에인스워스Mary Ainsworth와 제자들이 설정한 범주와 크게 다르지는 않다. 이 점은 이미 위에서 환기한 바 있다. 그들의 방법을 한마디로 하면 성인용 설문에 기초하여 다른 사람과의 애착 관계를 어떻게 인식하는지를 평가하는 것이었다. 메리 메인Mary Main은 성인의 애착을 평가하기 위한 동일한 목적으로 인터뷰 방법을 토대로 다른 선택을 했다. 설문의 이점은 사람들이 대답하고 싶은 것을 표출하길 바라는 대로 답하도록 하는 것이다. 이른바 '사회적 바람직성'이라고 기술적으로 일컫는 바에 부응해 응답하게 하는 것이다. 이러한 관점에서 인터뷰는 생각을 미화하거나 침묵하거나 우회하는 것을 탈피하고 극복하게 하는 데 더 적절하다. 설문은 사용이 간편하고 코드화하기가 수월하다는 다른 이점이 있다. 즉, 응답자로 하여금 쉽게 부호화하고 숫자화하여 정량화할 수 있는 폐쇄형의 질문에 답하도록 하는 것이다. 메리 메인의 경우는 애착 범주의 논리에 머물고 있다. 바르토로메우와 호로비츠의 설문은 점수로 말할 수 있다. 앞서 언급한 바와 같이 애착은 범주의 문제로 안전이나 회피 등의 문제인지, 아니면 정량적·차원적 의미로 매우 안전한지, 약간 안전한지와 같은 수준으로 이해될 수 있는지를 두고 논쟁을 벌일 수 있다. 이론가들의 문제가 있기는 하지만 여기서는 학파에 대한 논쟁으로 들어가지 않고 연구자들이 말하고 있는 바를 살펴보도록 하자.

　우선 저자의 연구진이 번역해 사용한 관계 척도 설문RSQ: Relationship Scales Questionnaire의 항목을 예로 들어 보도록 하겠다.

- 나는 내가 다른 사람을 필요로 할 때 그들이 거기에 있을 것이라는 것을 안다.
- 나에게 있어서는 독립성을 느끼는 것이 매우 중요하다.
- 내가 다른 이들을 평가하듯 다른 이들이 나를 평가하지는 않을지가 두렵다.
- 내가 다른 사람과 너무 밀접한 관계가 되면 견뎌 낼 수 있을지가 두렵다.

    응답자는 30개 문항 각각에 '전혀' '드문' '때로' '자주' '항상'이란 답을 하게 된다.

    설문의 경우는 정량적이지만 앞에서 보고한 항목의 예에서 볼 수 있는 것처럼 에인스워스가 묘사한 서로 다른 애착 유형에서 착안한 것이라는 것을 알 수 있다. 앞의 세 가지 항목에는 각각 안전, 회피, 저항이 대응되고 네 번째 항목에는 바르토로메우와 호로비츠의 설문에서 새롭게 제시된 유형의 애착이 대응된다.

    여기서 두 가지를 분명히 해야 할 필요가 있다. 첫째는 어휘적 항목이다. 전통적 관점에서는 애착의 '범주'나 '유형'을 거론한다. 설문에서는 애착 유형을 말한다. 그 이유는 정량적 논리를 따르기 때문이다. 애착의 유형으로는 안전 유형, 회피 유형, 집착 유형과 마지막 네 번째로 두 연구자가 발견하고 명명한 '공포fearful' 유형이 있다. 이때 네 번째 새로운 유형은 에인스워스가 발견한 네 번째 애착 범주인 혼란 유형과는 아무런 관계가 없다는 것도 확실히 해야 한다.

바르토로메우와 호로비츠는 어떻게 해서 네 번째 애착 유형을 정의하게 되었는가? 그들은 많은 사람의 설문 응답이 두 개의 차원으로 구분되지 않는다는 것을 발견하게 되었다. 이는 기술적 '요인'으로 명명된 것으로 응답에 대한 통계분석에 힘입어 밝혀진 차원이다. 이러한 차원이 존재한다는 것은 응답자의 생각이 일정한 구조나 힘의 원동력을 무의식적인 방법으로, 그러나 통계에는 나오지 않는 방법으로 포함하고 있음을 의미한다. 저자는 '생각$_{pensée}$'이라고 말하지만, 더 정확히 말하면 다른 사람과의 관계에서 자아의 표현이 더 이상 문제시되지 않고 설문에 제시된 질문대로 따르게 되는 것을 말한다. 따라서 이 요인들은 이러한 유형의 표현이 어떻게 우리 뇌에서 조직화되는지를 표출한다.

이 두 차원은 '자아 모델', 즉 내가 수용 가능한 인물인가 아닌가 그리고 '타자 모형', 즉 다른 사람들이 내 관심을 받을 만한가 하는 것과 관련된다. 여기서부터 각 개인의 응답에 따라 자아 모형과 타자 모형이 얼마나 긍정적인지 부정적인지, 얼마나 좋게 평가되는지 나쁘게 평가되는지를 계산할 수 있다. 각 주제에 대해 이 두 개의 숫자, 곧 두 개의 점수를 받게 된다. 자아 모형은 얼마나 긍정적이며 타자 모형은 얼마나 긍정적인가 하는 것이다. 자아 모형에서 높은 점수를 받은 사람은 위에서 말한 1, 2 항목에 '항상'이라 답하고 3, 4 항목에는 '전혀'라고 답하게 될 것이다. 반면에 타자 모형에 높은 점수를 받은 사람은 1, 3 항목에 '항상'으로 답하고 2, 4 항목에는 '전혀'로 답할 것이다.

이제 두 개의 숫자가 다음과 같은 방법으로 그림으로 보고되는 것을 상상해 보자. 우선 두 개의 교차 선을 그린다. 수직 축은 자아 모형의 강도를 표시하고(위쪽은 긍정, 아래쪽은 부정) 수평 축은 타자 모형(오른쪽은 긍정, 왼쪽은 부정)을 의미한다. 그래프 위에 응답자를 점수를 두 차원 위에 배치한다. 예를 들면, 자아 모형에서 높은 점수를 받고 타자 모형에서도 높은 점수를 받았으면 오른쪽 윗부분에 배치된다. 자아 모형에서 높은 점수를 받고 타자 모형에서 낮은 점수를 받으면 그래프의 왼쪽 윗부분에 배치된다.

이 그래프는 자아 모형이 긍정적이거나 부정적인 데 따라, 그리고 타자 모형이 긍정적이거나 부정적인 데 따라 네 개의 영역으로 나뉘게 된다.

- 자아 모형이 긍정적이고 타자 모형 역시 긍정적이면 친밀감과 자율(안전 애착)의 영역에 있는 것으로 묘사된다.
- 자아 모형이 긍정적이고 타자 모형이 부정적(타인 회피)이면 친밀감을 경멸하고 독립(회피적 애착)에 가치를 둔다.
- 자아 모형이 부정적(걱정)이고 타자 모형이 긍정적이면 다른 사람에 의존적이고 관계에 집착(집착적 애착)돼 있는 것으로 묘사된다.
- 마지막으로 자아 모형이 부정적(걱정)이고 타자 모형 역시 부정적(타인 회피)이면 친밀감을 두려워하고 회피적(공포 애착)인 것으로 묘사된다.

이 그래프에서 개인의 위치는 양적 점수에 달려 있는데, 예컨대 교차선 가까이에 있을 수도 있고(중간 정도의 회피) 그래프의 중앙에 있을 수도 있다(심한 회피).

저자는 이 개념을 주장한다. 왜냐하면 이 개념은 괄목할 만한 공헌을 하는 것으로 보이기 때문이다. 이 개념은 에인스워스와 메리 메인의 애착 범주 개념을 의미 있게 보완한다. 물론 반대는 아니다. 설문에 기초한 이 이론에서는 두 차원 또는 두 독립적 모형으로 자아 모형과 타자 모형이 있고, 이 모형은 강도에 따라 긍정적이거나 부정적으로 변한다고 본다. 이들의 조합을 통해 에인스워스의 역사적 범주를 원래 방법으로 설명할 수 있다. 안전한 사람은 그가 동시에 긍정적 자아 모형으로 자아 긍정과 자율 욕구를, 긍정적 타자 모형으로 결속과 관계의 욕구를 갖고 있다는 사실로 정의된다.

또 다른 연구자인 크리스 프렐리Chris Fraley의 연구는 설문에 기반한 것으로 성인 애착에 대한 같은 계통의 조사로 분류되는데, 응답자들에게 온라인 설문 가운데 하나에 답하게 한다.[7] 앞서 살펴본 것과 같이 두 축으로 한정된 공간 속에서 한 점의 형태로 개인적 결과를 얻게 된다. 여기서 두 차원이 발견되지만 조금 다르게 묘사된다. 한 차원은 자아 모델보다는 '불안'으로, 다른 차원은 타자 모델보다는 '회피'로 명명하도록 제안되었다. 이렇게 해서 안전한 사람은 약한 불안과 약한 회피로 성격이 규정된다. 이에 반해 회피적인 사람은 약한 불안과 강한 회피로 성격이 규정된다. 집착적인 사람은 강한 불안과 약한 회피로 성격이 규정된다. 마지막으로 두려운 사람은 강한 불안과 강한 회피로 성격이 규정된다.

이처럼 네 개의 영역으로 나누어지는 두 차원의 모형이 다른 심리학 이론에서도 출현하는 것은 흥미로운 일이다. 20세기 전반에

심리학자 앤드류 솔터_Andrew Salter_는 자신을 표현하고 자신의 권리를
방어하면서도 다른 사람들의 권리를 침해하지는 않는 능력으로 정
의되는 '당당하다'는 개념 또는 '당당한 행동'의 개념을 도입한 바 있
다. 이 사상은 정신건강의학자이며 정신분석학자인 에릭 번_Éric Berne_
에 의해 발전된 교류분석 학파에 의해 1950년대에 다시 활성화되
었다. 이 이론에는 두 차원, 곧 자아 모형(긍정/부정)과 타자 모형(긍
정/부정)이 있고 이 두 축에 의해 구분되는 네 개의 영역이 존재한
다. 내가 긍정적이고 타자도 역시 긍정적이면 바람직하고 이상적인
당당한 위치에 있는 것이고, 나는 긍정적인데 타자가 부정적이면
경멸적이고 공격적인 우월성의 지위에 있는 것이다. 나는 부정적인
데 타자가 긍정적이면 열등감과 의존성의 위치에 있는 것이고, 나
도 부정적이고 타자도 역시 부정적이면 포기와 거부의 위치에 있는
것이다.

두 가지 본질적인 욕구

이 주제에 관해서는 심리학의 여러 이론이나 모델 사이에 놀라
우리만큼 수렴되는 지점이 있다는 것을 알 수 있다. 수렴되는 지
점이 있으면 애착 이론에서뿐만 아니라 다른 이론들에서 표현하
는 근본적인 심리학적 현실도 이 이론을 가지고 접근해야 한다. 에
인스워스와 메리 메인의 훌륭한 직관적 능력이 여기에 해당한다고
할 수 있다. 어린아이들의 행동에 대한 연구나 성인을 대상으로 한
인터뷰 분석을 통해 근본적인 범주에 대해 알 수 있었다. 범주를 통

해 인간의 정신현상이 조직되는 근본적인 현실을 사실상 재정립한 것이다. 그러나 이는 저자가 생각한 가설이다. 저자는 이 가설에 힘입어 수렴이 여기서 끝나지 않는다고 강조한다. 수렴은 사회학이나 사회심리학으로 확대될 수 있는 것으로 보인다. 유명한 터키의 심리학자 시드겜 카기치바시Cidgem Kagitçibasi에 따르면 '집단적' 가치와 '개인적' 가치는 양극을 이루며 그 사이에 문화적 차이가 존재하는 것으로 간주된다. 즉, 그녀에게 집단주의와 개인주의는 단일한 차원에서 양극을 이루는 것이 아니라 반대로 서로 독립적인 두 차원이라는 것이다. 그녀는 이를 두 용어로 명명했다. 소속과 가입을 의미하는 '결속relatedness'과 '자율autonomie'이다.[8] 이 두 차원, 곧 결속과 자율을 다시 좌표상에서 결속 차원의 높고 낮음과 자율 차원의 높고 낮음으로 생각해 보면 이 두 축의 교차가 네 영역을 만들게 되고 개인과 가족 기능의 네 가지 모델에 대응되도록 한다.

- 자율과 결속이 공존하는 경우는 개인이 심리적인 독립을 표현하면서도 자율적 통제를 유지하는 가족모델에 해당된다.
- 결속 없는 자율의 경우에 개인은 독립에 기초해 자기 신뢰적 성향을 띠고, 다른 사람들과 격리되는 자아와 함께하는 자율에 기반한 가족모델에 해당된다.
- 자율 없는 결속의 경우는 상호의존과 복종에 기초한 가족모델에 해당된다.
- 결속도 자율도 없는 경우는 위계적 서열과 개인적 욕구를 무시하는 가족모델에 해당된다.

이와 같은 설명은 사회학자 장 케러할_{Jean Kellerhals}[9]이 제시한 서로 다른 가족 기능 모델과도 유사하다. 이 이론에서도 역시 두 축을 포함한다. 일관성의 축과 개방성의 축이다. 두 축의 교차를 통해 네 가지 가족 유형이 제시된다.

- 일관적이고 개방적인 '동반 가족'은 외부와 명확한 경계를 유지하지만 개방을 방해하지는 않는다. 환경은 가족기능에 긍정적인 것으로 간주된다.
- 비일관적이고 개방적인 '협정 가족'은 규범, 역할, 사회적 위계서열을 무시하고 협상을 선호한다. 가족 밖에서 자아를 실현하는 것이 중요하고 가족의 '울타리'를 뛰어넘는다.
- 일관적이고 닫혀 있는 '보루 가족'은 외부세계와 엄격한 경계를 유지하는 특징을 갖고 있으며 규범과 사회역할을 존중하면서 외부세계를 무시한다.
- 비일관적이고 닫혀 있는 '평행 가족'은 개인의 성이나 가족 내에서의 지위에 따라 교환이 이루어지는 전통적 규범을 엄격하게 준수하고 구조화한다.

이와 같은 개념을 통해 결속과 자율이라는 용어 간 대립 없이 자율적이고 개방적이면서 결속과 일관성을 증명할 수 있게 된다. 여기서 볼비 이론과의 공통점이 확실히 보인다. 안전 애착은 사실상 애착 인물(결속)에게서 위안을 찾을 수 있고 동시에 안전 기지 개념으로 묘사되는 대상을 탐험하며 그로 인해 자율성을 얻을 수 있는

능력을 특징으로 한다. 안전이라는 원초적 욕구가 충족될 때 거리
두기나 자율화가 가능하게 된다.

시드겜 카기치바시의 경우도 인간의 두 가지 본질적인 욕구를
전제로 하고 있다. 곧 결속의 욕구와 자율의 욕구다. 이 두 가지 욕
구는 상호 모순적이지 않다. 애착 이론은 다른 것을 말하는 것이 아
니다. 결속의 욕구와 동시에 자율의 욕구를 만족시키는 것은 소위
'안전한' 사람에게 기회가 될 것이다. 여기서 저자는 카기치바시의
이론과 같이 다른 이론과의 수렴을 통해 공고해진 애착 이론의 위
대한 공헌을 발견하게 된다.

한편, 서로 상반되지 않는 두 가지 욕구가 존재한다는 것을 이해
하는 것은 때때로 어려울 수 있다. 한국이나 일본과 같은 동양 사회
를 생각해 보자. 서양인들에게는 집단, 가족, 충성 지향적 문화, 간
단히 말해 소위 집단주의적 문화가 어떻게 해서 그토록 경쟁적인
학교 체제를 갖게 했는지를 이해하기가 쉽지 않다. 경쟁적 체제에
서는 학생 각자가 학급의 첫째가 되어야 하는 것으로, 언뜻 보면 이
는 개인주의적 체제에서 나온 것처럼 보인다. 서양의 시각과 사고
범주 안으로 쉽게 들어오기 어렵고 모순적으로 보이는 것을 이해하
기 위해 저자는 이들 국가의 전문가들에게 질문했다. 한국의 도시,
부산의 버스 안에서 한 여학생으로부터 얻은 가장 좋은 답은 '각자
가 최고가 되고 싶어 하고 그것은 모두의 행복이다.'라는 것이었다.

프랑수아 싱글리François de Singly[10]를 비롯한 몇몇 사회학자는 개인주
의적 사회와 집단주의적 사회 사이에 발생하는 단일 차원에서 대
립되는 문제에 대해 거론한 바 있다. 그에 따르면 개인은 개인적 주

체성을 가지고 있는 동시에 사회적 주체성을 지니고 있다. 개인이 집단이나 국가에 공통적으로 소속되어 있던 해방 첫 시기 이후로 현대 사회에서는 차이를 요구하는 개인적 차이의 시대가 이어졌다. 그렇지만 이처럼 개인주의화가 가능해지면, 독립이 일종의 이상이 된다면 특정 자원 덕분이다. 그 자원은 사회보장과 복지국가로, 개인을 의존에서 벗어나게 했고 개인들 간의 의존으로부터, 예를 들면 가족으로부터 개인을 해방시켰다.

애착 이론은 결속과 자율 사이의 보완의 관점에서 보면 정치적 관점으로 이어진다. 민주적 가치는 결속 개념, 즉 집단에 대한 충성이나 제도와 정치 위계서열의 존중을 내세우지 않고 개인적 책임, 즉 사회학자들에 의해 '대행자$_{agency}$'로 일컬어지며 세상과 사람들에게 작용해 영향을 미치거나 전환시키려는 능력을 의미하는 책임을 표명하는 것인가? 이와 같은 책임의 개념은 특히 실용주의 교육에서 분명하게 적용된다.

사실 칼뱅주의$_{Calvinisme}$는 행복을 추구하고 노동에 무한한 참여를 중시하며 개인적 업적의 의무와 사회적 책임을 요구하지만 사적인 부의 추구와 이익의 추구는 비난한다. 즉, 인간은 신이 자신을 대신해서 인간이 하도록 한대로 행동할 책임이 있다는 것이다.[11] 막스 베버$_{Max Weber}$[12]가 쓴 것처럼 종교개혁 이전의 교회를 보면 행복은 신성한 것을 수용하고 교회권력이나 프로테스탄트 윤리에 복종하는 것으로 통했다. 프로테스탄트 윤리는 노동과 진보에 가치를 두며 이로부터 자본주의의 발전에 영향을 미쳤다.

결속과 개인적 책임이라는 기초 위에 세워진 민주주의의 이상은 개인적 책임과 관련된 모든 표현을 배제하고 국가에 대한 결속을 높게 평가하는 다른 체계나 정치사조와는 대조를 이룬다. 자유주의 운동은 자율을 기반으로 하는 평등사회의 구현을 지향하고 국가나 교회의 제도에 예속되는 것을 지양하려 했다. 앞서 살펴본 바와 같이 결속에는 안전의 의미가 함축돼 있다. 자율이나 대행에는 스트레스를 유발하는 상황이나 불안을 야기하는 부분이 포함돼 있다. 애착 이론은 이 두 가지 근본적 욕구, 즉 결속과 자율, 애착과 탐험 사이의 균형 개념을 방어한다. 그러나 이미 살펴본 것처럼 이와 같은 욕구들 사이에 균형이 존재한다는 생각은 이데올로기적・역사적 맥락과 관계가 없는 것이 아니다. 앞에서 말한 대로 이론의 탄생은 그 시대의 관심을 반영하는 것이라고 할 수 있다. 이제부터는 이 문제를 보다 자세히 살펴보도록 하겠다.

질문 21. 애착은 항상 존재해 왔는가

아이들의 세상을 가장 잘 묘사하는 용어는 불변이다. 불변 속에 안전을 제공하는 무언가가 있다. 계절이 돌아오는 것과 같은 것이다. 모성적 배려가 일정한 것과 같다. 아빠, 엄마, 아이의 사회적 역할은 고정적이다. 고정의 의미를 지닌 불변은 가둬 둠을 뜻한다. 안전하게 보일 수 있는 것은 가둬 두는 것과 같다. 이 진부한 표현은 아마도 아이가 성장하는 진보를 의미할 것이다. 여기서 저자의 주장은 불변에서 자연으로의 변화는 한 단계밖에 없다는 것이다.

엄마의 배려나 위안의 동작과 말은 자연적이고 정상적으로 보인다. 자녀에 대한 엄마의 사랑은 자연의 질서로, 흔들리지 않는 질서 속에 편입돼 있고 세대와 문화를 넘어 일정하다. 이야기나 동화책, 교회 설교는 무조건적 모성의 헌신이라는 자연적·신적 기원에 대한 신념을 강화시키는 일에 뒤지지 않는다. 동화책에 나오는 소, 고양이, 오리도 모두 이 동일한 원칙을 따른다. 한편 역설적인 예도 있다. 저자를 놀라게 한 것은 『엄지공주 Le Petit Poucet』였다. 어떻게 엄마가 위험한 숲에 아이를 버리는 극단적인 결정을 내릴 수 있는가? 그러나 곧 모든 것이 질서를 되찾는다. 새끼 오리처럼 부모를 찾을 책임이 맡겨진 쪽은 아이였다. 이야기의 행복한 결말은 아이를 포기하는 일이 잔인한 상황에서만 발생하며 자연은 곧 회귀한다는 것을 보여 준다. 원칙이 강화되는 것이다.

아이들이 관심 어린 표정을 지으면 어른들은 낮은 목소리로 말하거나 하던 말을 멈춘다. 이처럼 낮은 목소리로 말하고 못마땅한 표정을 지으면 호기심만 자극할 수 있다. 그러나 '모성적 본능'을 지니지 않은 엄마에 대한 표현으로 '자연에 반하는' 수치스러운 위배 행위의 문제라는 것을 아주 어렴풋이 알게 된 것 외에는 여전히 많은 것이 미스터리로 남아 있다. 원칙이 있으면 여기에 반하는 수치도 부각된다.

저자는 전문가로서의 삶을 통해 프랑스의 역사가들 사이에 분노를 일으킨 하나의 논쟁이 있었다는 것을 최근에서야 큰 관심을 가지고 깨닫게 되었다. 이 논쟁은 바로 모성적 사랑의 불변성에 관한 것이다. 다른 말로 하면 무엇이 자연과 문화의 일부인가 하는 것이다.

모성애 문제

역사학자 필립 아리에스Philippe Ariès는 1960년에『앙시앵레짐 아이와 가족생활L'Enfant et la Vie familiale sous l'Ancien Régime』[13]이란 책을 출간했다. 이 책을 통해서 '어린 시절의 감정'은 근대적 발명이라는 생각을 발전시켰다. 보다 근대화된 역사학자의 표현을 원했다면 아이의 특수성을 인식하거나 아이는 하나의 인격체이고 '미래의 어른' 또는 '어른의 축소판'이 아니라는 생각을 했을 것이다. 이러한 생각에 찬성하든 찬성하지 않든 논쟁은 시작됐고 심리학계에 큰 반향을 일으켰다. 문제는 사실 매우 중요했다. 즉, 애착이나 아이에 대해 갖게 되는 부드러움은 자연적인 것이거나 문화 자체라고 할 수 있는가 하는 것이다.

필립 아리에스는 어린 시절에 경험한 감정에 대한 역사적 상대성의 가설을 입증하기 위해 일련의 논쟁을 발전시킨 바 있다. 저자는 보다 가까이에서 필립 아리에스가 벌인 두 가지 논쟁에 대해 관심을 갖게 되었다. 논쟁이 단지 두 요인으로 환원되는 것은 아닌 것이 분명하지만, 여기서 재미있는 예를 들어 보고자 한다.

첫 번째는 그림의 예다. 아리에스는 중세 그림에 아이에 대한 표현이 어른의 축소판과 같은 작은 사람으로 제시된 것이 우연이 아니라고 주장한다. 르네상스 시대에 가까워지고 이어 근대에 가까워질 무렵에 아이의 모습은 점점 더 현실적인 비율로 발전하게 된다. 이는 점차 아이의 특수성을 의식한 것을 반영하는 것이다. 이 논쟁은 의문시되었는데, 신학적인 이유에서는 대부분의 그림이 종

교적 성격을 띠고 있었고, 과학적인 이유에서는 아리에스의 논쟁
에 합리성이 결여되어 있다는 것으로 비판이 가해졌다.

저자의 동료 가운데 한 사람인 위트레흐트대학교의 윌렘 쿠프
Willem Koops는 아동심리 역사 전문가[14]로 이 논쟁에 몰두해 16세기에
서 18세기까지 프라망드 그림에 아이가 어떻게 과학적으로 표현되
어 있는지를 연구한 바 있다.[15] 몇 세기를 지나는 동안 아이들을 더
현실적으로 그리는 변화가 나타나, 아이를 어른의 축소판으로 그
리던 경향에서 점차 벗어나 아이다운 행태적 특성을 고려하고 반
영하는 경향을 확인할 수 있었다.

아마도 화가들은 아이를 현실적인 비율로 관찰하는 것만으로도
이미 충분했을 것이다. 그렇다면 사전에 알고 있던 것을 보지 못하
는 것인가? 아이에 대해 안다는 것은 아이가 어른을 닮았다는 것을
아는 것을 의미하는가, 아니면 무엇이 다르다는 것을 아는 것을 의
미하는가?

이 자료들은 흥미롭지만 아리에스의 가설은 확실히 이 한 가지
논쟁에 기초할 수는 없다. 두 번째를 살펴보도록 하자. '유모수유'
다. 엄마가 아닌 유모의 젖을 먹이는 관습은 18세기에 아주 널리
퍼져 있었다. 특히 부르주아와 장인 계층의 경우에 더 지배적으로
편재돼 있었다. 농민과 노동자 계층에서는 아주 제한적이었던 것
으로 보인다. 이 현상은 프랑스에서 전형적이었던 것으로 보이나
독일과 영국에도 영향을 미쳤다. 어쨌든 이들 국가의 경우에는 부
르주아와 귀족 계층에 더 한정적이었던 것처럼 보인다. 이러한 관
행을 이해하는 것은 '유년기의 감정'이 불변적이냐 아니냐 하는 문

제를 다루기 때문에 흥미로운 주제기도 하고 늘 심한 논쟁을 불러
일으키는 대상이기도 했다. 어떤 역사학자들은 유모수유가 정착된
것은 적어도 사회계급 내에 모성, 특히 모유수유가 가치를 떨어뜨
리고 품위를 떨어뜨리는 것으로 간주되는 현실적 가치 체계를 반
영한다고 보았다. 다니엘르 알렉산드르비동Danièle Alexandre-Bidon과 같
은 다른 역사학자들은 이 현상을 아주 다르게 이해하고 있다.[16] 저
자가 그를 만나 직접 접하게 된 해석을 들어 보자.

필립 아리에스의 가설과는 달리 알렉산드르비동의 경우에 유모
수유도 모성 희생의 증거가 될 수 있다. 일단 모르방Morvan에서 유모
수유는 파리의 부모들을 위해 취해진 조처로 아기들로 하여금 도
시의 악취 장독miasme이라는 전염병을 피하게 해 주었다. 당시 여성
들은 '선조의 지혜'로 '젖먹이기 효과'라 부른 것이 존재함을 확실히
알고 있었다. 이는 젖의 분비가 임신을 억제한다는 사실을 의미한
다. 18세기의 인구통계가 이 현상을 잘 보고하고 있다. 생식 간 평
균 기간, 즉 출산 사이의 개월 수는 사실상 모유수유를 할 때 민감
하게 감소한다.[17] 당시 유아 사망률이 매우 높았다는 사실도 고려
해야 한다. 프랑스의 경우 아기의 30%가 1세 이전에 사망했다. 임
신기간은 상대적으로 짧았고 18세기 여성의 평균 결혼연령은 27세
였다. 게다가 사회보장제도가 없는 상태에서 아이들, 특히 남아가
생계를 담보하는 구실을 했기에 장자의 생존을 보장하려 한 것도
고려해야 한다. 이러한 논쟁을 통해 유모수유는 출산율을 높이기
위한 시도였고 결국 가부장제나 자신의 노후를 위한 후손 확보의
기회였다는 가설을 인정하게 한다.

초창기 페미니스트proto-féministe라고 말할 수 있는 유행 현상, 즉 출
산 후 성적 매력이 있는 여성으로 남게 되는 것의 경제적 제약으로
인해 모르방의 젊은 여성들은 유모수유나 임신 열망에 내몰렸다.
유모수유 현상에 대한 논쟁은 여전히 열려 있다. 이 책에서는 '어린
시절의 감정'을 불변적인 것으로 보거나 역사적으로 결정적이었던
것으로 보고자 한다. 다음으로는 애착과 애착의 역사를 다시 한번
살펴보도록 하겠다.

역사적 상황

저자가 관심을 가진 문제는 왜 애착 이론이 1950년대에 탄생했는
지를 아는 것이었다. 그 전도 후도 아니고 말이다.[18] 애착 이론이 불
변적이고 초월적이며 자연적이라면 이때부터서야 애착에 대해 말
한다는 사실이 우연이라 할 수 있는가? 사실 저자는 볼비에 의해 애
착 이론이 등장한 제2차 세계대전 후 몇 년 간 일어났던 일련의 '역
사적 상황'[19]에 놀라게 됐다.

- 필립 아리에스는 '어린 시절의 감정'에 대한 자신의 가설을 1960년에
  출간했는데 생각을 정립한 것은 1950년대 말이었다.

- 독일 동물행동학자인 콘라드 로렌츠Konrad Lorenz의 연구가 '흔적' 메
  커니즘에 대한 설명으로 대중화[20]된 것도 특히 전후의 일이었다. 앞
  서 언급한 특수 현상을 거위에게서 발견한 것은 1935년이었는데, 조

류 새끼의 부화를 지켜보고 새끼들을 어미 옆에 가져다 놓으려 했지만 새끼 거위들은 절규하며 어미가 아닌 로렌츠의 뒤를 따랐다. 이렇게 해서 로렌츠는 어린 동물이 알에서 나왔을 때 처음으로 본 움직이는 대상을 '어미'로 생각한다는 것을 알게 됐다.

• 1958년에는 아이를 둘러싸고 있는 가족의 사회정서적 발달, 보다 일반적으로 표현하면 가족에 대한 기존의 인식을 바꾸게 한 애착 이론을 눈에 띄게 만든 사건이 많았다. 같은 해에 미국의 심리학자 해리 할로Harry Harlow는 「애정의 본질The nature of love」[21]이라는 논문에서 벵골 원숭이 어미와 새끼 간의 관계에서 먹이는 부차적인 역할을 한다는 것을 입증했다. 이 연구에서 새끼들은 어미 없이 어른 원숭이와 비슷하게 생긴 두 마네킹 곁에서 자랐다. 이 '모성 대체물' 중 하나는 철망으로 만들어져 있었고 젖병이 달려 있었다. 다른 하나는 부드러운 벨벳 천으로 덮여 있었지만 젖병은 없었다. 새끼들은 부드러운 마네킹에 달라붙어 철망 마네킹에 달린 젖병을 빨아먹으려 했다. 즉, 부드러운 모성 대체물에 애착을 유발하는 것이 먹이에 의해 대체되지 않았다. 이와 같은 결과는 아주 어린 시절에 애착이 형성되면 양육 제공처가 무엇이든 여타 학습에서처럼 아이의 욕구를 보상하기 때문이라고 보는 당대 정신분석가들의 주장과는 반대되는 것이었다. 정신분석의 창시자인 프로이트의 딸, 안나 프로이트는 이를 '계산적 사랑' '타산적 사랑'의 문제로 치부하면서 애착 이론을 조롱했다.

• 같은 해인 1958년은 심리학에 지대한 영향을 미친 또 다른 논문이 출간된 해이기도 하다. 볼비는 「모자 간 유대의 특성The nature of the child's tie to his mother」[22]이란 논문에서 애착 이론의 첫 번째 기초를 발표하고 정신분석학파 동료들과 거리를 두게 된다. 위의 두 학자 중 한 사람은

정신분석가였고 다른 한 사람은 원숭이를 연구한 심리학자로서 서로
독립적으로 연구를 수행하는 가운데 비슷한 결론에 도달했고 같은 해
에 결과물을 출간했다. 사회적 고립은 재난과 같은 효과가 있으며 어
미나 어미를 대체하는 인물의 신체적 접근이나 나아가 정서적 가용성
은 새끼의 원초적 욕구를 채워 준다. 이 욕구를 충족시키는 것은 새끼
의 성장과 사회성 발달에 중요하다. 마지막으로 로렌츠의 흔적 메커
니즘과의 연속선상에서 부모에 대한 새끼의 애착은 동일한 의미의 적
응적 보호 기능을 수행한다. 볼비가 애착 이론의 실질적인 기초를 마
련한 자신의 대표적 저서인 『애착과 상실』[23]에서 설명하고 있는 것처
럼, 애착에 관심을 보이는 초기에 분리와 상실에 대한 불안을 밝혀낸
것을 지적하는 것은 흥미로운 일이다.

• 볼비의 어미의 보살핌의 질에 대한 불안과 병행해 영국의 정신분석가
인 위니컷Donald Winnicott은 1956년에 원초적 모성 불안의 개념[24]을 주장했
다. 이는 임신과 분만 말기에 나타나는 모성의 특별한 정신 상태를 말
한다. 위니컷은 "임신과 출산이 아니라면 이 상태는 정말로 질환이다."
라고 말한다. 이 '정상적 질환'은 자아로의 후퇴인 동시에 초민감성으로
특징지어진다. 이 두 요소는 출생 이후의 시기에 필요한 것을 제공한다
는 점에서 적응적 기능을 발휘하는 것으로 가정된다. 즉, 아기와 강하고
배타적인 관계를 만드는 데 기여할 수 있고, 양육자로 하여금 어린아이
를 돌보는 데 따르는 큰 부담을 견디도록 할 수 있다는 것이다.

또한 1950년대는 다른 사건들이 일어난 시기기도 했는데 이는 이전의 사건들과도 별개의 사건으로 보이지 않는다.

- 제2차 세계대전 동안 연합국 정부들은 무기 공장을 운영하기 위해 미국과 영국에서 여성들을 대거 동원했다. 당시에 널리 알려진 바 있는 '우리는 할 수 있다!We can do it!' 포스터에는 빨간 스카프를 두르고 작업복을 입은 여성 노동자가 팔뚝을 과시하고 있는 모습[25]이 그려져 있다. 이 포스터는 흔히 페미니스트적 담화를 삽화로 그린 것처럼 보이지만 사실은 군대 선전부인 전시생산조정위원회War Production Coordinating Committee에서 만든 것이었다. 전쟁은 끝났고 많은 여성에게 감사했다. 통계[26]를 통해 미국 여성들, 특히 가임기 여성들이 집으로 돌아간 것을 분명히 알 수 있는데, 이때가 바로 1950년대였다. 이 무렵의 심리학 저술을 통해 강조된 모성적 보살핌의 중요성은 여성을 공장으로 가도록 부추긴 1940년대의 '우리는 할 수 있다!'는 선전 광고와 반대되는 일종의 역전된 거울이 되었다.

- 이 무렵에, 정확히 말하면 1956년에 생물학자 그레고리 핀쿠스Gregory Pincus가 최초로 피임약을 발명했는데 1960년에 미국에서 판매가 허용되기 시작했다. 피임약의 혁신은 풍속의 큰 변화를 의미했다. 물론 피임은 피임약을 기다리지 않았다. 그러나 피임약의 확산은 종교적 이유로 피임을 금지하지 않은 나라에서는 역사적 진보의 기록이었다. 집단적 규제 개념에서 개인적 규제 모드라는 역사적 전환을 이뤘다. 이를 설명하기 위해 먼저 출산 규제에 대해 살펴볼 필요가 있겠다. 집단이 장기적으로 살아남으려면 인구 증가에 따른 생존 자원의 결핍

과 그로 인한 한계를 고려해야 했다. 조직화된 모든 사회집단의 이와 같은 필요는 문화적 관습을 바꿔 놓지만 개인 차원의 의식에 자리 잡은 것은 아니다. 최초의 인구학자인 토마스 로버트 맬더스Thomas Robert Malthus는 1798년[27]에 지참금과 같은 특정 문화적 관습이 인구통제의 역할을 한다고 주장했다. 소위 전통사회에서, 예컨대 식량이 부족할 경우 지참금을 마련하는 것은 시간이 걸리는 일로 결국 결혼 연령을 늦추고 출산율을 제한하게 된다는 것이다. 식민지화나 산업혁명, 인구 대이동을 경험한 이래로 이와 같은 메커니즘은 오늘날 더 이상 작동하지 않는다. 이제는 인류문화의 역사에서 극히 미미한 일부일 뿐이다. 이러한 문화적 관습은 행위자들에 의해 의식되지 못하고 임신에 '콘돔과 같은' 장애물이 된다. 문화적 관습은 제도나 종교에 의해 지지되는 집단 생존 메커니즘의 결과라 할 수 있다. 전통사회에서 임신이 개인의 일이 아닌 신의 일이었다면 피임약으로 인해 규제의 균형점이 집단 규범에서 개인 책임으로 이동하게 된다. 이와 같은 이동은 분명 심리적 영향력을 갖게 되나, 그 깊이를 측정하기는 어렵다. 현대의 부부는 피임약과 현대적 피임법으로 새로운 필요, 즉 '출산 열망'의 필요에 직면하게 된다. 이는 출산 열망이 과거에는 존재하지 않았음을 의미하지는 않지만 현대 부부에게 임신은 더 이상 초월적·신앙적 또는 다른 존재에 대한 의지 문제가 아니고 결정의 대상임을 의미한다. 출산 열망을 스스로 말하고 표현한다. 출산 열망은 이후로 의무적인 것이 된다.

• 어떤 발명이나 발견은 부차적이고 피상적인 것처럼 보일 수 있다. 그것이 어떻게 우리의 삶과 관습을 수정했는지를 이해하는 것은 한참 뒤에 일어나는 일이다. 여전히 같은 시기인 1958년에 스코틀랜드의

의사였던 이안 도날드ian Donald는 초음파기를 발명했다. 이 발견은 중요한 전환점을 이룬다. 이번에는 과거와 다른 지위를 갖게 된 태아를 표현할 수 있게 된 것이다. 이제 태아는 더 이상 이름 없는, 정체 모를 환상적 대상으로서의 개체가 아니었다. 충분한 권한을 가지고 가족에 편입되고 자신이 지닌 특정 능력을 이미 인정받게 된다. 개인적 차원에서는 인지할 수 없지만 인구통계학자의 도구 덕분에 나중에 회고적으로 밝혀진 단순한 역사적 사실은 가치를 매기는 현상을 강화시킨다. 즉, 여성 한 명당 출산율 2.07명의 '세대교체 불가'의 문턱을 넘은 것이다. 이와 같이 문턱을 넘는 일이 1975년에 프랑스에서 일어났다. 이 사건은 비록 인식되기는 매우 어려운 일이었지만 진보를 의미하며 다음과 같은 농담으로 요약될 수 있다. 즉, 아이가 희소해짐으로써 아이의 가치가 커진다.

제2차 세계대전 이후 등장한 이와 같은 일련의 과학적 발전과 사건은 모성에 대한 찬양으로 수렴된다. 그렇지만 동시에 불협화음도 있었음을 간과할 수 없다. 유모수유에 대한 필립 아리에스의 출판이 있었고 그가 다룬 논제가 엘리자베스 바댕테르에 의해『더 많은 사랑L'Amour en plus』[28]에서 다시 거론되기도 했다. '모성적 사랑'은 최근의 발명은 아니지만 저자가 누구였는가와 무관하게 적어도 최근의 가치관을 담고 있다. 유모수유와 같은 관습은 아이에 대한 우리 자신의 행동에 의문을 제기하게 한다. 즉, 아기에게 아빠와 엄마의 부드러움은 보편적이고 인류 본연의 것인가? 아니면 우리가 느끼는 민감성은 문화와 시대의 산물이라고 할 수 있는가? 엘리자베스 바뎅테르가 말하는 모성적 사랑은 필요 이상의 '가산점'을 의미하는가? 바뎅테르가 자신의 저서 『갈등. 여자와 엄마Le Conflit. La femme et la mère』[29]에서 쓴 것처럼 모성적 사랑의 중요성을 고집하는 것은 아기를 최우선으로 돌보는 완벽한 엄마가 되어야 한다는 명령에 이르게 한다.

요약하면, 이론은 우연히 만들어지지 않는다. 20세기 중반은 애착 이론의 출현에 기여했다고 할 수 있을 것이다. 여기서 아빠, 엄마, 아기라는 핵가족의 이상적인 모습을 엿볼 수 있고, 명백히 중산층의 팽창과 짝을 이루어 중산층의 이상이 부르주아의 이상에 동일시된 것도 알 수 있다. 이 과정에서 아이는 감정의 대상으로 중심적인 역할을 하지만 동시에 감정의 원천으로 작용하기도 한다. 이후로 정서적 결속이 이 작은 핵가족을 견고하게 만든다.

전통 가족의 경우에 세대 간의 관계는 물질에 대한 의존이나 자녀의 부모에 대한 의존, 부모의 자녀에 대한 의존에 더 기초를 둔다. 경제적 문제가 가족의 유대를 이룬다고 할 수 있다. 사회보장과 사회복지의 발달로 현대 가족에서 세대 간의 관계는 더 이상 경제적 요구에 그 기반을 두고 있지 않게 된다. 현대 가족의 유대는 사랑이다. 출산 열망은 현대 부부생활의 새로운 의무가 된다는 생각을 확장하면 사랑과 애착이 현대 가족의 의무가 되었다는 것을 알 수 있다.

저자는 애착의 진보 과정에서 특정 기능에 대응하는 생물학적 뿌리가 없다고는 하지 않는다. 그러나 세대 간 행동에 많은 문화적 압력이 있다는 것을 강조하고 방어할 필요가 있다고 생각된다.

물론 안전은 본질적인 욕구다. 볼비는 산토끼의 비유를 상기시
킨다. 산토끼는 위험에 처하면 땅굴 속에 숨는다. 인간이 오히려
유목민의 기원을 가지고 있다. 인간에게 있어 다른 무엇보다도 보
호와 안전의 원천을 이루는 것은 다름 아닌 부모다. 이것은 오늘날
과 같은 속도나 변화의 사회에서 더 잘 입증되고 있다고 생각된다.
인간사회에서는 핵가족이 감정의 도가니이자 원천적인 안전의 피
난처를 대표한다. 그러나 앞서 살펴본 바와 같이 개인은 이 안전감
을 다른 형태의 '땅굴'이라 할 수 있는 집이나 신과 같은 인물, 친숙
한 물건, 사회제도, 사회집단에게서도 느낄 수 있다는 것을 배제해
서는 안 된다.

이처럼 역사를 되돌아봄으로써 '자연이냐 문화냐'라는 등식을 살
펴보는 것이 중요하다는 것을 강조할 수 있게 된다.

질문 22. 애착은 보편적인가

인류의 진보 관점에서 보면 애착 행동은 적응 기능을 완수하는
것처럼 보인다. 이러한 맥락에서 다른 종에 비해 초기 성장이 더딘
아기는 특히 오랫동안 보호를 필요로 한다. 거위 실험에서 밝혀진
유명한 '흔적' 메커니즘은 똑같은 보호기능을 수행하는 듯하나 인
간에게는 비교적 아주 짧은 기간 동안에 이뤄진다. 간단히 말해 진
보에 의해 선택된 것에는 살아있는 존재의 신체나 특성뿐만 아니
라 행동도 있다. 그리고 그것이 영구화되는 것은 그들의 적응, 즉

번식의 성공에 의해 보장된다.

애착 행동이 우리의 동물적 성격에 깊이 뿌리를 두고 있는 것처럼 보인다는 것을 기억해야 한다. 이는 보편적이다. 말하자면 모든 인류에게 잠재적으로 존재한다는 것이다. 만약 인류 진보의 관점에서 애착 행동이 충분히 안전을 증진시키게 된다면 이 행동은 아이가 성숙할 때까지 그 생존을 보장한다. 그리고 생존과 재생산을 위한 안전을 충분히 제공받은 개인은 이런 유형의 행동을 세대에서 세대로 영구화하게 될 것이다.

저자가 제기하는 문제는 앞서 살펴본 것처럼 '불안전' 애착 행동을 보이는 많은 아이에 관한 것이다. 이러한 행동 역시 세대에서 세대로 재생산되는 것처럼 보인다. 불안전 애착 행동은 그 이유가 어떻든 간에 단지 안전의 추구라는 '정상적'인 기능의 한계나 실패로 생각해야 하는가? 아니면 진보의 관점에서 그러한 행동을 영속화시키는 이유가 있는 것으로 보아야 하는가? 이론은 이러한 질문에 답을 하지 않는다. 그러나 저자는 이 문제에 대해 접근해 보려 한다.

자율적인가, 상호의존적인가

기억하는 바와 같이 근본적인 두 가지 욕구인 결속과 자율의 욕구는 서로 모순적인 것이 아니다. 반대로 그 적용은 안전 애착이라고 명명한 것의 특징이라 할 수 있다. 이것은 어디까지나 저자의 가설이다. 어떤 문화에서는 자율에 더 큰 가치를 두는 데 반해 다른 문화에서는 결속을 더 중시한다. 애착 행동이 보편적이라고 가정할 때 이는 오해를 초래하게 된다.

우선 왜 안전 애착을 규범으로 생각해야 하는가? 볼비의 말을 다시 들어 보자. 아이는 경고나 스트레스 상황(예컨대, 위험, 분리, 특정 심리상태와 같은 현실)에 처하면 애착 행동을 활성화하고 어른과의 접촉을 추구한다. 위안을 얻으면 애착 행동은 비활성화되고 탐험 행동이 활성화되어 주위 환경의 탐험에 나선다. 이는 '원초적 전략' 이라고 말하는 것으로, 애착 인물이 아이의 요구에 대해 접근 가능하고 일관된 방식으로 반응한다면 그 전략은 성공한다. 이 원초적 전략은 안전한 아이의 전략이다. 반면 '부차적 전략'으로 불리는 경우는 애착 인물이 아이의 요구에 민감하지 못하고 부적절한 대응을 할 때를 말한다. 아이가 스트레스 상황에서 사용하는 두 가지 해결책이 있다. 자신의 요구를 최소화하고 애착 행동을 비활성화하여 거부당하는 상황을 피하거나(회피 애착 행동), 반대로 애착 행동을 고조시켜 어른으로 하여금 반응하게 한다(불안전−저항 애착 행동). 요컨대 규범은 안전 행동이다. 불안전 행동은 '정상적' 행동의 실패를 반영한다.

이와 같은 규범적 사고를 확인할 수 있는 다른 논쟁을 살펴보면 아이들의 다수인 약 2/3가 '낯선 상황'과 같은 역경의 상황에서 확실히 부모에게 안전을 추구하는 경향을 보이는 것을 알 수 있다. 유사한 비율이 거의 모든 문화권에서 관찰된다. 안전 애착은 '양태적' 으로, 가장 자주 일어나거나 아니면 '규범적'으로 가장 기대되는 것이라고 말할 수 있다.[30]

한편 다른 두 유형의 애착, 즉 회피 애착과 저항 애착이 '낯선 상

황'에서 상대적으로 많은 것은 애착이 문화를 넘어 보편성을 지
니는 것인가 하는 문제에 대한 수많은 토론의 근원이 되었다. 사
실 미국과 유럽에서는 발견되는 이 두 유형의 빈도(각각 약 20%와
15%)가 모든 문화에서 보편적으로 발견되는 것은 아니다. 문화에
따라서는 어린아이가 낯선 사람과 친하게 지내고 낯선 곳에서 놀
거나 엄마와 떨어져 있을 수 있다는 것을 고려할 때 이는 놀라운 일
이 아니다. 이와 같은 실험의 차이는 어떤 아이에게는 '낯선 상황'이
극심한 스트레스로 다가오는 반면, 다른 아이에게는 대수롭지 않은
일로 여겨질 수 있다는 것이다. 일본의 연구자료[31]를 보면 불안전-
저항 유형의 행동이 과하게 나타나고 상대적으로 불안전-회피 유
형은 거의 없었다. 자료를 완벽하게 재확인할 수는 없었지만 일련
의 흥미로운 논쟁이 연구 결과에 대한 설명으로 잇달아 제시되었
다. 일본에서는 아기들이 거의 엄마와 떨어져 있지 않는다는 사실
이나 일본 문화에서는 '아마에amae'[32]라고 불리는 특별한 형태의 개
인 간 결속의 형태가 중요하다는 사실도 고려해야 한다는 것이 거
론되었다.

　아마에라는 단어의 사전적 의미는 '부드러운, 단맛이 나는'으로
그 은유적 의미와 대응되는 서양의 단어는 없고 동의어를 통해 번
역하는 수밖에 없다. 일본의 정신분석가 타케오 도이Takeo Doi[33]는 아
마에를 다른 사람에 대한 일종의 의존의 욕망으로 묘사해 서구인
들에게 이 표현을 알렸다. 그는 유사한 번안으로 친밀과 허용의 기
분 좋은 감정을 수반하면서 관대함을 요구하는 것과 관련된 사랑
의 욕구로 제시하였다. 아마에는 사람들 간의 의존적 행동과 관련

된 긍정적 의미를 내포하고 있는 것이다. 훨씬 더 개인주의적인 서
구 사상에서 보면 엉뚱한 것으로 보일 수도 있다.

　사실 서구 문화에서 의존은 특정 연령대부터는 부정적인 의미
를 갖는다. 즉, 의존적인 이런 아이들에 대해서는 '어린애처럼 군
다.' '아양 떤다.'라고 하고, 어른들에게는 더 부적절한 말로 표현할
것이다. 그런데 타케오 도이는 엄마와 아이 관계 모델에 바탕을 둔
이러한 형태의 관계가 평생에 걸쳐 발견되며 가족구성원이나 친
구, 또래에게서도 요구된다고 설명한다. 여기서 중요한 것은 간청
하는 사람은 자신의 요구가 다른 사람에 의해 수용될 것을 안다는
것이다. 이는 다른 사람의 안녕을 예상하는 의미가 있다.

　물론 아마에와 같은 단어가 불어에 존재하지 않는다고 해서 프
랑스 문화에 아마에에 대응되는 감정이 없다는 것을 의미하지는
않는다. 타케오 도이는 프랑스 문학의 고전인 앙투안느 드 생텍쥐
페리Antoine de Saint-Exupéry의 『어린왕자Le Petit Prince』의 내용을 들어 아마에
와 연계된 감정을 서구인들에게 이해시키려 했다. 여우가 어린왕
자에게 말한다. "너는 나에게는 수천 명의 어린아이처럼 그저 조그
만 어린아이에 불과할 뿐이야. 나는 너를 필요로 하지 않아. 그리
고 너도 나를 더 이상 필요로 하지 않아. 나는 너에게 수천 마리의
여우와도 같은 한 마리 여우에 불과해. 그러나 네가 나를 길들이면
우리는 서로 서로 필요하게 될 거야. 너는 나에게 세상에서 유일한
대상이 되고 나도 너에게 세상에서 유일한 대상이 될 거야."[34]

　이 '행복의 감정'은 타케오 도이가 말하듯 특유의 은유에 깃든 사
고와 연계돼 서구인들에게 아마에의 경험이 표현하는 것을 환기하

게 한다. 이 개념은 일본 문화뿐만 아니라 일본인의 심리를 이해하는 데 중요하다. 아마에는 아동발달에 대한 긍정적 애착의 가치만큼 중요할 수 있다. 이처럼 일본은 애착과 사람 간의 의존을 연결 짓는 애착 문제에 특별한 것으로 보인다. 서구 국가에서는 아주 어렸을 때부터 아이의 자율을 장려하는데, 애착 이론은 이를 다음과 같이 설명한다. 즉, 안전 애착은 아이로 하여금 긍정적인 사회적 능력과 자아 평가를 발달시키도록 하고 더 자율적이 되도록 한다. 일본 문화에서 추구하는 것은 자율보다 사회적 조화 때문에 집단에 대한 동의나 충성이 중요하다. 서구 문화에서 아이는 다른 사람과의 불협화음을 표현하고 모르는 사람과도 교류하도록 격려를 받는데 반해 일본인들에게 불협화음을 표현하는 것은 삶을 잘못 산 것을 의미한다. 왜냐하면 그것은 집단의 조화를 불안하게 할 수 있기 때문이다. 또한 일본에서는 가족 간에 별로 대화가 없다는 사실도 긍정적인 함의를 지닌다. 즉, 이것은 사실 가족구성원이 서로 친근해 이해시키려고 할 필요가 없음을 보여 주는 것일 수 있다. 일본인들에게 엄마의 민감성은 아이의 감정을 이해하고 욕구를 예상하는 능력으로 정의된다. 이는 아이가 굳이 욕구를 표현할 필요가 없다는 것으로 아이가 표현할 때 아이의 신호에 적절한 방법으로 응답해야 한다는 에인스워스의 민감성과 차이가 난다.

타케오 도이가 이 개념을 전형적으로 일본적이라고 했을 때 저자는 그의 긍정성에 놀랐다. 저자는 독자적인 방법을 통해 한국과 중국의 동료들과의 교류에서 두 언어 간에 비슷한 용어가 존재한다는 것을 알게 되었다. 한국에는 응석ung-seok, 중국에는 사자오撒娇,

sa Jiao가 있다. 이 주제에 대해 조사한 상하이의 삥삥첸Bin-Bin Chen[35]에게 저자가 이 주제에 대해 물어보자 사쟈오가 귀여우면서도 철이 없는 행동을 의미한다고 설명한 바 있다. 이 행동은 안전 애착과 관련된 것으로 간주된다.

애착과 아마에는 부모-자녀 관계로부터 발달하고 따뜻한 관계를 선호하며 개인의 긍정적 발달에 중요한 것으로 인식되고 긍정적인 관계를 허용한다는 사실을 공통분모로 가지고 있다. 그렇지만 한 가지 차이가 있다. 즉, 근접성을 고집스럽게 요구하는 것은 아마에의 관점에서는 받아들일 수 있는 것으로 인식될 수 있는 반면, 애착의 관점에서는 불안전, 즉 불안전-저항형의 애착을 반영하는 것으로 인식될 것이다.

결국 문제는 부적절한 것으로 간주되는 습관적 요구를 관대하게 받아들이도록 요청하고 원하는 대로 서로 의존하도록 하는 다소 퇴행적인 모습으로 보이는 이와 같은 결속 행동이 불안전 애착의 필연적인 특징인지를 아는 것이다. 이것이 문화에 달려 있다고 할 수 있는가?

물론 서구 문화에서 정립된 '낯선 상황'의 부호화를 다른 문화에 엄격히 적용하는 것은 불안전-저항 애착에 동화된 행동이 과도하게 표현되는 것을 묵과하게 될 것이다. 그 결과 의존적 애착의 형태가 일본 아이에게 과도하게 나타나게 될 수 있을 것이다. 그런데 아마에 행동은 일본 엄마들에 의해 권장되고 있고, 의존적 애착과 비슷한 면도 있지만, 그렇다고 꼭 불안전한 것은 아니다. 부모가 아이가 있는 방을 떠나는 순간 스트레스가 증폭되어 나타나고 부모가 돌아오면 분노가 크게 표출되는 것이 문제일 수 있다. 즉, 아이가 부모의 관심을 끌고 부모가 가까이 있도록 '애처럼 굴면서' 신호를 과장하는 경우가 문제일 수 있다.

불안전 애착과 발달

이 장의 앞부분에서 제기한 문제, 즉 두 가지 근본적인 욕구인 결속의 욕구와 자율의 욕구 그리고 문화의 문제로 돌아가 보자. 어떤 문화에서는 자율, 자기규제, 자기신뢰, 독립, 개인적 성공에 가치를 두는 반면에 다른 문화에서는 결속, 제3자 역할hétérorégulation, 상호관계, 상호의존에 가치를 둔다.[36] 애착의 관점에서 볼 때 '원초적 전략', 즉 다른 개인에게서 위안을 찾는 것이 보편적이라면 이러한 전략을 구성하는 행동은 꼭 그렇지는 않다는 것이 확실하다. 결속 행동은 문화에 따라 다르게 권장되고 안내된다. 저자는 이와 같은 행동이 특정 문화에 따라 적용된 형태로 나타나게 된다고 본다. 아이가 신체적 접근을 요구하는 것은 용인되거나 권장될 수도 있지만 아양이나 어리광으로 보여 비난받을 수도 있다. 모두가 동일한 행동규범, 동일한 행동평가 매뉴얼을 참조한다면 오해가 발생할 수 있다.

일본 아이에게서 볼 수 있는 과도하게 의존적인 듯한 행동은 일본 문화에 완전히 적용한 것이고 불안전-저항 행동의 징표가 아닐 수 있다. 같은 맥락에서, 독일 아이의 이상하리만큼 초연하고 조숙한 자율적 행동을 반드시 불안전-회피 행동으로 봐야 할 것인가 하는 의문을 제기할 수 있다. 참고로 왜 유독 독일 아이에 대해 말하는지에 대해서는 나중에 설명하도록 하겠다.

심리학자인 제롬 케이건Jerome Kagan [37]은 '낯선 상황'에서 이러한 회피 행동은 아이가 독립적인 기질을 지니고 있고 스트레스를 관리할 수 있으며 두려움을 통제할 수 있다는 사실을 의미하는 것이라고 주장한다. 저자는 애착 인물과 분리될 때 관찰된 행동은 아이의 기질적인 성향을 반영한다고 보는 케이건의 가설에 반대해 애착 이론이 설득력 있는 논쟁을 제공한다고 생각한다. 이러한 상황에서 회피적인 아이들이 다른 유형의 아이들만큼 코르티솔을 분비한다는 사실과 부모에 대한 애착이 서로 다를 수 있다는 사실은 불안전—회피 애착이 기질적 성향보다 관찰 상황에서 부모와 아이 간의 관계적 내력을 말한다는 개념을 강력히 지지한다.

한편 저자에게 중요해 보이는 것은 케이건이 내놓은 후속 논쟁이었다. 케이건은 독립적으로 조숙해 보이는 방식이 경쟁력이 있고 개인주의적 사회에서 이점이 있다고 주장했다. 이에 저자는 불안전 애착으로 묘사되는 경우에 불안전—회피적 애착 유형이 특정 유형의 사회에 적응적인 전략을 대표할 수 있는 것인지를 자문해 보게 되었다. 이러한 적응은 재생산적 성공을 보장하게 될 것이다. 이 행동은 안전 추구의 실패로 간주되어서는 안 되고, 사회에 의해 선별되고 강화된 행동으로 간주되어야 할 것이다.

특히 경쟁이나 개인적 성공, 자기충족에 가치를 두는 개인주의적 사회에서 회피 애착은 사실상 가장 적응적인 형태의 애착 유형일 수 있다. 기억하는 바와 같이 관계 회피적이라고 생각되는 사람

들은 스스로에 대해 일에 '중독된' 사람이라고 생각하고 소득 수준
도 높다. 애착 이론이 만들어진 시기로부터 그리 멀지 않은 시기에
대중에게 크게 알려진 바 있는 소아과 의사 겸 심리학자였던 독일
의 요하나 하러Johanna Haarer나 미국의 존 왓슨John Watson은 부모와 아이
사이에 감정적 교환을 체계적으로 회피하는 데 기반한 교육적 권
고를 발표하면서 그와 같은 입장을 완강하게 방어했다.

   독일 학계의 한 연구진은 회피 애착의 과대 표현에 대해 언급한
바 있다. 이 연구를 주도했던 클라우스 그로스만Klaus Grossmann은 자신
의 팀이 수행한 인터뷰 연구를 통해 여기서 '엄격한'[38] 프러시아 교
육의 결과를 찾아내야 한다고 설명하고 있다. 이와는 반대로 앞서
살펴본 바와 같이 저항 애착은 교육적 규범이 중요한 역할을 하는
것으로 보이는 일본 연구에서 과대하게 표현된다고 할 수 있다. 두
경우 모두에서 행동은 어느 정도 문화에 적응한 것이다. 이와 같은
적응은 성공적인 재생산을 보장할 것이다. 그렇다면 환경에 적응
한 행동에 대해서도 '불안전'이라는 용어를 계속 사용해야 하는가?

   역사적 차원에서도 애착의 보편성을 비판할 수 있을 것이다.
말하자면 애착 범주의 발전 가능성의 문제를 제기하는 것이다.
25,000명 이상의 미국 청년을 대상으로 한 분석에서 1988년과
2011년 사이에 일어난 변화에 대해 설명한 바 있다.[39] 불안전 애착
의 빈도가 51%에서 58% 이상으로 증가했다. 이 변화는 상대적으
로 짧은 기간이라 할 수 있는 23년 간의 변화인데, 사회 발전이 행
동과 애착의 표현에 미치는 영향에 대해 의문을 제기하지 않은 것
은 아니었다. 전제를 고수한다면 원초적 전략, 즉 안전 애착은 오늘

날 '양태적'인 것이 아니다.

분리, 개인화, 자율, 독립에 관한 문화적·역사적 차이와 이들의 애착과의 관계도 탐구할 필요가 있지만, 저자는 안전－불안전의 이 분법이 너무 불완전하고 가능한 변이를 고려하는 데 폐쇄적이라고 생각한다. 이와 같은 이유로 인해 저자는 안전과 불안전 차원에서 정도를 생각하는 것에 찬성한다.

널리 알려진 바 있는 네 번째 애착 범주인 혼란 애착attachement désorganisé에 대한 메리 메인의 말대로 이 유형은 애착 전략의 실질적 실패가 담겨 있다고 말할 수 있다. 여기서는 일본이나 독일에서 본 것처럼 특정 환경에 적응적인 애착 형태가 있다는 것을 배제할 수 있다. 이와는 반대로 적응의 실패가 문제인 것이다. 문화적이고 역 사적인 문제도 역시 고려되어야 한다. 사실 여기에는 애착의 와해 로 인해 나타나는 행동의 진보와 관련해 혼란스러운 문제가 있다. 메리 메인과 주디스 솔로몬Judith Solomon이 1986년에 네 번째 범주를 제시했을 당시에 미국의 인구 중에서 이 유형에 해당되는 것으로 집계된 아이의 비율은 10~15%였다. 그런데 이어서 실시된 연구에 서는 숫자가 계속 높게 나왔다. 2009년 퀘벡에서 출간된 연구에서 는 정상적 인구표본의 30%라는 놀라운 숫자를 보고한 경우도 있었 다.[40] 그런데 이들 연구는 예외적인 경우가 아니었다.

이와 같은 증가에 대한 설명이 명확하지 않고 우려스러운 점도 없지 않다. 비디오로 녹화한 낯선 상황을 분석하는 사람의 인식이 발전할 수 있는지에 대해서도 생각해 볼 필요가 있을 것이다. 혼란 애착의 문제에 더 민감하다는 사실에서 이전에 간파되지 않았던 아주 미묘한 행동의 세밀한 부분까지도 감별할 수 있을 정도로 나아간 것은 아닌가 하는 의문을 제기해 볼 수 있다. 해당 연구의 저자들에 따르면 이 가설은 가능성이 희박하고 충분히 자격을 갖춘 사람들이 상황 분석을 했다고 반박하고 있다.

이와 같은 자연-문화 등식의 탐구를 위해 21세기 초에 신경과학이 활용되어 애착에 관해 새로운 방향 전환을 하도록 했고, 적지 않은 발견을 통해 인간의 본성에 대한 닻을 내리게 했다고 말하고 싶다. 이것은 자연과 문화 사이에 열정이 식은 균형의 개념을 강화시킨다.

질문 23. 애착은 신경생리적 현상인가

역사를 거슬러 올라가 보자. 1954년 애착 이론이 나오던 해에 캐나다 몬트리올에 있는 맥그릴대학교의 두 연구자인 제임스 올즈James Olds와 피터 밀너Peter Milner[41]는 쥐의 뇌에서 보상회로를 발견했다. 연구자들은 쥐의 뇌에 전자칩을 심었다. 전자칩은 레버에 연결돼 쥐가 전자칩을 활성화할 때마다 전자 감응을 받게 했다. 그들은 중격측좌핵과 같은 부위에 전극이 심어졌을 때 반복적인 방식으로 레버가 활성화되는 것을 통해 쥐가 전기충격 효과에 길들여지는 것을 발견했다. 끊임없이 스스로 자극을 촉발해 먹을 시간마저 없었다. 빈번하고 과도한 발산으로 벽으로 내동댕이쳐질 수도 있었다. 그럼에도 발을 땅에 딛자마자 다시 레버로 달려갔다. 이어 다른 연구자들은 보상회로로 명명된 이 동일 영역에 대한 자극이 아편 중독자의 자기투여와 같이 동일한 행동 효과를 발휘한다는 이론을 정립했다. 훨씬 뒤에 런던대학교의 안드레아스 바르텔Andreas Bartels과 세미르 제키Semir Zeki[42]는 이 보상회로의 경우 중격측좌핵처럼 옥시토신 수용체의 밀도가 높다는 것을 밝혀냈다. 그런데 앞서 살펴본 것처럼 이 호르몬은 사회참여 활동을 할 때, 특히 임신, 수유, 밀접한 관계 등 재생산과 관련된 활동을 할 때 두뇌 시상하부를 통해 분비된다. 이 두 연구자는 자기공명 스캐너(기능적 IRM)에 놓인 여성에게 배우자나 아기 사진을 보여 주면 이 부분의 뇌가 특별히 활성화되는 것을 발견했다. 이로써 사회참여가 바람직한 어떤 것이라고 결론 내릴 수 있었다. 알고 있겠지만 거기에는 사회 참여에 대한 진지한 그림이 있었고 하드웨어에 관련된 것이다(또는 하드웨어에 관련된 것이다). …… 저자가 매우 인상적으로 본 것은, 두 연구자의 표현을 빌리면 부모자녀 간이나 부부 간에 확고한 연결을 확보하기 위해, 달리 말하면 종의 생존에 유리하게 하기 위해 이 연결을 '기꺼이 추구되는 경험의 원천'으로 만드는 진보가 이루어졌다고 할 수 있다는 것이었다.

보살핌을 받는 동시에 보살핌을 제공하는 것은 특별히 보상회로를 활성화시킬 수 있는 경험, 곧 기꺼이 추구하게 되는 경험이다. 자녀에 대한 부모의 투자를 생각할 때 전문 양육자, 교사, 간호사 등을 생각해 보면 이는 매우 흥미로워 보이는 것이다. 다소 원색적인 표현을 이해해 준다면 저자는 보살핌의 쾌락에 대해 기꺼이 이야기하고 싶다. 또한 저자의 견해로서는 이처럼 타인에 대해 '기꺼이 추구하게 되는' 배려의 형태는 '모성적 본능'이나 '원초적 모성 집착'처럼 해묵은 개념을 피하게 해 줄 것이라고 덧붙이고자 한다.

일종의 농담과도 같은 문제로 돌아가 보자. 애착, 즉 보살핌, 배려, 보호를 주고받는 기쁨은 '다른 사람이 우리로 하여금 잘 느끼게 하는 방식을 사랑'하는 데 있는 건 아닌가? 이것은 저자가 과거에 일할 기회를 가졌던 미국 국립정신건강연구소National Institute of Mental Health: NIMH의 책임자로 있었던 신경과학자이자 정신분석가인 토마스 인셀Thomas Insel[43]이 주장한 것이다. 사실 그는 애착과 중독을 비슷하게 본다.

애착과 사랑은 단지 호르몬의 문제일 뿐인가? 다행히도 그렇지 않다. 저자는 애착에서 문화의 부분을 설명하려고 했다. 물론 사랑에 대해서도 마찬가지다. 지그문트 프로이트Sigmund Freud는 1910년에 이미 다음과 같이 말한 바 있다. "고대 시대의 성생활과 우리 시대의 성생활 사이에 괄목할 만한 구별은 틀림없이 고대인들은 충동 자체를 강조했다면 우리는 대상을 강조한다. …… 고대인들은 충동을 영광시하고 이로써 열등한 대상을 존중할 수 있었다. 반면에 우리는 충동적 행위 자체를 경멸하고 대상의 장점이 우리 눈에는 충동적 행위의 변명으로 보인다."[44]

이와 같은 프로이트의 말을 확장해 1930년대에 데니스 드 루즈몽Denis de Rougemont[45]이 제시한 에로스와 아가페에 대한 구별적 관점을 취해 볼 수 있다. 사랑의 속성 가운데 하나인 한눈에 반하는 정열(에로스)에서 호르몬의 작용은 '다른 사람이 우리로 하여금 잘 느끼게 하는 방식을 사랑'하는 것인 반면, 사랑의 또 다른 속성이라 할 수 있는 연민(아가페)은 보다 더 성숙한 사랑으로 더 장기적인 것으로 한 사람을 그 자체로 사랑하는 것이라고 할 수 있다. 그리고 이러한 차이는 정신분석학 창시자가 주장하듯, 일련의 역사를 지니고 있을 것이고 따라서 문화적 진보를 거치게 될 것이다.

에인스워스[46]는 사랑의 연계가 세 가지 행동 체계를 포함한다고 보았다. 그가 말하는 세 가지 행동 체계는 재생산 체계, 애착 체계, 양육 체계다. 첫 번째 체계는 성과 관련된 에로스적 측면이고, 두 번째 체계는 안전의 추구와 양육의 쾌락에 의해 동기가 부여되는 것으로 보인다. 반면에 세 번째 체계는 아가페적 측면이다. 이와 같은 동기부여, 즉 다른 사람을 돌보면서 기쁨을 추구하는 것, 보살핌을 주고받는 것은 아이가 부모에 대해서건, 부모가 아이에 대해서건, 아니면 부모 간의 관계에서건 간에 애착에 있어서 근본적인 것이 될 것이다.

『사랑과 서구L'Amour et l'Occident』의 저자인 루즈몽에 따르면 중세는 에로스와 아가페 간에 문화적·종교적 균열의 극장이었을 것이라고 한다. 에로스는 아랍의 침입 이후로 중세시대에 궁정연예, 무훈시, 음유시 등을 분출시켰다. 사랑에 대한 사랑은 파괴적인 무언가를 내포하고 있고, 반대로 아가페는 자신을 위해 다른 사람을 사랑하는 것으로 건설적일 것이다. 이러한 사회적·신학적 논쟁에 들어가지 않고 사랑과 그 굴절, 즉 사랑에 대한 사랑이나 사랑의 연민은 사회문제를 포함할 수 있을 것이라고 자신 있게 주장한다. 이쯤 되면 다음과 같은 생각에 이르게 된다. 애착과 사회적 프로젝트 간에, 애착과 정치적 프로젝트 간에 관련이 있는가?

질문 24. 애착은 정치적 영향을 미치는가

미국의 심리학자이자 페미니스트인 캐롤 길리건Carol Gilligan[47]은 자신의 유명한 저서인『다른 한 목소리 케어의 윤리를 위하여Une voix différente: Pour une éthique du care』에서 보살핌을 주제로 보살핌이나 염려를 사회 프로젝트나 정치 프로젝트로 만들고자 했다. 길리건은 개인적인 도덕 수준에서 두 가지 과잉을 발견했다. 자기 자신과 자신의 생존 자체에 지나치게 집중하는 것과 그 정반대의 것, 즉 다른 사람을 위해 자신을 잊어버리는 것이다. 보살핌의 윤리라고 명명한 이 개념에는 상호성의 논리와 자신과 타인 사이에 존재하는 상호의존성에 대한 의식이 존재한다.

보살핌이나 염려는 성역할 고정관념에 대응하는 의미에서 '젠더화'되었다. 여성에게서는 친절, 책임, 교육적 배려, 연민, 다른 사람의 욕구에 대한 배려를 기대한다. 미국의 정치학자이자 페미니스트인 조안 트론토Joan Tronto 역시 보살핌의 윤리 개념을 지지한다. 보살핌이나 염려와 관련된 직업인 교사, 유모, 보모 등은 주로 여성이 맡고 있고, 사회에 의해 주목받지 못한다고 지적한다. 생각은 염려를 부활시키고 가시화하여 사람들이 사회적 중요성을 인식하도록 한다. 더욱이 보살핌과 관련된 이러한 직업을 이민자 출신의 여성들이 맡았을 때 보살핌은 지배당하고 탄압당하거나 소수집단이라는 교차지점에 위치하게 될 것이다. 캐롤 길리건은 보살핌이 여성과 집안의 영역으로 밀려나지 않도록 끊임없이 '탈젠더화'해야 한다고 주장한다.

이 논지는 페미니스트로부터 비판을 받기도 한다. 즉, 여성을 다른 사람에게 주의 깊고 부드러우며 친절한 존재로 못 박게 하는 성역할 고정관념을 다시금 끄집어내고 확인시킨다는 비판을 받았다. 사실상 차별주의자라고 부를 수 있는 미국 페미니즘의 계파가 있다. 이 분파는 남성적 가치에 반대해 페미니즘적 가치를 주장하고, 시몬 드 보부아르Simone de Beauvoir나 엘리자베스 바덴테르와 같이 '여성도 다른 사람들처럼 사람이다.'라는 프랑스의 평등주의적 유파에 반대한다.

캐롤 길리건은 이 비판에 대해 다음과 같이 대답하고 있다.[48] "가부장적이고 성차별적인 사회에서 보살핌은 여성적 윤리로 이분적 성역할과 부계의 위계서열을 반영한다. 다른 사람을 돌보는 것은 좋은 여성이 하고 [원문대로] 다른 사람을 돌보는 사람은 여성의 일을 한다. 여성은 다른 사람에게 헌신적이고 다른 사람의 욕구에 민감하며 그들의 목소리에 주의를 기울인다……. 그리고 사심이 없다. 평등한 선거권에 기초하고 토론이 개방된 민주적 사회와 문화에서 보살핌은 반대로 페미니스트적 윤리다. …… 보살핌의 페미니스트적 윤리는 가부장제적 규범과 가치를 전달하지 않기 때문에 이질적인 목소리다."

따라서 캐롤 길리건의 경우는 여성의 윤리를 주장하지는 않지만 페미니스트적 주장 또는 페미니스트 윤리를 주장하고 있다.

저자는 더 이상 여성과 남성을 부성과 모성처럼 서로 대립시켜야 하는 것으로 생각하지 않는다. 성역할이나 애착의 '모성적' 관점에 다시 빠지지 않도록 항상 조심해야 한다. 그러나 우리들, 곧 남성이나 여성에게 있어 여성적인 부분을 인정하고 가치를 두는 것은 중요하다고 생각한다. 우리에게는 엄연히 여성에게 주어진 부분, 곧 염려, 책임, 교육적 배려, 번민, 타인의 욕구에 대한 배려 등이 있다는 것을 분명히 하고자 한다.

따라서 보살핌과 염려는 사회의 프로젝트가 된다. 남성우월적이고 마초적인, 자칭 남성적 가치로 경쟁, 성공, 자기 확신, 독립과 같은 것을 여전히 내세우는 다른 사회 프로젝트에 반대하기 위해 '인간은 인간에게 늑대다.'라고 높고 큰 소리로 말할 수 있다. 독립, 부연하면 강제적 독립은 하나의 사회 프로젝트이자 하나의 이데올로기적 체계로 또 다른 프르젝트인 염려의 프로젝트와는 대조된다. 염려의 프로젝트는 우리의 생물학적 유산에 정주한 프로젝트로 다른 사람과의 관계에서 자신을 느끼기 위한, 즉 '인간은 인간을 위한 원천이다.'를 시사하는 프로젝트다. 이것은 어떤 사람들에게는 '어린애처럼 순진한' 것처럼 보일 수 있지만, 명칭은 없어도 이데올로기에 대항해 자연스럽게 발발하는 전투라고 주장하고 싶다. 요컨대 우리 모두는 상호의존적이지 않은가?

에릭 엠마누엘 쉬미트Éric-Emmanuel Schmitt는 자신의 저서 『다른 측면 La Part de l'autre』[49]에서 아돌프 히틀러가 보자르Beaux-Arts 시험에 합격해 그가 바라던 대로 화가가 되었다면 어땠을까 하는 질문을 던지면서 히틀러의 인생을 상상해 보았다. 그는 강박적으로 독립적이고 편집광적이며 감정이 메마른 것으로 묘사된 역사적 인물과는 반대로 상상적 이중성을 지닌 화가로서 감정과 느낌을 지닌 존재를 발

견하기에 이른다. 그는 저자가 크게 감탄할 정도로 멋있는 말을 한
다. "나는 내 운명을 만든 다른 사람의 기여분을 인정한다." 저자는
이것이 애착이고 타인의 자아를 인정하는 것이라고 생각한다. 그
러나 다른 사람 자체는 종종 그 자리가 너무 없지 않은가? 다른 사
람은 그의 존재로 인해 우리를 가둘 수는 없는가?

질문 25. 개방적 연계인가, 감옥인가

앞서 인간에게 두 가지 근본적인 욕구가 있으며, 이 두 욕구가 잘
작동된다면 모순적이지 않을 수 있다고 말한 바 있다. 한편에는 군
집, 결속의 욕구가 있고 다른 한편에는 자아실현, 자율의 욕구가 있
다. '안정적'이라고 말하는 아이의 경우 근접의 욕구가 탐험을 방해
하지 않는다. 반대로 개방, 사회화, 호기심, 세상을 향한 탐험을 허
용하는 것은 근접 환경에서 안전을 경험하게 하는 것이다.

그러나 우리가 잘 알고 있듯이 일이 항상 이상적인 상황에서처
럼 진행되는 것은 아니다. 아이가 위안을 찾으려고 노력해도 위안
을 얻지 못하게 되면 감정과 요구를 회피하는 전략을 취하거나 반대
로 자신의 요구를 고조시킬 수도 있다. 만일 이와 같은 전략이 강하
게 개입되고 적용되면 전자의 경우 나중에는 '강제적 자율성'의 태
도를 취하게 하고, 후자의 경우에는 다른 사람들과 관련해 불안하고
의존적인 태도를 취하게 할 위험이 있다.

이렇듯 연계는 개방이나 폐쇄, 고립이나 의존에 갇히게 할 수 있

다. 이는 개인 차원의 애착 이론에 자리 잡고 있다. 그러나 서로 다른 전략이 가족 기능의 성격을 규정짓게 한다. 살바도르 미누친 Salvador Minuchin[50]은 다음과 같은 유사한 방법으로 가족의 기능을 묘사했다. 적합한 기능은 '유연한' 가족의 기능으로 민감성, 감정이입, 개방, 소통, 구성원의 자율을 존중하는 지지를 제공하는 것이다. 그러나 다시 말하건대 일이 이상적인 상황에서처럼 흘러가지만은 않는다. 한편의 가족은 '흩어진désengagées' 가족이고 다른 한편의 가족은 '뒤얽힌intriquées' 가족이다. 전자의 가족은 회피, 무시, 무감각, 후회를 특징으로 한다. 후자의 가족은 과도한 영향, 개입, 침범, 통제, 타인의 자율 무시, 사람과 세대 간의 모호한 경계를 특징으로 한다.

동일한 양극화를 사회적 차원에서 찾아볼 수 있다. 공통된 시기적 특성으로 분명히 스트레스, 전쟁, 기근, 질병, 추방과 같은 요인을 포함할 수 있다. 오늘날 스트레스는 경제처럼 세계화된 것 같다. 세계화는 우리 사회에서 분열을 빚어 몇몇 지리학자와 사회학자[51]들이 말하고 있는 바와 같이 한편에서는 세계화로 이익을 보는 사람들로 과거의 중산층과 상류층이 있고, 다른 한편에서는 주변으로 내몰린 인구 대부분인 낙오자들이 있다. 특히 젊은 세대는 지구의 미래를 걱정한다. 급진화나 도시의 중심을 강타하는 테러리즘, 지구적 감염병 모두 우리의 애착 행동을 활성화시킨다. 즉, 스트레스와 애착은 서로 떨어질 수 없는 동반자인 셈이다.

이제부터는 군집 반응과 연대 모임에 대해 이야기해 보겠다. 그러나 여기에서도 다른 길을 택하는 전략을 취할 수 있다. 회피나 군집 반응의 고조가 그것이다. 전자의 경우는 개인주의, 자아 이미지의 영광화, 소비를 통한 자의적 무시, 감금, 고립이 해당된다. 후자의 경우는 집단 순응, 포퓰리즘, 비판적 거부, 단일사고에의 매몰이 해당된다.

세계화되고 있는 서구 사회에서 교육의 성공을 통해 확산적으로 표방되고 있는 비전은 바로 자율이라고 생각된다. 애착 이론은 이 관점을 옹호하는 것으로 이해될 수 있을 것이다. 이처럼 근본적인 명제 가운데 하나가 애착이 자율을 선호한다는 것이다. 이 이론이 보편성을 띠고 있다 하더라도, 볼비가 '강제적 자율'로 기우는 것을 경계했음에도, 애착 이론은 지극히 서구적인 자아의 확인, 개인주의적 가치, 이데올로기적 성향의 가치로 찌들 대로 찌들어 있는 것처럼 보이기도 한다. 저자는 자율의 개념을 조화의 개념과 경쟁적인 것으로 본다. 이런 관점에서 프레드 로스바움Fred Rothbaum과 그의 동료들[52]의 견해를 따른다. 여기에 서구 문화와는 다른, 곧 경쟁이나 자아실현이라는 가치에 덜 바탕을 두고 관계의 조화에 더 많이 열려있는 문화의 기여분이 있다.

이것은 물론 여러 관점 가운데 하나에 불과한 것이다. 에릭 엠마누엘 쉬미트가 말한 '다른 사람의 부분', 생텍쥐페리의 '길들이기' 또는 프레드 로스바움의 '조화'와 같은 개념에는 근접, 친밀 속에 있을 수 있는 자유 상실의 위험, 누군가에게는 두려운 위험이 도사리고 있을 수도 있다. 그럼에도 불구하고 다른 사람에게 의미 있는 어떤 사람이 된다는 감정은 절대적 자유라는 생각과 균형을 이루는 것일 수 있을 것이다.

미주

1. 주모자인가 희생자인가? 혁명의 비극은 대체로 가해자들에 의해 로베스피에르(Robespierre)에게 전가되었다. 이에 관해서는 Jourdan, A. (2018). *Nouvelle histoire de la Révolution*. Flammarion 참조.

2. http://www.jprissoan-histoirepolitique.com/articles/retours-surl-histoire-de-france/revolution-francaise/robespierrediscipledej-jrousseau.

3. 1794년 8월 18일의 연설(Discours du 18 floréal 1794)에서 로베스피에르는 최고 존재의 축제(fête de l'Être suprême)를 제도화했다.

4. Badinter, E. (1980). *L'Amour en plus. Histoire de l'amour maternel (xviie-xxe siècle)*. Flammarion.

5. Rousseau, J.-J. (2016). *Discours sur l'origine et les fondements de l'inégalité parmi les hommes* [1755]. Flammarion.

6. Bartholomew, K. & Horowitz, L. (1991). Attachment styles among young adults: A test of a four-category model., *J. Pers. Soc. Psychol.*, 61(2), pp. 226-244.

7. https://www.web-research-design.net/cgi-bin/crq/crq.pl. 이 설문지 'Attachment Styles and Close Relationships'는 유감스럽게도 영어판만 있다.

8. Kagitçibasi, C. (2005). Autonomy and relatedness in cultural context implications for self and family. *Journal of Cross-Cultural Psychology*, 36(4), pp. 403-422.

9. Kellerhals, J., Perrin, J.-F., Steinhauer-Cresson, G., Vonèche, L. & Wirth, G. (1982). *Mariages au quotidien*. P. M. Favre.

10. Singly, F. de. (2005). *Les Uns avec les autres. Quand l'individualisme crée du lien*. Armand Colin.

11. Bauer, C. (2015). *Travail et responsabilité selon Jean Calvin, une interprétation par le devoir de lieutenance*, thèse. universités de Strasbourg et de Genève.

12. Weber, M. (2003). *L'Éthique protestante et l'Esprit du capitalisme* [1905]. Gallimard.

13. Ariès, P. (1973). *L'Enfant et la Vie familiale sous l'Ancien Régime* [1960]. Seuil.

14. Koops, W. & Zuckerman, M. (dir.). (2003). *Beyond the Century of the Child. Cultural History and Developmental Psychology.* University of Pennsylvania Press.

15. Koops, W. (1996). Historical developmental psychology: The sample case of paintings. *International Journal of Behavioral Development, 19*(2), pp. 393-413.

16. Alexandre-Bidon, D. & Closson, M. (1985). *L'Enfant à l'ombre des cathédrales.* Presses universitaires de Lyon.

17. Flandrin, J.-L. (1976). *Familles. Parenté, maison, sexualité dans l'ancienne société.* Hachette.

18. 저자는 최근의 저서에서 이 논쟁도 발전시킨 바 있다. Pierrehumbert, B. (dir.). (2019). *L'Attachement aujourd'hui. Parentalité et accueil du jeune enfant.* Philippe Duval.

19. 저자는 여기서 르네 자조(René Zazzo)의 용어를 다시 사용했다. Zazzo R. (dir.). (1979). *L'Attachement.* Delachaux et Niestlé.

20. Lorenz, K. (1949). *Er redete mit dem Vieh, den Vögelnund den Fischen.* Borotha-Schoeler.

21. Harlow, H. F. (1958). The nature of love. *American Psychologist, 13*, pp. 673-685.

22. Bowlby, J. (1958). The nature of the child's tie to his mother.

International Journal of Psycho-Analysis, 39(5), pp. 350-373.

23. Bowlby, J., *Attachement et perte, op. cit.*, 3 vol.

24. Winnicott, D. W., *De la pédiatrie à la psychanalyse, op. cit.*

25. https://fr.wikipedia.org/wiki/Victory_Program.

26. https://voxeu.org/article/europe-s-fertility-crisis-lessons-post-war-babyboom.

27. Malthus, T. R. (1992). *Essai sur le principe de population* [1798]. Flammarion.

28. Badinter, E. *L'Amour en plus, op. cit.*

29. Badinter, E. (2010). *Le Conflit. La femme et la mère.* Flammarion.

30. Van IJzendoorn, M. & Sagi, A. (1999). Cross-cultural patters of attachment, universal and contextual dimensions, in J. Cassidy, P. R. Shaver (dir.), *Handbook of Attachment.* The Guilford Press, pp. 713-734.

31. Takahashi, K. (1986). Examining the strange-situation procedure with Japanese mothers and 12-month old infants. *Developmental Psychology, 22*, pp. 265-270.

32. Turpin Murata, H. & Pierrehumbert, B. (2015). La parentalité dans une perspective interculturelle. Le concept d'amae. *Enfance*, 3, pp. 393-407; Turpin Murata, H., Pierrehumbert, B. (2015). L'exception japonaise: l'amae, in B. Cyrulnik (dir.). (2015). *L'Amour pour bien grandir.* Philippe Duval.

33. Doi, T. (1988). *Le Jeu de l'indulgence.* L'Asiathèque.

34. Saint-Exupéry, A. de. (1999). *Le Petit Prince* [1943]. Gallimard, "Folio".

35. 개인적 소통.

36. 일례로, Posada, G. (2001). Child-mother attachment relationships and culture. art. cit. 참조.

37. Kagan, J., The Nature of the Child. *op. cit.*

38. Kratzer, A. (2019). Harsh nazi parenting guidelines may still affect German children of today. *Scientific American*, 4 janvier.

39. Konrath S. H., Chopik, W. J., Hsing, C. K. & O'Brien, E. (2014). Changes in adult attachment styles in American college students over time: A metaanalysis. *Personality and Social Psychology Review, 18*(4), pp. 326-348.

40. Carré, A. (2009). *L'Établissement de la relation d'attachement chez les enfants adoptés d'Asie*, thèse de doctorat en psychologie, École de psychologie. Université Laval à Québec.

41. Olds, J. & Milner, P. (1954). Positive reinforcement produced by electrical stimulation of septal area and other regions of rat brain. *Journal of Comparative and Physiological Psychology, 47*(6), pp. 419-427.

42. Bartels, A. & Zeki, S. (2004). The neural correlates of maternal and romantic love, *NeuroImage, 21*(3), pp. 1155-1166.

43. Insel, T. R. (2003). Is social attachment an addictive disorder?. *Physiology and Behavior, 79*, pp. 351-357.

44. Freud, S. (1987). *Trois essais sur la théorie sexuelle* [1905]. Gallimard, p. 149.

45. Rougemont, D. de. (1972). *L'Amour et l'Occident* [1939]. Plon, édition définitive.

46. Ainsworth, M. D. (1989). Attachments beyond infancy. *American Psychologist, 4*, pp. 709-716.

47. Gilligan, C. (1986). *Une voix différente. Pour une éthique du care.* Flammarion.

48. https://www.cairn.info/revue-multitudes-2009-2-page-76.htm.

49. Schmitt, E. E. (2001). *La Part de l'autre.* Albin Michel.

50. Minuchin, S. (1974). *Families and Family Therapy.* Harvard University Press.

51. 일례로, Guilluy, C. (2018). *No society. La fin de la classe moyenne occidentale.* Flammarion 참조.

52. Rothbaum, F., Weisz, J., Pott, M., Miyake, K. & Morelli, G. (2000). Attachment and culture: Security in the United States and Japan. *American Psychologist, 55*(10), p. 1093.

결론

질문 26. 결론적으로 애착은 무엇인가

단순명료한 질문이라고 해서 항상 답하기 쉬운 것은 아니다. 저자가 타인과 대화를 나누는 과정에서 애착에 대해 '연구'한다고 말할 때면 자연히 그리고 변함없이 뒤따르는 질문이 '그래서 애착은 뭐예요?'였다.

첫 번째 대답법은 이 말을 불어로 어떻게 이해하는지를 알아보는 것이다. 아이디어를 얻기 위해 사전에서 동의어를 찾아볼 수도 있을 것이다. 또한 보다 우아한 방법을 써서 이 용어가 전문서적이 아닌 문헌 속에서 어떻게 자연스럽게 사용되었는지를 알아볼 수도 있을 것이다. 이 방법은 카엥대학교의 언어 간 연구센터Centre de recherche inter-langues[1]가 제시한 것으로 그래프 위에 이런저런 단어에 매우 빈번하게 연계되는 용어들이 무엇인지를 표시하는 것이다. 이렇게 표시하면 한 공간 안에 여러 차원의 좌표를 갖게 되고, 그래프상에서의 근접성에 따라 서로 다른 상관관계의 정도가 재현된다. 이 좌표에서 가장 가까운 단어로는 '감정'이 있고 이어 '정열' '사랑' '다정'이 있다. 다소 먼 단어로는 '적용' '열정' '경향' '평가' '환심' '마음' '동정' '우정' '맛' '감정' '이익'과 같은 것이 있다.

이어 의미론적 공간의 단어들은 감정의 연계로 묘사될 수 있는 사랑이나 우정과 같은 이름으로 현실을 반영한다. 첫 번째 명제는 '의존'이라는 단어가 '애착' 단어 주위의 좌표 상에서 상대적으로 멀리 있다는 것이다. 아마도 두 번째 명제는 이 책의 관점에서 볼 때 열거된 목록에 익숙한 단어 하나가 빠졌다는 것을 독자들이 눈치챘을 것이라는 것이다. 즉, 중요한 단어인 '안전'이라는 단어가 없다. 이것은 애착 이론의 창시자인 볼비John Bowlby의 이론이 '일반 대중의 지혜'와는 확연히 구별된다는 것을 시사한다.

사실 애착과 관련된 생각에서 특별한 것은 볼비가 제안한 안전의 개념이다. 이 책에서 여러 번 되풀이해 살펴본 바 있지만, 중요한 문제이기 때문에 저자는 이 점을 거듭해서 주장한다. 이론이 '애착 인물'처럼 묘사하고 있는 것은 근접성이나 다른 형태의 접촉을 통해 이 안전의 감정을 불러일으킬 수 있는 인물이다. 이 안전의 개념은 애착을 우정이나 사랑의 연계와 같은 다른 감정적인 연계와 구별짓는다. 안전과 관련된 이 감정의 경우에 다른 사람이 있는 상태에서 느끼는 안전의 감정을 배제하지도, 반드시 필요로 하지도 않는다.

부모에 대한 애착에서 안전의 경험은 중요해 보인다. 종의 진보적 관점에서 볼 때 우리는 여전히 적응 과정에 있는 것일 수 있다. 사실 많은 종의 경우에 보통 어른은 친부모이며, 자녀를 보호하고 자녀의 안전을 보장한다. 이와 관련해 거위의 흔적 개념에 대한 콘라드 로렌츠Konrad Lorenz의 실험을 떠올릴 수 있을 것이다. 조류 새끼는 알에서 나오면 눈에 보이는 첫 물체를 따라다닌다. 이와 같은 현상은 알을 품는 조류에게 일반적이다. 이것이 애착의 원초적인 모형을 이룬다.

물론 우리는 동물이 아니다. 우리는 우리를 특별한 동물로 생각한다. 대부분의 종에 비해 유전자적·생물학적 결정 요인과 관련해 매우 큰 자유를 누리고, 문화적 요소에 의한 제약도 더 많이 겪는다. 한편 어린아이의 성숙이 유난히 느린 종이기도 하다. 우리는 이 부분의 기록까지도 다 갈아치웠다. 느리기 때문에 어린아이에게 보호와 보살핌의 욕구가 특별히 오래 지속된다. 이는 아이 주위에 낳아 준 부모나 확대된 집단과의 사이에 강력한 사회적 유대를 필요로 한다. 인간의 경우에는 이 모든 것이 애착이 다른 많은 동물들에게서처럼 출산 전후나 아주 어린 시기에 국한되지 않게 한다. 애착은 평생에 걸쳐 발달한다.

관계에서 안전의 중요성을 알 수 있도록 온라인 설문[2]에서 얻은 작은 실험을 독자들에게 소개하고자 한다. 다음과 같은 상황에 주위 사람이나 아는 사람의 이름이나 얼굴을 놓게 하는 시도였다. 제시된 문항을 하나하나 생각해야 한다. 매번 같은 사람이 맨 앞에 떠올릴 수도 있지만 제시문마다 서로 다른 사람을 생각할 수도 있다.

- 좋은 시간을 같이 보내고 싶은 사람
- 떨어져 있고 싶지 않은 사람
- 난처하거나 의기소침해 있을 때 같이 있고 싶은 사람
- 뭔가 신나는 일을 했을 때 제일 먼저 알리고 싶은 사람

　문제는 언급된 사람들 몇몇을 떠올리면서 안전감을 느끼는지, 그리고 그 감정이 각각의 경우에 동일한지를 아는 것이다.

　다른 각도에서 보면 단순한 관계, 감정적 연계, 애착적 연계를 구별할 수 있다.[3] 감정적 연계는 다음과 같은 특징을 갖고 있다.

- 장기적 연계
- 대체할 수 없는 대상을 향한 연계
- 열망이나 근접, 상호작용을 유지하려는 것으로 적어도 간헐적인 열망
- 예상치 못한 분리로 인해 유발된 스트레스와 재결합으로 인해 맛보게 되는 기쁨

　이와 같은 특성들은 우정이나 애정관계처럼 모든 감정적 연루와 관련될 수 있다. 반대로 애착에 대해서는 최후의 기준이 필요하다. 즉, 근접이나 접촉이 안전감을 부여한다는 것이다. 왜냐하면 이것이 애착에 특성을 부여하는 마지막 기준이기 때문이다. 이 안전의 개념은 종의 진보에 적응하는 생물학적 토대를 지닌다. 만약 이러한 안전 애착이 우리의 생물학적 존재에 그만큼 연결돼 있다면 애착이 보편적이라고 의구심을 가져 볼 수 있다. 그렇게 되면 애착은 지역과 역사, 곧 시공을 초월해 독립적인 것이 될 것이다. 저자로서는 앞서 설명한 바와 같이 이 문제에 대해서는 다소 여지를 남겨 두고 싶다.

질문 27. 애착 이론은 우리에게 무엇을 가르쳐 주는가

요람에서 무덤까지 우리는 다른 사람을 보살피며 산다. 인류의 경우에 자급자족으로 사는 것이 다 큰 성인의 선택이라면 가능할 수도 있지만, 출생 직후와 유년기를 거치는 동안 사회적 접촉이 결핍되거나 무시당하는 경험은 확실히 해롭다. 그렇다고 해서 인간 아기가 할로Harlow의 원숭이나 로렌츠의 거위와 같다는 것을 의미하는 것은 아니다. 이 동물 모델들은 진보의 관점에서 보호와 안전의 필요에 대응하는 자아 욕구처럼 직관적으로 애착으로 이끌게 했다. 동물의 경우에는 낳아 준 부모와의 연계를 정립하는 데 중요한 시기가 있다. 이 때를 지나거나 이러한 시기를 거치지 않으면 가능성은 작아지고 일반적인 진보는 악화된다. 인간 아기는 반대로 더 유연한 것 같다. 이는 특별히 입양아에 대한 연구를 통해 알게 된 것이다. 유일한 애착 인물에 대한 동물 모델은 오늘날의 인간 아기에게는 적용되지 않을 수도 있다. 누구나 아는 바와 같이 현대 사회에서 아기는 부모만큼이나 더 많은 시간을 다른 어른들과 자주 보내고 있고 그만큼 아이들의 발달에 독단적인 영향을 미치지 않을 수 있기 때문이다.

이 책에서 이미 살펴본 바와 같이 애착은 평생 동안 작용한다. 다른 사람을 필요로 하는 욕구는 우리의 생물학적 존재 깊이 각인되어 있다. 비록 애착 행동이 문화에 의해 영향을 받는다 해도 그렇다. 애착 이론은 안전의 욕구와 같은 일련의 보편적인 측면들을 다

루는 반면, 확실히 생활양식이나 문화와 같은 다른 측면과도 연계
돼 있다. 뿐만 아니라 관계에서의 안전은 트라우마처럼 세대에서
세대로 전수될 수 있지만 회복 가능성도 있다. 이 이론에서 특히 자
극적으로 보았던 측면 가운데 하나는 이데올로기적 차원에서 사
회정책, 페미니즘, 생활양식에 미치는 영향이었다. 입양, 동성애부
모, 교차 거주, 유아정책이 그 예로 거론되었다.

　이와 관련해 아이와 보육전문가 사이의 애착의 성격은 모성적
본능의 타당성과 필요성의 개념에 의문을 갖게 하는 차원에서 특
별히 중요한 것으로 보인다. 광의의 과학으로 인정되는 애착 이론
은 모든 과학의 기본원칙인 반박성을 무조건 따라야 한다. 오늘날
문제 제기가 필요하지 않는 경우가 있는가? 원래 이 전제는 20세기
중반에 서구 사회와 가부장적 맥락에서 정립된 것으로 사회조직의
안정에 참여하는 보수적 측면을 보여 준다. 즉, 엄마나 '이상적'인
부모는 민감하고 가용적이며 예견 가능하고 안전을 제공하는 인물
로 묘사되어 있다. 그런데 오늘날 우리는 일례로 컴퓨터 기술과 같
은 다양한 요인의 영향을 받고 있다. 사회적 관계망은 우리의 관계
적 삶을 재설정하고, 항상 연계돼 있기를 바라는 욕구가 거부당하
는 듯한 고민을 불식시키는 것을 목표로 한다. 이는 타인의 부재를
더 이상 참을 수 없다는 맥락에서 보수적이라고 할 수 있다. 엄마와
아이 쌍 또는 부모와 아이 쌍에 기초한 이 이론은 어떻게 될까? 이
이론은 사회 변화를 고려해 발전해야 하는가? 그럴 수 있기는 한
것인가?

　애착 이론이 이러한 변화를 선용하려면 도그마적이고 부모나 아

동 전문가들에게 해로운 비전에 사로잡히지 않아야 하고 인권과 심리학을 위해 보다 더 풍부해져야 할 것으로 보인다. 또한 이 이론이 어린아이의 근본적인 정서적 욕구에 대해 거의 인정하지 않고 관심도 없던 시대에 무한한 장점을 가지고 있었다는 것도 받아들일 필요가 있다. 즉, 욕구는 나이와 상관없는 우리들의 욕구라는 것을 인정하도록 하자.

미주

1. 이 방법은 카엥대학교의 연구소(Centre de recherche inter-langues sur la signification en contexte)가 고안한 방법으로 단어의 '언어적 영역'을 대응분석(Analyse Factorielle des Correspondances: AFC)에 기초한 통계적 방법으로 표현하는 것이다. 다양한 텍스트의 방대한 데이터에서 2×2의 동의어 관계 20만 개 이상이 추출된다. Crisco 웹사이트에서 단어들의 언어적 공간을, 여기서는 '애착'을 그래픽으로 표현하도록 요청할 수 있다. https://crisco2.unicaen.fr/espsem/attachement.
2. yourpersonality.net를 참조할 수 있다. 이 사이트는 성인 애착 전문가인 일리노이대학교 교수인 크리스 프레리(Chris Fraley)에 의해 운영되고 있다.
3. Ainsworth, M. D. (1989). Attachments beyond infancy. art. cit.

에필로그: 저자와의 대화

역자는 2023년 8월 중순에 저자를 방문했다. 이 글은 스위스 뇌샤텔에 있는 저자의 아름다운 별장에서 나눈 저자와 역자 간의 대담을 발췌한 것이다. 독자를 대표해서 이 책의 역자들과 편집팀이 사전에 마련해 간 질문에 대해 저자가 답변한 내용을 다음에 소개한다.

이 책의 출판을 함께 기뻐해 주고 독자들과 나눌 덤과 같은 에필로그를 실을 수 있도록 승낙해 준 블레즈 피에르움베르 Blaise Pierrehumbert 박사에게 감사를 드린다. 또한 에필로그에 사진 기사로 참여한 저자의 아내, 자농 피에르움베르 Janon Pierrehumbert 박사에게도 고마운 마음을 전한다.

Q1: 애착과 애착 연구에 관심을 갖게 된 계기는?

A1: 저자는 평소에 인간의 심리에 관심이 많았고 그 실천 분야인 임상 심리에도 관심이 많았다. 그 가운데에서도 과학적 접근의 기원이라 할 수 있는 정신역동학, 곧 정신분석학에 관심이 많았다. 사실 애착 이론은 이 정신분석학에 뿌리를 두고 있고 정신분석학에서 갈라져 나온 후에 다시 정신분석학으로 회귀하는 경향을 보이고 있다. 애착

이론에서 중요하게 다루고 있는 세대 간의 전이 현상 등은 애착 연구
의 방법론에 대한 시사점을 비롯해 저자에게 깊은 통찰력을 안겨 준
의미심장한 주제라고 할 수 있겠다.

Q2: 저자에게 애착과 애착 연구가 지니는 의미는?

A2: 애착 연구는 저자의 눈을 뜨게 했다. 우리는 혼자가 아니고 우리
안에 타인이 있다는 생각을 하게 했다. 예를 들면, 우리 삶에, 우리
마음에, 심지어는 우리의 자율성 안에도 타인이 있다는 것을 깨닫게
했다. 우리는 항상 타인에게 의미 있게 소속돼 있다. 이 땅의 모든 동
물은 함께 있으려 하고 함께 살 길을 모색한다. 여러 마리의 개미가
각자 탐색을 하는 동시에 서로 연결돼 있는 것과 같이 우리는 각자
세상을 탐험하는 동시에 타인과 함께할 수 있다. 저자에게 애착과 애
착에 대한 연구는 이처럼 공존과 연대의 인간 본성에 대한 교훈의 의
미를 지닌다.

Q3: 소설 속 주인공이나 실존인물의 예를 들어 애착을 설명한다면?

A3: 독자들의 흥미를 돋울 제안이고 저자도 같은 생각을 한 적이 있다.
에릭 엠마누엘 쉬미트Eric-Emmanuel Schmitt의 『다른 측면La part de l'autre』
에 인용된 제2차 세계대전의 전범, 히틀러의 예를 들어 보자. 히틀러
는 예술대학에 지원했다 떨어진 적이 있는데, 만일 히틀러가 낙방하
지 않고 합격해 성공적인 경력을 이어 갔다면 세계사는 달라졌을 것
이다. 그의 삶에는 타인의 바람직한 개입이나 영향이 배제된 셈인데,
우리 삶에서 타인이 자리 잡고 있는 부분은 무엇인가 하는 문제는 매
우 중요한 문제라고 할 수 있다. 우리는 인생에서 다른 이들의 기여분
을 인식하고 인정해야 한다.

Q4: 저자는 책에서 동양의 집단주의적 특성을 언급한 바 있는데 저자가 본 한국인의 애착 특성은?

A4: 저자가 쉽게 이해하기 어려운 것 가운데 하나가 동양 문화의 개인과 집단의 역동이다. 짧은 기간이었지만 한국을 여행하면서 인상적으로 느낀 것은 학업 성취와 집단을 중시하는 가치가 사회 전반에 중요하게 자리 잡고 있다는 것이었다. 저자와 같은 서양인의 시각에서 볼 때 학업 성취는 개인의 성공에 가치를 둔 것으로 집단과 국가를 중시하고 결속과 연대에 가치를 두는 것과 위배되는 것처럼 보이기도 한다. 그러나 부산의 버스에서 만난 여학생을 통해 한국에서는 개인의 학업적 성공이 곧 집단에도 좋은 것이라는 것, 즉 개인적 성취가 집단의 유익과 상호 배타적인 것이 아니라는 것을 알게 됐다.

Q5: 지구적 위기에 대한 대응과 관련해 애착 연구가 시사하는 점이 있다면?

A5: 우리는 기후변화, 전쟁(내전), 팬데믹과 같은 심각한 세계적 위기에 봉착해 있다. 최근 유럽의 젊은이들이 기후변화에 대한 사회적 각성과 환경보호를 위한 실천적 행동을 촉구하기 위해 손으로 거리를 가로막는 집단 시위를 한 바 있다. 젊은이들이 연대와 협력의 필요를 느끼고 스트레스를 유발하는 상황에 대처하기 위해 함께 뭉쳐 행동하고 반응한 것 자체가 시사하는 바가 크다. 젊은 세대의 문제는 미래에 대한 염려 때문이기도 하다. 젊은이들의 걱정과 불안을 이해하고 젊은이들이 '혼자'가 아닌 '함께'인 것을 느끼게 해야 할 것이다.

**Q6: 팬데믹으로 인한 인간 심리와 행동의 변화로 인해 위드코로나 시
대의 애착 특성이 있다고 보는가?**

A6: 인간은 망각의 동물이다. 사람들은 금세 잊어버리곤 하는데, 사실
망각은 보상의 시간이기도 하다. 대부분의 사람은 위드코로나 시대
를 맞아 안도한다. 그러나 인간은 취약하고 특별히 의학적 문제에 대
해서는 더더욱 그렇다. 팬데믹은 정치적으로 관련된 사회적 규제나
의료적 문제와 직결돼 가족 간에 잠재적 갈등을 불러일으키기도 한
다. 팬데믹과 관련된 인간성에 대한 염려와 관련해 사람들은 일단 잊
고 싶어 한다. 마치 제2차 세계대전 후에 전쟁에 대해 잊고 싶어 한
것처럼 세월이 지난 후에 팬데믹에 대해 말하고 싶어 할지 모른다.

Q7: 끝으로 한국의 독자들에게 하고 싶은 말이 있다면?

A7: 애착이라는 주제를 놓고 한국의 독자들과 만나게 된 것을 매우 기
쁘게 생각한다. 이 책을 접하게 될 한국의 독자들에게 거듭 강조하고
싶은 것은 우리 인생에서 타인이 얼마나 중요한가를 깨달아야 한다
는 것이다. 다른 사람이 없이는 성공적인 삶, 행복한 삶을 사는 것이
불가능하다. 사실 이는 우리 모두가 이미 삶 속에서 경험해 온 바이
기도 하다. 모쪼록 한국의 독자들이 점차 개인주의가 강해지는 사회
적 · 시대적 흐름 속에서도 개인주의에 천착하지 않고 타인과 더불어
사는 삶을 중요하게 생각하고 그 실천적 적용을 위해 애썼으면 한다.

찾아보기

인명

내용

Blaise Pierrehumbert

블레즈 피에르움베르 박사는 1979년 스위스 제네바대학교에서 발달심리학 박사학위를 받았고 1982~1984년 미국 워싱턴에 있는 국립보건원National Institute of Health: NIH에서 박사후 과정을 이수했다. 1984~2013년 스위스 로잔대학교의 아동·청소년 정신건강의학연구소의 소장으로 재직했다. 아울러 스위스 프리부르대학교, 프랑스의 파리낭테르대학교, 툴르즈 르 미라이대학교, 벨기에의 브뤼셀 자유대학교의 초빙교수를 역임했다. 심리학자로서 발달심리학, 애착, 트라우마 등을 주요 주제로 연구해 왔다. 대표 저서로는 참고 도서로 널리 읽히고 있는 『최초의 연결: 애착 이론Le Premier Lien: Théorie de l'attachement』 등이 있다.

역자 소개

김향은(Kim, Hyangeun)

고려대학교 가정교육과를 졸업하고 동 대학원에서 아동학 석사, 박사학위를 받았다. 미국 미네소타대학교University of Minnesota 풀브라이트 방문학자, 보건복지부 산하 아동권리보장원 자문위원, 통일부 산하 부산하나센터 자문위원, 한국폴리텍대학 이사를 역임했다. 현재 고신대학교 사회복지학과 교수로 재직 중이다.

대표 저서로는 『다문화 교육의 현황과 과제』(공저, 학지사, 2008), 『인간행동과 사회환경』(공저, 창지사, 2011), 『청소년복지론』(공저, 정민사, 2016) 등이 있다. 번역서로는 『가족 희생양이 된 자녀의 심리와 상담Scapegoating in Families』(공역, 학지사, 2008)과 『초점화된 가계도: 상담 현장에서의 적용Focused genograms: Intergenerational assessment of individuals, couples, and families』(공역, 학지사, 2019) 등이 있다.

이양호(Rhee, Yangho)

고려대학교 정치외교학과를 졸업하고 서울대학교 대학원에서 정치학 석사학위를 받았다. 프랑스 소르본느대학교Université de Paris 1 Panthéon-Sorbonne에서 정치학 박사학위를 받았고 시앙스포Institut d'Etudes Politiques de Paris에서 소련동구권학 박사과정을 마쳤다. 국회 정책연구위원(2급 상당), 한국연구재단 전문위원, 고려대학교 연구교수를 역임했다. 사회활동으로는 한국이주노동자복지회 이사, 언론중재위원회 제19대 대통령선거 선거기사 심의위원을 역임했다.

대표 저서로는 『China 2050 Project: 중국의 변화와 미래를 읽는다』(한스앤리, 2005), 『인도의 부상: 족쇄에서 풀려난 아시아 호랑이』(친디루스연구소, 2009), 『양파껍질과 마뜨료시카: 국가의 흥망성쇠』(친디루스연구소, 2011), 『불평등과 빈곤』(여성신문사, 2013), 『중국, 불평등의 정치경제학』(한국경제신문i, 2016), 『러시아, 불평등의 정치경제학』(한국경제신문i, 2017), 『힌두·이슬람국가, 불평등의 정치경제학』(비앤엠북스, 2019), 『중국의 변화와 대국굴기』(친디루스연구소, 2022)가 있다. 번역서로는 『문명의 충돌이냐 문명의 화해냐Rendez-vous des Civilisations』(친디루스연구소, 2008), 『중국과 미국의 헤게모니 전쟁In the Jaws of Dragon』(에코리브르, 2010) 등이 있다.

27가지 질문으로 풀어 보는 애착
L'Attachement en questions

2024년 1월 20일 1판 1쇄 인쇄
2024년 1월 30일 1판 1쇄 발행

지은이 • Blaise Pierrehumbert
옮긴이 • 김향은 · 이양호
펴낸이 • 김진환
펴낸곳 • ㈜**학지사**

　　　　04031 서울특별시 마포구 양화로 15길 20 마인드월드빌딩
대표전화 • 02-330-5114　　팩스 • 02-324-2345
등록번호 • 제313-2006-000265호

홈페이지 • http://www.hakjisa.co.kr
인스타그램 • https://www.instagram.com/hakjisabook

ISBN 978-89-997-3022-1　93180

정가 17,000원

역자와의 협약으로 인지는 생략합니다.
파본은 구입처에서 교환해 드립니다.

이 책을 무단으로 전재하거나 복제할 경우 저작권법에 따라 처벌을 받게 됩니다.

출판미디어기업 **학지사**

간호보건의학출판 **학지사메디컬** www.hakjisamd.co.kr
심리검사연구소 **인싸이트** www.inpsyt.co.kr
학술논문서비스 **뉴논문** www.newnonmun.com
교육연수원 **카운피아** www.counpia.com